les industries
de l'imaginaire

avertissement

Ce livre reprend certains éléments d'une étude sur les matériels audiovisuels[1] qui a été réalisée pour la D.G.R.S.T. en 1976 et 1977, dans le cadre d'une série de monographies sur les industries culturelles [2]. Il est également le fruit de débats que nous avons eus avec d'autres chercheurs ayant travaillé sur des thèmes qui recoupent cette recherche. Nous voudrions également remercier tous ceux qui nous ont fourni des renseignements pour la réalisation de ce livre ou ont bien voulu nous accorder des entretiens. Enfin, M. Narbaïts a assuré la documentation d'une bonne partie de cette recherche et la relecture patiente et attentive de ce texte ; nous tenons à l'en remercier tout particulièrement.

---

1. « Contribution à une étude des industries de l'audiovisuel ». Ministère de la Culture et de la Communication - I.N.A., Paris, 1978.
2. Une synthèse de ses monographies a été publiée à la Documentation française sous le titre *Les Industries culturelles,* Notes et Études documentaires.

patrice flichy

les industries de l'imaginaire
pour une analyse économique des media

presses universitaires de grenoble
institut national de l'audiovisuel
1980

© Institut national de l'audiovisuel
Presses universitaires de Grenoble
ISBN 2-7061-0176-8

introduction

S'il est un domaine où le discours/spectacle transmis par les mass-media est réducteur, c'est bien celui du discours sur les media eux-mêmes : il réduit l'histoire de la communication à deux noms — Gutenberg et Mac Luhan ! — qu'il oppose comme s'ils étaient comparables, comme s'ils avaient le même poids et la même signification dans l'histoire de la communication. Une telle réduction simplificatrice relève en fait d'une attitude purement mythique : alors que l'un est effectivement l'inventeur de l'imprimerie, l'autre n'est que le chantre des media audiovisuels. Ayant été le premier à opposer la galaxie Marconi à la galaxie Gutenberg, Mac Luhan est parvenu à supplanter dans le discours courant [1] l'inventeur italien qui est presque tombé aux oubliettes de l'histoire de la communication... C'est probablement qu'à la différence de celle de l'écrit, l'unité de l'audiovisuel existe davantage dans le discours prophétique que dans la réalité technologique et industrielle.

L'« audiovisuel » c'est d'abord un mot, qui est aujourd'hui largement utilisé, mais dont il convient de se demander ce qu'il cache. Si l'on en croit J.P. Gourevitch [2], ce terme serait né dans les années trente aux États-Unis. Il désignait alors l'utilisation pédagogique des moyens audio et/ou visuels. L'usage du mot s'est répandu par la suite en Europe. A la fin des années soixante, une signification nouvelle est apparue. Les nouvelles technologies qui commençaient alors à se développer (super 8, vidéo légère, télédistri-

---

1. A telle enseigne qu'une publicité (parue il y a quelques années dans un hebdomadaire parisien) montrait Gutenberg disant en quelque sorte : « M... » à McLuhan !
2. J.-P. Gourevitch, *Clefs pour l'audiovisuel*, Seghers, 1974.

bution, ...) ont souvent été regroupées sous le terme générique d'« audiovisuel ». Parallèlement, l'audiovisuel est devenu un objet de manifestations et de discours. En 1969, trois revues spécialisées se créent en France sur ce thème [3]. Le salon international « Audiovisuel et Communication » ouvre ses portes à Paris en 1970. L'année suivante, le Palais des festivals de Cannes accueille le premier marché international des vidéocassettes (V.I.D.C.A.) et en 1972 celui de la télévision par câble (M.I.C.A.B.).

Bernard Chevry, commissaire général du V.I.D.C.A., déclarait dans la brochure de lancement : « Le développement incroyable de la vidéocassette et du vidéodisque — soutenu par un investissement de plusieurs millions de dollars dans le domaine de la recherche technologique en de nombreux pays — annonce la plus grande révolution des moyens de communication depuis l'apparition de la télévision... Une nouvelle industrie est née : elle est appelée à devenir l'une des entreprises les plus significatives et les plus bénéfiques de notre temps.»

Jean d'Arcy, président de la première société d'études sur la télédistribution, renchérissait : « Nous sommes réellement entrés dans l'ère de l'abondance des communications, et grâce à une technique ici encore mise au service de l'homme, la communication avec nos semblables est redevenue libre, comme elle l'était avant l'ère des machines aujourd'hui maîtrisées [4].»

Ce discours n'est pas uniquement celui de l'industrie privée. On le retrouve également dans les instances chargées d'élaborer la politique de la culture et des loisirs. Ainsi pour la commission des Affaires culturelles du VIe Plan : « Satellites de télédiffusion, réseaux de télédistribution par câble, magnétoscopes, cassettes audiovisuelles provoqueront plus rapidement encore un bouleversement égal à celui que le cinéma et la télévision ont entraîné en cinquante ans. L'accélération et la diffusion de ces techniques nouvelles modifieront à nouveau radicalement le système actuel des communications sociales et par voie de conséquence du champ culturel [5].» Pour les animateurs, la télévision communautaire, rendue possible par la télédistribution, apparaissait « comme un outil des plus précieux pour une communauté, afin que ses différentes composantes communiquent entre elles. Le fait pour une localité de

---

3. Il s'en créera au moins une chacune des années suivantes.
4. *Le Figaro*, 10 octobre 1971.
5. Rapport de la Commission des Affaires Culturelles du IIe Plan.

pouvoir se projeter sur l'écran avec ses valeurs et ses contradictions est en soi porteur de changements. La télévision devient ainsi prétexte à communication : elle permet aux jeunes et aux adultes, aux enfants et aux parents, aux administrés et aux administrateurs de se parler et d'aller jusqu'au bout de ce qu'ils ont à se dire. Elle permet de donner la parole à ceux qui ne l'ont pas dans les structures traditionnelles de la société. Comme instrument, elle peut permettre des changements actuellement indescriptibles au niveau de la participation des citoyens à la vie politique tant sur le plan municipal que scolaire » [6]. Les enseignants participaient également du même enthousiasme pour l'audiovisuel. Pierre Chilloti écrivait dans l'éditorial du premier numéro de *Media* [7] : « Les possibilités de la technologie en matière d'éducation sont aujourd'hui considérables [...] Nous sommes au début d'une ère nouvelle où la machine, judicieusement utilisée, peut servir tout ensemble les initiatives de l'enseignant et l'apprentissage de l'enseigné.» Ces quelques citations indiquent l'unité profonde du discours que tiennent sur l'audiovisuel les industriels, les « ingénieurs culturels », les animateurs et les enseignants [8], au début des années soixante-dix.

Aujourd'hui on ne parle plus beaucoup de la « révolution par l'audiovisuel » non seulement parce que la « révolution » n'a pas eu lieu mais surtout parce que le marché reste introuvable. Et pourtant une nouvelle technologie n'a que rarement bénéficié d'un consensus idéologique aussi total.

Les industriels ont souvent tendance à expliquer le non-développement de ce marché par l'attitude des pouvoirs publics qui refuseraient de diminuer la T.V.A. sur le matériel, qui bloqueraient l'utilisation de l'audiovisuel dans l'enseignement et le développement de la télédistribution [9]. Ainsi les pouvoirs publics n'auraient pas une politique audiovisuelle conforme à leur discours. De là à penser que les difficultés de l'audiovisuel en France seraient dues, comme pendant longtemps celles du téléphone, à l'incurie de l'administration, il n'y a qu'un pas qui a été allègrement franchi par certains observateurs. Les choses ne sont évidemment pas si simples. Le dis-

---

6. J. Calvet, « Création et Intervention du Car Vidéo dans les villes nouvelles », C.N.A.A.V., 1973, Ronéo, 39 p.
7. Revue officielle de l'O.F.R.A.T.E.M.E.
8. Il faudrait bien sûr analyser en détail l'homogénéité de ce discours et les contradictions qui malgré tout apparaissent entre les différents acteurs.
9. Voir notamment l'intervention de Robert Pontillon au Salon International « Audio-Visuel et Communication » de 1977, in *Sonovision*, n° 190, Janvier 1977.

cours sur l'audiovisuel du début des années soixante-dix n'était pas simplement l'élément d'une grande campagne de marketing lancée par les constructeurs de l'industrie électronique et reprise par l'administration.

Cette idéologie de la communication audiovisuelle correspondait à un projet politique qui assignait une fonction spécifique à cette nouvelle technologie. A travers l'audiovisuel, il s'agissait de traiter un certain nombre de contradictions nouvelles qui apparaissaient dans la société française. De même que la politique de l'action culturelle « visait à ce que les problèmes essentiels s'expriment dans et par la culture » [10], de même l'audiovisuel était la technologie qui allait permettre de résoudre la crise de l'école, l'isolement de l'individu à la suite de la politique du réaménagement urbain... Comme nous le confiait un haut-fonctionnaire chargé au début des années soixante-dix d'une mission d'étude sur l'audiovisuel : l'audiovisuel aurait pu jouer un rôle important pour rétablir un consensus social, « cela aurait pu être l'anti-mai 68 ! ». Cette politique de la communication audiovisuelle, qui a été mise en place au Canada [11], ne l'a pas été en France pour des raisons multiples qui tiennent notamment au fait qu'elle remettait en cause l'ensemble des grands réseaux centralisés que constituent notamment l'Éducation nationale et la radio-télévision.

Si l'audiovisuel en tant qu'unité s'est d'abord constitué comme discours idéologique qui sous-tend un projet politique, il n'en est pas moins un produit commercial. Or la logique de la marchandise a souvent été en contradiction avec les attentes que l'on mettait dans les équipements audiovisuels. L'unité du discours sur l'audiovisuel masque les contradictions profondes qu'il recèle. L'audiovisuel n'est-il pas en effet susceptible de donner la parole à tous (même si l'expérience prouve que cela revient à la donner à ceux qui l'ont déjà) ou de continuer une diffusion centralisée du même monologue ? Les nouvelles technologies (câble, vidéo, etc.) peuvent être à la base soit d'une production décentralisée de l'information, soit d'une plus grande consommation de media. A la suite de la grande période d'euphorie pour la télédistribution et la vidéo-

10. J. Ion, B. Miège et A.-N. Roux, *l'Appareil d'Actions Culturelles,* Editions Universitaires, Paris, 1974.
11. Voir J.-S. Barbier-Bouvet, T. Beaud, P. Flichy, *Communication et Pouvoir*, media de masse et media communautaires au Québec, Editions Anthropos, Paris, 1979, 235 p.

cassette du début des années soixante-dix, la portée du mot audio-visuel s'est encore modifiée ; elle s'est étendue à l'ensemble des technologies audio et/ou visuelles, comme si ce terme, qui avait connu une telle fortune, avait un contenu trop étriqué et qu'il fallait lui en donner un à la mesure de ses ambitions.

Aujourd'hui où le devant de la scène de la communication est occupé par la télématique, le débat sur l'audiovisuel semble malgré tout rester d'actualité. Depuis 1975, des rapports parlementaires font pratiquement chaque année le bilan de la réforme de la radio-télévision de 1974. Le dernier d'entre eux qui vient d'être publié a même donné une audience plus large à cette réflexion [12]. Par ailleurs, le débat sur les radios locales s'est substitué à celui qui était mené quelques années auparavant sur la télédistribution. Coup sur coup deux rapports [13] ont posé le problème des structures économiques du cinéma français, ils sont souvent apparus comme un pavé dans la mare d'une profession bien tranquille. Le satellite a également donné lieu en 1979 à des colloques et à un débat dans la presse qu'on peut résumer par cette question : le satellite sera-t-il le moyen d'introduire une chaîne de télévision commerciale en France ?

Le thème des industries culturelles est depuis quelque temps un des sujets importants du débat sur la culture. Certains se demandent même si l'industrie n'est pas mieux à même, que l'animation, de favoriser la démocratisation de la culture [14]. Les grandes firmes de media et notamment les agences d'information ont été au centre des débats de la dernière conférence générale de l'UNESCO sur un nouvel ordre mondial de l'information [15]. Toutes ces interrogations s'articulent autour de deux thèmes : le devenir des nouvelles technologies ; la prise de conscience que les œuvres de la culture sont l'objet d'une production.

La naissance de chaque nouveau système de communication,

---

12. L'Argent de la Télévision. Commission d'enquête du Sénat, Flammarion, Paris, 1979.

13. Rapport du Groupe de travail sur le financement du cinéma présidé par Y. Malecot, C.M.C., 1977 ; rapport sur le cinéma de la commission de la concurrence et des prix, Ministère de l'Economie, 1979.

14. Voir A. Girard, « Industries Culturelles » in Futuribles, n° 17, sep.-oct., 1978, p. 605, et T. Geren CZI « La Culture et l'Etat », in Le Monde, 24-25 et 26 juillet 1979.

15. Commission Internationale d'Etude des problèmes de la communication, rapport intermédiaire UNESCO, Paris, 1978.

du téléphone à la télématique, a toujours été accompagnée d'une abondante littérature qui présentait la nouvelle technologie comme un simple prolongement des systèmes existants ou en faisait le lieu d'émergence de rapports sociaux différents. Ces grandes utopies n'ont fait qu'obscurcir l'analyse de la place de l'innovation dans la communication. Pour chaque nouvelle technologie qui veut s'implanter sur le marché, il convient de constituer un usage. C'est cette transformation d'une innovation en marchandise que nous avons voulu étudier. Contrairement à la phase de recherche ou d'invention, la logique de cette transformation n'est plus technologique. Les usages d'un système de communication sont déterminés par les stratégies des acteurs industriels et par la forme adoptée par les rapports sociaux à une époque donnée. Cette réflexion sur la formation des usages sociaux des systèmes audiovisuels doit être menée sur l'ensemble de ces technologies. Néanmoins, l'objet de ce livre n'est pas de présenter une analyse historique détaillée des phases de lancement et de développement des principaux systèmes de communication audiovisuelle. Notre propos sera bien plus de parcourir l'histoire de la communication pour dégager quelques hypothèses sur la façon dont la logique de la marchandise a modelé les usages des systèmes audiovisuels grand public. Nous examinerons d'abord les machines à communiquer qui, créées au début du siècle, constituent encore aujourd'hui les technologies de base des mass-media, puis nous nous intéresserons aux innovations qui sont actuellement en développement en essayant de montrer en quoi les modes de formation des usages sociaux de ces technologies sont à la fois proches et différents de ceux que nous aurons repérés au début du siècle. S'il ne manque pas de grands esprits pour s'indigner de l'emprise croissante des grandes entreprises sur la culture, il devrait en être un peu différemment dans l'audiovisuel puisque tout le monde sait depuis Malraux que « le cinéma est *aussi* une industrie », mais toute la question est de savoir si l'art et l'industrie constituent deux composantes indépendantes de la radio-télévision, du disque et du film ou si au contraire, la nature culturelle de ces branches d'activité influe sur leur fonctionnement économique. Il ne s'agit pas là d'un débat d'école ou d'une réflexion byzantine sur la conjonction « aussi », mais d'une coupure fondamentale dans les travaux économiques sur la culture. Ou bien l'industrie apparaît comme une contrainte que le créateur doit intégrer au maximum pour développer son art, ce qui revient finalement à placer l'art à l'extérieur des rapports sociaux, ou bien au contraire on étudie ensemble les deux phases de la production culturelle — conception artistique initiale et reproduction industrielle — les produits culturels apparaissant alors comme présentant un certain nombre de spécificités économiques. C'est dans cette deuxième voie que nous nous sommes engagés. La spécificité de ce qu'on appelle parfois les industries de la culture ne les empêche pas d'être marquées par un certain nombre de facteurs dominants du capitalisme contemporain. Nous nous intéresserons notamment aux phénomènes de concentration économique et financière et d'internationalisation. Cette analyse portera à la fois sur les deux pôles de l'audiovisuel : les matériels et les programmes. Si les caractéristiques économiques de ces deux activités sont différentes, celles-ci sont étroitement liées dès qu'on examine la genèse des systèmes de communication.

L'audiovisuel, qui constitue l'objet principal de ce livre, apparaît comme un secteur hétérogène aux frontières mal définies. Le découpage que nous en avons retenu correspond à la démarche de recherche que nous venons de préciser. Nous nous intéresserons donc à la radio-télévision, au cinéma et au disque, à l'industrie électronique et à celle des surfaces sensibles. En ce qui concerne les nouvelles technologies, notre réflexion étant centrée sur les usages, nous avons essentiellement retenu celles qui ont déjà trouvé un marché grand public (super 8, télédistribution, vidéocassette...). Nous avons toutefois fait une exception pour le vidéodisque dont le développement par bien des aspects renvoie à celui de la cassette. Par contre, nous ne ferons qu'évoquer le satellite et les nouveaux services comme le vidéotex qui sont à la frontière de l'audiovisuel et de la télématique : en effet, l'étude de ces systèmes aurait exigé une réflexion sur les réseaux de télécommunications, laquelle dépassait le cadre de cet ouvrage*.

---

* Les principales sociétés citées dans cet ouvrage figurent en annexe (cf. tableau I).

I

les systèmes fondateurs
*la séparation progressive
des matériels et des programmes*

1. la transformation de l'innovation en marchandise

La reproduction sonore a cent ans, tout comme le téléphone, inventé un an auparavant par Graham Bell (1876). Le phonographe d'Edison (appareil à cylindre) fut commercialisé vers 1888, époque à laquelle Berliner mettait au point l'enregistrement sur disque et l'appareil correspondant, le gramophone. C'est dans les années 1900 qu'ont réellement pris corps les industries du disque et du cinéma. Ce dernier système était passé plus rapidement au stade industriel puisque sa mise au point définitive date de 1895 (projection des frères Lumière au Grand Café).

La production industrielle des disques et des films est donc récente. Elle s'inscrit dans cette phase de constitution de la culture de masse qui, aux dires des historiens de la communication, aurait débuté en 1863 avec le *Petit Journal,* premier quotidien à grand tirage et à faible prix. Cette fin du dix-neuvième siècle correspondrait donc à une transformation des moyens de culture et d'information qui auraient vu leur public se multiplier et quitter les cercles confidentiels de la bourgeoisie pour commencer à atteindre les « masses ». En fait, le concept de culture de masse est insuffisant pour rendre compte de l'émergence du cinéma et du disque (ou de la presse) et des formes prises par ces nouveaux media. Derrière cet accroissement radical de la consommation, se profile la création d'un outil et de nouveaux systèmes de production. Dans la perspective qui est la nôtre, l'analyse de la production prendra le pas sur celle de la consommation. Pour analyser la naissance des industries du cinéma et du disque, il convient de dépasser le concept de culture de masse et de tenir compte des éléments structurels de la production industrielle. Jusqu'à la fin du XIXe siècle, le mode de production

17

capitaliste n'était dominant que dans le secteur des biens de production. Les biens de consommation, et plus particulièrement ceux qui étaient destinés aux classes laborieuses, provenaient dans leur quasi-totalité de la petite production marchande (agriculture et petits artisans).

« *L'organisation de la vie sociale, celle de la famille ou, plus prosaïquement, l'usage des objets et ustensiles, restaient largement dominés par les rapports sociaux, les valeurs et, en définitive, le mode de vie hérité des temps où le capitalisme n'existait encore qu'à l'état de lointaine potentialité* [1].»

Le développement du capitalisme subit une transformation importante dans les années 1870-90. La nouvelle phase qui commence à cette époque va étendre les rapports de production capitaliste à la production de nouveaux biens, notamment de consommation, produits jusqu'alors dans un cadre artisanal. Ces nouveaux produits vont à leur tour « dissoudre l'ancien mode de vie et le reconstruire sur la base des rapports capitalistes, imposer ce qu'on appellera le règne de la marchandise » [2].

L'augmentation des salaires réels ainsi que la baisse relative du prix des biens alimentaires, au cours de la phase contemporaine, a contribué à la diffusion de ces produits de consommation notamment ceux qui concernent les loisirs. L'apparition de ces différents biens a été progressive et n'a bien souvent pris un caractère « de masse » qu'au cours des vingt dernières années. Toutefois, pour en rester au secteur des communications, un medium comme la presse avait déjà une diffusion extrêmement importante avant la guerre de 1914 [3], alors que le cinéma n'a atteint un tel niveau de développement que vingt ans plus tard. Quant au disque, son extension a commencé plus tardivement mais reste encore très forte aujourd'hui.

Les considérations précédentes permettent de comprendre les transformations de la presse dans les années 1860 (celle-ci est passée d'un système de production artisanal à un système de production capitaliste) et expliquent que le cinéma et le disque aient été produits industriellement et en grande série, pratiquement dès le début.

1. A. Granou, *Capitalisme et mode de vie*, Cerf, Paris, 1972, p. 45.
2. A. Granou, *op. cit.*, p. 47.
3. La presse régionale française tirait à 250.000 exemplaires en 1868 et à 4 millions en 1914.

Un autre élément distingue radicalement les systèmes audiovisuels de la presse : l'intervention de « machines à communiquer ». Contrairement au lecteur, le consommateur de produits audiovisuels est obligé pour accéder à l'œuvre d'utiliser la médiation d'une machine. Cette dualité matériel / programme est fondamentale pour le développement de l'audiovisuel tant au niveau de la production (ces deux activités industrielles devront trouver un mode d'association pour assurer leur commun développement) que de la consommation (l'utilisateur devra faire l'apprentissage d'une pratique de loisir médiatisée).

Avant d'étudier le fonctionnement de cette dualité dans le cas des trois systèmes fondateurs que sont le disque, le cinéma et la radio, il convient de s'interroger sur l'usage de diffusion culturelle qui a été retenu pour ces machines à communiquer. En effet, un nouveau système technologique offre souvent plusieurs usages diversifiés et ceux qu'imagine l'inventeur ne sont pas toujours ceux qui seront retenus par la suite. En France, le téléphone est d'abord apparu comme un moyen de diffusion des sons (une sorte de radio par câble) ; c'est ainsi qu'à l'exposition électrique de 1881 à Paris, ce medium fut utilisé pour diffuser un spectacle d'opéra. Par la suite, cet usage fut abandonné au profit d'une utilisation bidirectionnelle. Il en fut, par contre, différemment des appareils à enregistrer et reproduire les sons. La première machine, le phonographe d'Edison permettait simultanément d'enregistrer et d'écouter, néanmoins cette option technologique fut oubliée et abandonnée au profit du gramophone, appareil à disque qui ne possédait que la fonction de lecture.

Cette opération de transformation d'une innovation technologique en marchandise est complexe. Il s'agit moins de sélectionner parmi les utilisations possibles d'une technique celles qui sont susceptibles de trouver un marché, que de produire l'usage d'un matériel qui jusque là ne correspondait à aucun besoin sociale-ment défini. Bien sûr cette mise au point des usages solvables se réalise par un certain nombre de tests sur le marché ; c'est cette dialectique entre les industriels et le marché qu'il nous faut mainte-nant examiner.

Le disque :
du dictaphone à l'écoute familiale de musique

En mai 1878, Edison citait parmi les applications possibles de son phonographe « l'écriture des lettres, l'éducation, la lecture, la musique, les enregistrements de famille, les compositions pour boîtes à musique, horloges, joujoux, appareils avertisseurs à signaux, enregistrement de discours etc. ». L'ordre de cette énumération n'est bien sûr pas indifférent, Edison privilégie les usages nobles de son appareil, et parmi eux il place en premier l'usage institutionnel (machine à dicter). Il envisage pour son phonographe un marché analogue à celui du téléphone (à l'époque) : les entreprises. Edison lance son appareil sur ce marché en 1888. Pour des raisons qui resteraient à éclaircir, cette tentative de mécanisation du travail de bureau fut un échec. Si l'on en croit certains auteurs, il y aurait eu chez les sténographes une résistance très forte à cette innovation technologique. C'est donc sur un tout autre marché, celui du loisir, qu'Edison impose son phonographe.

La société américaine accueillait en cette fin du XIXe siècle un très grand nombre d'émigrants qui constituaient souvent, dans les grandes villes de la côte Est, plus du tiers de la population. Ces émigrants, qui avaient pour la plupart d'entre eux quitté les sociétés rurales européennes, se trouvaient dans une situation de destructuration sociale totale ; ils avaient perdu leurs racines culturelles et étaient à la recherche de nouvelles formes de loisirs. Celles-ci ne s'adressaient pas, comme dans la société rurale européenne, à une collectivité structurée mais à des individus atomisés. Si le « saloon » avait correspondu à la conquête de l'Ouest, dans la société urbaine et industrielle de l'Est d'autres types de loisirs proches du music-hall étaient en train de naître. C'est dans ce contexte qu'un affilié d'Edison imagina de faire du phonographe une machine à sou, diffusant de la musique et de la placer dans un drugstore. Edison s'opposa d'abord à cette utilisation qui allait à l'encontre du puritanisme d'un bourgeois américain de l'époque. Devant l'importance des recettes que dégageait cette nouvelle utilisation du phonographe, il décida néanmoins de produire industriellement cette nouvelle version de son appareil. C'est alors que se sont ouverts un peu partout aux États-Unis des « halls phonographiques » qui contenaient toute une série de machines à sous de ce type. Frappé par le succès de ces boutiques, qui avaient également permis l'apprentissage de l'écoute individuelle de musique,

Edison finit par admettre que son appareil pouvait atteindre le grand public comme lecteur de rouleaux enregistrés (1891).

C'est alors que le phonographe s'est heurté à une difficulté technologique importante : le problème de la duplication des rouleaux [4]. Par contre le système concurrent, le gramophone, qui utilisait le disque permettait la reproduction d'enregistrements en grande série. Les partisans du disque de Berliner et les différentes sociétés qui lui étaient associées ont su exploiter cet avantage. En 1897 se créait à Philadelphie, le premier studio commercial d'enregistrement, en 1900 la Gramophone Company de Berliner avait un catalogue de cinq mille titres.

Le tournant entre le XIXe et le XXe siècle a été marqué par une concurrence sévère entre les deux technologies d'enregistrement sonore, le disque finissant par l'emporter. On ne peut analyser, comme l'on fait certains auteurs, la victoire du gramophone comme celle d'un produit de *consommation* sur un système de *communication,* le mode de production capitaliste triomphant privilégiant la reproduction industrielle sur une technologie interactive. Cette explication serait satisfaisante si le phonographe et le gramophone étaient restés des technologies artisanales et que seule la seconde avait été produite industriellement. Or Edison comme Berliner n'étaient pas uniquement des inventeurs mais également des capitalistes qui ont mis sur pied de grandes firmes.

Il nous semble qu'au contraire le succès du disque est à chercher dans les mécanismes de formation des usages sociaux de ces technologies. Dans une époque où la pratique de la musique et du chant était importante, souvent réalisée collectivement, l'utilisation de machines à enregistrer ne pouvait être immédiate et nécessitait une longue accoutumance. Par contre l'apprentissage de l'écoute de musique enregistrée était plus rapide surtout si les enregistrements proposés étaient ceux de vedettes de grande renommée. L'évolution du catalogue de la Gramophone Company est à ce sujet tout à fait exemplaire. Si en 1897 il comprenait principalement des saynètes comiques, des chansons populaires et des valses, il va très vite

---

4. A l'origine chaque rouleau était un enregistrement original (les artistes faisaient parfois quatre-vingts enregistrements par jour), puis grâce à un système de pantographe, on a pu produire vingt-cinq copies à partir d'un original. Le problème de la duplication industrielle des cylindres ne fut résolu que plus tard (procédé de moulage), en 1901, à une époque où la suprématie du disque était déjà assurée.

s'orienter sous l'autorité de Gaisberg vers l'enregistrement des grandes vedettes des scènes lyriques européennes et plus secondairement de musique instrumentale. Cette politique de qualité a souvent été symbolisée par l'enregistrement réalisé en 1902 de l'un des plus célèbres chanteurs d'opéra du début du siècle : Caruso. Ainsi la Gramophone Company offrait à sa clientèle, pour l'essentiel d'origine bourgeoise et petite bourgeoise, un succédané de spectacles d'opéra ou d'opérette.

L'expansion du disque et l'intégration hardware / software

Au début du siècle, cinq firmes dominaient le marché mondial de la musique enregistrée. Edison aux États-Unis et Pathé en France commercialisaient les cylindres, Victor Records (U.S.A.) et le groupe Gramophone (avec deux sociétés importantes en Angleterre et en Allemagne) s'étaient spécialisés dans le disque, quant à la Columbia (U.S.) elle était présente dans les deux supports. La société Edison a disparu avec l'échec du phonographe et Pathé s'est reconverti dans le disque. Cette première structure industrielle fut bouleversée assez largement pendant l'Entre-deux-guerres. R.C.A. prit le contrôle de Victor Records (1929) puis C.B.S. acheta les activités américaines de Columbia. La partie européenne du groupe après avoir été acquise par des capitaux britanniques (1923) fusionna avec Pathé (1928) puis avec la Gramophone Company anglaise (1931) pour donner naissance à « Electric and musical industries » (E.M.I.). De son côté la Deutsche Grammophon après une période de graves difficultés s'associa à Telefunken en 1937 puis fut rachetée par Siemens en 1941. A la Libération, la filiale française fut placée sous le contrôle de Philips. De là sont nées les sociétés Phonogram (Philips) et Polydor (Siemens). Jusqu'à la Seconde Guerre mondiale, les grandes firmes de disques (ou de cylindres) fabriquent également les appareils lecteurs.

En 1948, la découverte du microsillon par C.B.S., constitue une grande mutation technologique pour le disque. Avec une durée d'audition qui passe de quatre à vingt ou trente minutes par face, le disque va pouvoir enfin atteindre un marché de masse. Alors que les meilleurs tirages de 78 tours ne dépassèrent pas cent mille exemplaires, les microsillons atteindront plusieurs millions d'exemplaires. En dépit de la concurrence entre deux standards, le 33 tours de C.B.S. et le 45 tours de R.C.A., le développement du microsillon fut rapide. Les grands éditeurs phonographiques de l'époque qui appartenaient également à des grands groupes électriques et électroniques purent, en effet, proposer simultanément sur le marché le disque et le lecteur.

Le cinéma :
du visionnement individuel au spectacle

Les travaux sur l'image animée ont notamment été réalisés par des chercheurs scientifiques intéressés par l'étude du mouvement, comme Marey. Demeny, l'assistant du physiologiste français, imagina d'adapter l'appareil de Marey à un usage grand public. « Combien de gens seraient heureux, *écrivait-il en 1892,* s'ils pouvaient revoir les traits d'une personne aujourd'hui disparue. L'avenir remplacera la photographie immobile, figée, par le portrait animé auquel on pourra par un tour de roue, rendre la vie. On conservera l'expression de la physionomie comme on conserve la voix dans le phonographe [5].»

L'image animée est donc envisagée à l'instar de la photographie ou du phonographe comme un outil de mémoire. Ce n'est pas cet usage qui a été retenu par Edison deux ans plus tard quand il mit sur le marché son kinétoscope (appareil de visionnement individuel d'images animées). Instruit par l'expérience du phonographe, Edison imagina pour le kinétoscope un usage de loisir et organisa sa commercialisation dans des boutiques spécialisées (Penny Arcades) comprenant des batteries de machines à usage individuel. Ce type d'utilisation de l'image animée offrait un avantage pour Edison qui était avant tout un fabricant de matériel, c'est qu'il multipliait la demande d'appareils. Aussi l'inventeur américain n'a pas particulièrement orienté ses recherches vers la projection mais vers un nouvel appareil, le kinétophone, qui est un ancêtre du cinéma parlant. En effet Edison imaginait que le succès du kinétoscope serait de courte durée.

« Je pensais, *écrit-il dans ses mémoires,* qu'une fois l'attrait de la nouveauté disparu, la caméra allait ou bien servir d'instrument pédagogique... ou bien donner naissance à une nouvelle industrie purement récréative (pour les spectateurs) et commerciale (pour les producteurs) (...). Quand l'industrie commença à se spécialiser pour n'être plus qu'une immense entreprise d'amusement, j'abandonnai la production et me retirai sous ma tente [...] J'étais un inventeur, un chercheur. Je n'étais pas un producteur de spectacles. Et je n'avais

---

5. Cité par G. Sadoul in *Histoire du cinéma,* tome I, Denoël 1973, p. 169.

nullement l'intention de le devenir [6].» Edison garde donc les mêmes schémas mentaux, il est plein de dédain pour le loisir et privilégie des usages nobles comme l'enseignement. C'est au contraire un homme qui a su imaginer les potentialités spectaculaires des images animées qui découvrira le cinématographe. Lumière, comme la Gramophone Company, a compris que pour lancer un système de communication, il fallait proposer des programmes de qualité. Au contraire, Dickson, l'assistant d'Edison, qui réalisa les films pour le kinétoscope, ignorait presque tout de la photographie et de ses principes.

Lumière alliait les qualités techniques d'un excellent professionnel de l'image (c'était en effet un industriel de l'émulsion photographique) et un grand sens du spectacle de la vie quotidienne. « Vienne, la belle saison, *écrivait-il en 1896,* et les attractions parisiennes se montreront chaque jour plus nombreuses et plus variées au cinématographe. Grâce à cet appareil, tout le monde pourra revoir, revivre la sortie du mariage de M.X. avec Mlle Y..., la fin de la course du Grand Prix, le défilé des cuirassiers au 14 juillet et les innombrables scènes vécues chaque jour dans notre Paris si pittoresque.» Il est intéressant de noter que les thèmes de films que propose ici Lumière rappellent étrangement les thèmes des cartes postales de l'époque. Or on sait à quel point la carte postale était un medium populaire à la fin du XIXe siècle. En définitive, le succès du cinématographe vient moins de la qualité de son système de projection que de sa capacité à utiliser la caméra « non comme un moyen d'imprimer mécaniquement des bandes, mais comme une machine à refaire la vie » [7].

Néanmoins, Lumière, pas plus qu'Edison, ne croyait à l'avenir du cinéma. Si le système de l'industriel français se répandit extrêmement rapidement, ce ne fut qu'un feu de paille, et trois ans après la projection du Grand Café (1895), Lumière abandonnait la production de films. Le flambeau fut très vite repris par des entrepreneurs qui encore plus que Lumière concentrèrent leurs préoccupations sur la production de programmes. Méliès, qui dirigeait un théâtre de prestidigitation, apporta au cinéma la tradition du spectacle et une grande connaissance des mécanismes de trucage. Il « inaugura les grandes pièces à costumes et mise en scène importante, les reconstitutions historiques, drames, comédies, opéras

---

6. Cité in I.R.I.S., *Communications et société, éléments d'analyse 2.* Université Paris-Dauphine.
7. Cité par G. Sadoul, *op. cit.*

etc.»[8]. Pathé n'apporta pas au cinéma la même richesse de création, les premiers films qu'il produisit s'inspiraient très largement de Lumière et de Méliès. Mais l'originalité de Pathé fut d'insérer le cinéma dans les pratiques de loisirs de l'époque. Charles Pathé avait commencé sa carrière en faisant écouter un phonographe dans les foires ; par la suite il avait vendu des appareils de ce type aux forains. Il avait ainsi acquis une très bonne expérience de ce milieu et découvert que les foires pouvaient constituer un lieu adéquat de diffusion du cinéma vers le public populaire. Le music-hall représente également un autre lieu d'exploitation cinématographique plutôt tourné vers d'autres publics.

Le septième art s'est donc développé en intégrant la tradition de la carte postale et du spectacle [9] ; il découvrit son public dans les foires. Son usage social a donc bien été produit par des entrepreneurs soucieux des programmes, ce qui fut leur supériorité par rapport à Edison [10]. Toutefois les pères fondateurs du cinéma français se sont également intéressés au matériel, Lumière puis Méliès ont fabriqué caméras et projecteurs, Pathé en a commercialisé avant d'en produire.

Dans les dix années qui ont précédé la Première Guerre mondiale, la compagnie générale Pathé est devenue la première firme cinématographique mondiale avec environ le tiers des ventes de cette branche. Elle pratiqua une politique de concentration verticale : construction de studios, d'usines de tirage puis de fabrication de pellicule, d'ateliers de construction mécanique (production de caméras et de projecteurs). Pathé transforma également les modes d'exploitation et de rémunération des programmes. A partir de 1905 quelques exploitations foraines se sont sédentarisées ; on assista petit à petit à la naissance des premières salles de cinéma [11]. Pathé y mit

---

8. Autobiographie de G. Méliès, cité par G. Sadoul, *op. cit.*
9. Il faut d'ailleurs signaler que ces deux traditions se croisent. La carte postale n'est pas toujours réaliste et peut faire appel aux truquages les plus fantastiques ; de même Méliès fit des mises en scènes historiques et reconstitua des événements d'actualité de l'époque.
10. Devant le succès du cinéma, Edison ne se contenta pas de « se retirer sous sa tente », il mena une stratégie d'industriel de hardware. Avec l'accord d'Eastman-Kodak, il bâtit un cartel du cinéma, obligeant ainsi l'ensemble des producteurs et des exploitants américains à payer des royalties pour l'utilisation du film, puisqu'il en possédait les brevets.
11. Aux États-Unis, on rencontra une évolution analogue. A la même époque des exploitants de « Penny Arcades » lancèrent les premiers « Nickelodeon » (salles de cinéma permanentes).

un certain nombre de capitaux ; et surtout quelque temps après, il décida d'abandonner la vente de copies aux forains pour louer les films aux salles permanentes. Ainsi la firme française autonomisait la profession cinématographique, se donnait les moyens de contrôler l'exploitation des films et de s'approprier complètement les superprofits réalisés par certains titres. Cette transformation de la compagnie générale Pathé s'était réalisée avec le concours du capital bancaire. En l'espace de dix ans, le cinéma était passé de l'artisanat à la grande industrie.

La naissance du parlant
et la séparation définitive du hardware et du software

Aux États-Unis, la première décennie de ce siècle fut marquée par l'hégémonie du cartel créé par Edison, la Motion Picture Patent Company. La logique de ce cartel était double : asseoir le monopole technique d'Edison et lui permettre de faire rentrer ses royalties ; permettre une production de masse largement standardisée.

Le trust était essentiellement contrôlé par des industriels du hardware qui « méconnurent essentiellement les possibilités artistiques de l'industrie nouvelle » [12]. Ce sont, au contraire, d'anciens exploitants devenus producteurs indépendants, qui donnèrent aux films américains les caractéristiques qui allaient leur permettre de conquérir leur marché national puis après la guerre, le marché européen. Ces indépendants abandonnèrent les formats standards imposés par le trust (film d'une bobine) et surtout jouèrent la carte des vedettes. Alors que le trust ne publiait pas le nom des artistes, ces producteurs donnèrent une importance à des vedettes comme Mary Pickford ou Douglas Fairbank. Le « Star system » était né, les entrepreneurs qui le mirent en œuvre rencontrèrent un tel succès, qu'au début de la guerre de 1914 le trust s'effondrait.

De 1914 à 1926, le cinéma américain connut une période d'expansion très rapide. Les producteurs grossirent et l'on assista, avec l'intervention du capital bancaire, à une intégration verticale de la profession. En 1916, le cinéma d'outre-atlantique avait presque atteint la structure industrielle qu'il garda jusque dans les années cinquante : sept des huit major companies existaient, quatre grandes

---

12. H. Mercillon, *Cinéma et monopoles,* Armand Colin, Paris 1953, p. 12.

firmes (Paramount, Metro-Goldwyn-Mayer, Fox et Warner) et trois moyennes (Universal, United Artists et Columbia).

Ainsi, la croissance du cinéma en France comme aux États-Unis a essentiellement été assurée par des industriels de programmes. On assista ainsi à une séparation de la production du hardware et du software. En Europe, l'intégration de ces deux activités avait été un des éléments majeurs de la fortune du groupe Pathé ; celui-ci, qui avait été fortement ébranlé par la guerre de 1914 puis par la concurrence des films américains, décida en 1926 de vendre son secteur pellicule à Kodak. C'est dans ce cadre que fut créée la société Kodak-Pathé dans lequel le groupe français ne garda qu'une participation financière.

L'arrivée du parlant ne fit qu'accentuer cette séparation du hard et du soft. Ce sont en effet deux grands groupes de l'industrie électrique qui mirent au point cette nouvelle technologie. A.T.T. fut la première firme à mettre au point un procédé de cinéma parlant mais elle rencontra d'abord une grande réticence d'Hollywood qui souhaitait retarder une innovation qui l'obligerait à renouveler son équipement. Seul Warner s'intéressa à cette nouvelle technologie. Devant son succès, les autres majors emboîtèrent le pas. R.C.A. qui avait mis au point un autre système se heurta au contrat d'exclusivité qu'A.T.T. avait signé avec les grands producteurs américains. Aussi la firme a aidé le lancement de R.K.O. qui allait devenir le huitième major. Par la suite les procédés R.C.A. et A.T.T. ont coexisté aux États-Unis et en Europe.

Si l'apparition du parlant a constitué un tournant fondamental du septième art — un certain nombre de réalisateurs ou de comédiens ne réussissant pas à s'adapter à cette nouvelle technologie — celle-ci n'a pas bouleversé les structures industrielles du cinéma et elle n'est pas non plus, comme le microsillon, à l'origine de la massification du cinéma, celle-ci ayant déjà été atteinte à l'époque du muet.

La deuxième innovation importante pour le cinéma a été la couleur. Celle-ci est également arrivée de l'extérieur de la profession. Aujourd'hui matériel, pellicule et programmes constituent trois secteurs industriels distincts. La production de matériel est assurée par de petites sociétés spécialisées (Éclair [13], Ariflex,

---

13. Eclair est le premier fabricant français de caméras professionnelles 16 mm.

Cinemecanica...) ou par des départements de grandes firmes électroniques (Philips, Bell-Howell, Thomson, Siemens [14] ...). Il existe néanmoins quelques exceptions, comme Warner dont la filiale Panavision fournit du matériel de prise de vues utilisé dans la moitié des longs métrages américains. Les grandes firmes cinématographiques continuent également à posséder des intérêts importants dans les industries techniques du film (laboratoires de tirage, studios...). La Twentieth Century Fox, qui possède d'importants laboratoires de développement et de tirage (De Luxe General), est une firme totalement intégrée, capable d'assurer par elle-même l'ensemble des phases de fabrication d'un film. En France, Pathé et Gaumont contrôlent en commun la Société générale de travaux cinématographiques.

De la radiotéléphonie à la radiodiffusion

Alors que Marconi réalisait ses premières expériences de transmission hertzienne à la fin du XIXe siècle, pratiquement jusqu'en 1918, la radiotélégraphie puis la radiotéléphonie servirent uniquement de moyens de transmission militaire ou maritime. L'inventeur italien réalisa en 1920, en Angleterre, des expériences de radiodiffusion qui furent rapidement interdites sous la pression des constructeurs de radiotéléphone et de l'armée. « Ceux-ci estimaient en effet que l'utilisation pour le divertissement d'un medium destiné au commerce et à la navigation était frivole et dangereuse [15].» Ainsi, comme l'enregistrement sonore ou l'image animée, la radio à son démarrage se heurta au puritanisme d'une bourgeoisie qui ne pouvait envisager la communication que comme auxiliaire de l'activité économique ou militaire. Toutefois après la Première Guerre mondiale, l'usage de la radiotéléphonie commença à se répandre auprès des amateurs. Ceux-ci en construisant leurs propres émetteurs et récepteurs mettaient en place une communication inter-individuelle. Ainsi, en mars 1921, le ministère britannique des Postes avait délivré cent cinquante licences d'émission et quatre mille

---

14. Philips et Cinemecanica sont les deux principaux constructeurs européens de projecteurs 35 et 70 mm. Bell-Howell est le premier constructeur mondial de projecteurs 16 mm ; Thomson construit les projecteurs professionnels 16 mm Hortson ; Siemens, des projecteurs 16 mm double bande.

15. R. William, *Television technology and cultural form*, Fontana/Collins, Londres 1974, p. 32.

licences de réception [16] . Les titulaires de licence d'émission, comme les radios amateurs d'aujourd'hui, cherchaient principalement à atteindre des correspondants les plus éloignés possibles, le contenu du message ayant peu d'importance. Pourtant certains d'entre eux, (aux États-Unis dès 1909) commencèrent à diffuser de temps à autre de la musique. Ces expériences restaient toutefois dans le cadre de la radiotéléphonie. Le passage à la radiodiffusion nécessitait une régularité des programmes et la présence d'un grand nombre de récepteurs. C'est cette double transformation qu'un des deux grands trusts américains de l'industrie électrique de l'époque, Westinghouse, a effectué en 1920.

Westinghouse avait en effet compris que la croissance de la radio passait non pas par la vente de matériel à monter par des amateurs mais au contraire par la mise sur le marché de récepteurs à bas prix, vendus dans des boitiers, et que le public n'achèterait ces appareils que si ceux-ci permettaient de recevoir des programmes réguliers. C'est dans ce cadre que la firme électrique installait une première station radio à Pittsburg. Deux ans plus tard, au début de l'année 1923, il y avait près de six cents stations sur le territoire américain dont 40 % appartenaient à des entreprises de matériel de communication.

En France, c'est également une firme de radio-électricité, la S.F.R. qui lança la première station de radio : Radio-Paris. Le projet d'Émile Girardeau, président de la S.F.R., ne présentait pas la moindre ambiguïté : Radiolo, le présentateur de Radio-Paris, devait faire vendre les récepteurs Radiola.

Aux États-Unis, Westinghouse ne resta pas la seule grande entreprise à s'intéresser à la radio. L'ensemble des firmes monopolistes des branches électricité et télé-communications investirent dans des stations radiophoniques. Rapidement ces sociétés se répartissent en deux principaux groupes qu'on peut appeler avec S.W. Head [17] le « Radio group » et le « Telephone group ». Le premier comprend R.C.A. et ses deux sociétés mères : General Electric et Westinghouse [18], le second American Telegraph and

---

16. Source : Asa Briggs, *The birth of broadcasting*, London, Oxford University Press 1961, 425 p.

17. S.W. Head, *Broadcasting in America. A survey of Television and Radio*, Boston, Houghton Mifflin C⁰, 1972.

18. Radio Corporation of America fut créée en 1919 pour américaniser la

Telephone (A.T.T.) et ses filiales, notamment Western Electric. Les deux groupes n'étaient pas seulement concurrents, ils véhiculaient deux conceptions différentes du medium. Pour le « Radio group », les stations émettrices doivent, comme nous l'avons vu, promouvoir le marché des récepteurs. Elles sont à la fois responsables du système de diffusion et des messages. Au contraire, pour le « Telephone group », la radio fonctionne selon le principe du « common carrier », comme le téléphone. Les stations ne s'intéressent pas au message, elles se contentent de diffuser des programmes conçus par d'autres donc de vendre du temps d'antenne. A.T.T. va ainsi introduire le principe du « sponsor » et de la publicité. L'autre originalité du « Telephone group » est de relier les différentes stations en un réseau. Pour réaliser ces interconnections, A.T.T. utilisa à l'origine son réseau téléphonique. Chacune de ces deux conceptions de la radio était insuffisante pour que le medium connaisse un développement commercial important. Les stations du « Radio group » avaient mis au point différents types d'émissions (interviews, reportages mais surtout musique et variétés) et avaient commencé à réfléchir à leur combinaison pour élaborer une grille de programme.

Au contraire le « Telephone group » avait trouvé un mode de financement pour les stations ; en les reliant par un réseau il diminuait les coûts de production d'émissions pour chacune d'entre elles. Aussi R.C.A. et A.T.T. décidèrent de passer une série d'accords en 1926 [19]. Le secteur de la radio fut confié à R.C.A. tandis que les systèmes d'interconnection nécessaires à la constitution de réseaux restèrent sous la responsabilité d'A.T.T. De là date la naissance du système de radio américain qui est la synthèse des deux conceptions antagonistes du « Radio group » et du « Telephone group ». A la fin de l'année, R.C.A. créait la National Broadcasting Company (N.B.C.) [20] qui devenait le premier réseau de radio américain. Un des éléments du succès de N.B.C. fut sa capacité à s'attacher des

filiale que Marconi possédait aux États-Unis. Le capital de R.C.A. était réparti ainsi en 1922 : General Electric : 25 % , Westinghouse : 20 %, A.T.T. : 4 %. Cette dernière firme a revendu sa participation l'année suivante.

19. Les années précédentes, des accords avaient déjà été signés à propos d'échange réciproque de brevets. En effet, aucune firme ne possédait l'ensemble des brevets nécessaires au développement de la radio.

20. Le capital de N.B.C. était réparti ainsi : R.C.A. : 50 %, General Electric : 20 % et Westinghouse : 20 %. En 1930, General Electric et Westinghouse vendirent leur participation à R.C.A. Deux ans après, ils se retiraient également ment du capital de R.C.A.

artistes de qualité. Dès sa création, la société créa un service spécialisé dans les rapports avec les artistes. En 1931, elle se porta acquéreur d'une agence de placement d'artistes. En 1927, une série de stations indépendantes se regroupèrent dans un deuxième réseau qui allait devenir le Columbia Broadcasting System (C.B.S.). Quelques années plus tard, N.B.C. organisa ses stations en deux réseaux. Après la guerre, elle vendit l'un de ses deux réseaux qui constitua A.B.C., les trois grands networks de la radio-télévision américaine étaient alors constitués. Dans le domaine du matériel, R.C.A. occupa longtemps une position largement dominante. Toutefois, dans les années trente, des sociétés comme Zenith ou Philco, bien qu'utilisant les brevets R.C.A., concurrencèrent sérieusement la grande firme de radio.

Si l'on voulait présenter la genèse des grands systèmes de communication de masse qui sont encore aujourd'hui largement dominants, il faudrait bien sûr faire l'histoire de la naissance de la télévision. Mais si l'on s'en tient au point de vue que nous avons adopté dans ce chapitre (la formation de l'usage social), la télévision nous intéresse peu dans la mesure où dès le démarrage elle a été imaginée comme système de diffusion de masse, selon le modèle de la radio. Les structures de production ont été la plupart du temps les mêmes. Par contre du point de vue des pratiques de loisirs, la télévision a apporté des transformations essentielles et notamment une très forte accentuation des pratiques axées sur le domicile.

La formation de l'usage social
des premiers systèmes audiovisuels

A l'issue de ces brèves analyses sur la naissance du disque, du cinéma et de la radio, il convient de s'interroger sur les variables qui ont joué un rôle dans le développement de ces systèmes et d'essayer de dégager les éléments communs à leur développement.

La première caractéristique de l'innovation dans la communication, est qu'elle se situe au carrefour de plusieurs branches : l'industrie électrique, les télécommunications, la mécanique de précision, la photochimie et enfin le spectacle. Si dans le cadre des technologies encore peu sophistiquées du début du siècle, il était possible à un inventeur, avec éventuellement l'aide de quelques collaborateurs, de dominer l'ensemble des techniques utilisées, par contre sa place dans le champ du savoir et de la technique détermine largement ses possibilités de transformer une innovation en marchandise négociable sur un marché. Si l'on se pose la question du « lieu d'où l'on innove », il est important d'examiner les parentés entre systèmes de communication, c'est-à-dire les filiations techniques et les filiations d'usage. On sait que les recherches d'Edison sur l'enregistrement du son ont bénéficié de ses travaux précédents sur le télégraphe et le téléphone. Au niveau des usages, Edison a conçu son phonographe par analogie au téléphone de l'époque comme une machine à destination des entreprises. De même son kinétoscope a repris le deuxième usage du phonographe, celui d'une machine à sous à utilisation individuelle. Quant à la radio, pendant vingt ans, son utilisation fut calquée sur celle du télégraphe puis du téléphone. Dans la mesure où les trois premiers systèmes audiovisuels sont des systèmes de diffusion culturelle, la place des innovateurs par rapport au monde du spectacle joue également un rôle essentiel. On a déjà signalé la réticence d'Edison et d'autres industriels vis-à-vis d'une utilisation des systèmes de communication pour le « divertissement ». On voit ainsi que l'analyse de la formation des usages sociaux d'une technologie doit pouvoir également s'appuyer sur une étude des mentalités.

Si la bourgeoisie puritaine de la fin du siècle dernier ne souhaitait pas développer une utilisation de loisir pour ces innovations, cet usage lui fut en bonne partie imposé par l'évolution du mode de production capitaliste. A partir des années 1870-90, les nécessités de la reproduction du capital ont imposé aux entreprises des secteurs technologiques de pointe d'entrer dans le marché des biens de consommation et de ne plus limiter celui-ci aux classes à haut niveau de revenu. En lançant son fameux Kodak en 1888, Eastman accroissait très largement le marché de la photographie. De même la transformation du phonographe de machine à dicter en appareil pour l'écoute individuelle de musique, ou la substitution de la radiodiffusion à la radiotéléphonie ont offert aux industriels des possibilités de marché beaucoup plus importantes que précédemment. Bien sûr le passage d'un marché « institutionnel » ou d'un marché très limité de biens de consommation à un large marché n'est pas sans incidence sur les caractéristiques du produit. Un bien voulant s'imposer auprès d'un large public doit être robuste, d'une grande fiabilité et de manipulation aisée. L'appareil photographique mis au point par Eastman répondait bien à cette définition. De même quand Westinghouse a voulu lancer la radiodiffusion de masse, il a abandonné la fabrication de récepteurs en Kit qui étaient destinés à être montés par des amateurs pour proposer des appareils moins encombrants et déjà montés.

La volonté des firmes d'atteindre rapidement un marché de masse a eu également des conséquences sur les usages qu'elles ont développés pour leur technologie. Pour l'historien de la communication, il est assez curieux de noter qu'à la naissance du téléphone, on expérimenta ce système en France comme une technologie de diffusion, alors que la radio ou le disque sont d'abord apparus comme des technologies bidirectionnelles. Cette inversion des usages n'a jamais été totalement expliquée. Certains auteurs analysent la transformation en mass-media de la radio et du phonographe en terme de triomphe du discours dominant sur la communication privée. Ce type d'analyse reste à un niveau de globalité qui la rend peu opératoire ; elle est incapable de rendre compte de l'inversion des usages entre téléphone et radio. Il semble qu'il faille plutôt chercher l'explication de ce phénomène dans les transformations du mode de production. A un stade de l'évolution du capitalisme où les nouvelles technologies trouvaient plutôt leur marché dans les biens intermédiaires et où les entreprises recherchaient des systèmes de communication rapide pour mieux contrôler leur expansion géographique, le téléphone (qui fut longtemps destiné principalement aux entreprises) se développa dans le cadre d'un usage bidirectionnel. Au contraire, la radio ou l'enregistrement sonore pouvaient devenir beaucoup plus rapidement des biens de consommation largement diffusés dans le cadre d'une utilisation mass-mediatique que dans le cadre d'un usage interactif. La notoriété des messages diffusés a alors joué un rôle d'entraînement pour le développement de ces systèmes.

C'est ainsi que les premiers enregistrements phonographiques furent des discours d'hommes politiques. De même les pionniers de la radio aux États-Unis diffusèrent la campagne et les résultats de l'élection présidentielle de 1920. Par la suite la radio et le disque firent appel à des vedettes du théâtre et surtout de la chanson.

Cette évolution du type de messages diffusés par les technologies audiovisuelles à leur début est importante car pour imposer leur usage dans le public, il fallait trouver le soft le plus approprié. Les fabricants de programmes qui ont réussi à cette époque sont ceux qui ont su s'inspirer d'un certain nombre d'éléments de spectacles ou de loisirs particulièrement populaires (chanson d'opéra ou d'opérette pour le disque ; mélodrame historique, théâtre illusionniste, carte postale... pour le cinéma), recomposer ces éléments en fonction des caractéristiques du medium qu'ils utilisaient, et enfin leur donner une audience beaucoup plus large grâce aux possibilités de duplication ou de diffusion de masse de ces nouvelles technologies.

Si d'un point de vue économique on peut estimer que l'audiovisuel a proposé un substitut au spectacle vivant à un moindre coût, il faut pourtant ajouter immédiatement que la substitution change les pratiques de loisir et les règles de création. Passer de l'écoute collective à l'écoute individuelle, du spectacle vivant au spectacle filmé nécessite une modification des comportements qui a été rendu possible parce que les nouveaux programmes étaient disponibles beaucoup plus rapidement (ou de façon instantané dans le cas de la radio) pour l'ensemble du public. Par ailleurs, les travaux de la plupart des historiens du cinéma ou de la radio ont bien montré que ces deux systèmes n'ont atteint leur plein développement que le jour où ils réussirent à inventer une forme originale.

Le rôle-clé joué par les programmes pendant la phase de lancement des systèmes audiovisuels ne doit pas nous faire oublier la question du hard. Cette période se caractérise en effet par le fait que les mêmes firmes produisent et commercialisent simultanément hardware et software. On a vu que la plus importante firme cinématographique d'avant la guerre de 1914, Pathé, était présente dans l'ensemble des activités touchant au cinéma (matériel, pellicule, production et exploitation des films) ; de même R.C.A. dans les années 20 était le premier constructeur d'émetteurs et de récepteurs de radio et possédait le principal network américain. Cette intégration de ces deux activités complémentaires a été nécessaire pour le développement des systèmes audiovisuels, par la suite la plupart des firmes (à l'exception de R.C.A.) se sont spécialisées dans le hard ou dans le soft. Ces deux activités ont en effet des dynamiques différentes, l'innovation renvoyant dans un cas à la branche électrique et électronique, dans l'autre aux industries du spectacle.

En conclusion, on peut dire que pour le disque, le cinéma et la radio, la transformation de l'innovation technologique en marchandise, s'est effectuée dans le passage au sein d'une matrice composée des trois éléments suivants :

1 — Articulation entre différentes branches industrielles et place de l'innovateur dans ce faisceau d'activités.

2 — Accès au marché des biens de consommation dans le cadre de la grande industrie naissante.

3 — Façon dont ces technologies se sont situées par rapport aux autres modes de loisirs.

Au sortir de cette matrice, ces systèmes de communication étaient devenus des systèmes unidirectionnels axés sur les loisirs, réalisés dans le cadre de firmes monopolistes intégrées au niveau du hard et du soft. Une fois l'usage de ces technologies fixées, l'industrie des programmes a joué un rôle moteur dans le développement. A la faveur des améliorations technologiques apportées à ces systèmes, les activités de hard et de soft sont devenues autonomes.

2. le disque et le cinéma : des marchandises culturelles

La marchandise culturelle est-elle spécifique ?

Si le terme d'industries culturelles n'est pas nouveau, puisqu'il constitue l'un des concepts développés par l'école de Francfort, cette notion connaît aujourd'hui un regain d'actualité. Pour A. Girard [1], « il y a industrie culturelle lorsque la représentation d'une œuvre est transmise ou reproduite par les techniques industrielles ». P. Golding [2] définit cette notion comme l'invasion du champ culturel par le mode de production capitaliste. Ces deux auteurs qui se situent dans des sphères théoriques tout à fait différentes, utilisent en fait la notion d'industries culturelles de façon voisine, comme un double inversé de celle de culture de masse. Le changement de concept est simplement induit par le passage de l'analyse de la consommation à celle de la production. Cette notion reste trop vague et peu opératoire pour l'analyse économique de la culture. En effet sont issus des industries culturelles, des biens qui ont des sources de financement radicalement différentes : la vente sur un marché, la publicité, c'est-à-dire en définitive d'autres secteurs industriels, et enfin le financement public ou éventuellement le mécénat privé. Il nous semble qu'il faut donc distinguer deux types de produits :

— *la marchandise culturelle.* Il s'agit là des produits qui sont vendus sur un marché : produits édités, ou cinéma ;

---

1. A. Girard, « Industries culturelles » in *Futuribles,* n° 17 sept.-oct. 1978, p. 605.

2. P. Golding, « Creativity, control and the political economy of publishing », Symposium de Burgos, juillet 1979.

– *la culture de flot.* Les produits de ce domaine peuvent être caractérisés par la continuité et l'amplitude de leur diffusion ; ceci implique que chaque jour de nouveaux produits rendent obsolètes ceux de la veille. La deuxième spécificité de ce domaine est de se trouver à l'intersection du champ de la culture et de celui de l'information. Le financement de la culture de flot peut être assuré par la publicité (presse et radio-télévision), par l'État (radio-télévision) ou éventuellement par le mécenat privé (la presse dans des situations exceptionnelles). La logique de ces deux derniers financements correspond bien au fait que la culture de flot constitue un outil d'information et par conséquent un véhicule idéologique essentiel que l'État (ou quelques mécènes) souhaite contrôler et utiliser.

Nous étudierons dans le présent chapitre deux marchandises culturelles différentes (le disque et le cinéma) et nous analyserons dans le chapitre suivant la radio-télévision comme culture de flot.

Contrairement à d'autres produits industriels, chaque marchandise culturelle a une valeur d'usage spécifique liée à la personnalité du ou des travailleurs culturels qui l'ont conçue. Le rôle de l'industriel est « de transformer une valeur d'usage unique et aléatoire en valeur d'échange multiple et effective » [3]. La marchandise culturelle peut donc être caractérisée d'un point de vue économique par l'aspect aléatoire de sa valorisation. On nous objectera, sans doute, que la valorisation de tout bien présenté sur un marché est aléatoire et que ceci ne caractérise pas particulièrement la marchandise culturelle. Pourtant il n'existe pas d'autre bien de consommation pour lequel les producteurs aient une telle méconnaissance de la demande qu'il soit obligé de faire dix ou quinze essais pour obtenir un succès. Dans le disque de variétés par exemple, pour deux produits voisins, les ventes peuvent varier de un à mille. Si la production culturelle s'apparente tant à un pari, c'est parce que par définition chaque produit est unique. Toutefois le risque de la production peut être partiellement limité et nous verrons plus loin comment les industriels s'y emploient.

L'unicité du produit culturel renvoie également à la nécessité permanente de renouvellement. Là aussi ce phénomène se retrouve dans l'ensemble des industries des biens de consommation. Toutefois

---

3. A. Huet, J. Ion, A. Lefebvre, B. Miège et R. Peron, *Capitalisme et industries culturelles,* Presses universitaires de Grenoble, 1978.

il est rare qu'il prenne une telle dimension : dans le cinéma, le temps moyen d'exploitation d'un film est d'environ un an ; la durée de vie d'un « tube », dans le disque, est encore plus courte (de trois à six mois). Pour pouvoir constamment renouveler ses produits, le producteur fait appel à une force de travail fluctuante qu'il puise dans un vivier aux frontières plus ou moins floues : artistes en chômage, universitaires ou journalistes pour le livre, enseignants des conservatoires pour le disque ; et même éventuellement amateurs ou semi-professionnels. L'entretien de ce vivier n'est pas assuré par les industries culturelles mais par l'appareil public de formation et d'action culturelle [4].

La rémunération des artistes et des créateurs a conservé dans l'édition un caractère tout à fait particulier. Alors que le salariat s'est généralisé avec l'expansion du mode de production capitaliste, les artistes restent payés selon des modalités diverses de droits d'auteurs et de royalties qui datent de la mise en place du droit de représentation au XIXe siècle [5]. Ce système qui est souvent présenté comme favorable aux artistes, ceux-ci défendant leurs droits grâce aux sociétés d'auteurs, ne bénéficie en fait qu'à une petite minorité de vedettes qui se partage ainsi une partie du surprofit dégagé par les tubes ; par contre la grande majorité des artistes est sous-payée. Un tel système offre un double avantage pour l'éditeur : cela diminue son investissement initial, en faisant de la rémunération des artistes un coût variable. Par ailleurs il atteste la place privilégiée de l'auteur dans le processus de production, le caractère unique de sa création. Les artistes étant rémunérés par une sorte de rente, l'activité de création apparaît comme jaillissant spontanément de la nature même de l'artiste, de ses dons innés et non comme le résultat de la vente de sa force de travail.

Dans le cinéma qui s'est tout de suite développé dans le cadre du mode de production capitaliste, le système de rémunération des artistes est différent. Ceux-ci sont payés forfaitairement au cachet. Néanmoins la surenchère introduite par le « Star system » a pour conséquence que, comme dans le disque, on trouve une petite minorité de vedettes recevant une rémunération extrêmement importante et une majorité d'artistes mal payée. Par ailleurs dans la situation actuelle de crise du cinéma français, certains producteurs

---

4. Sur ce problème, on pourra consulter l'ouvrage déjà cité *Capitalisme et industries culturelles* auquel nous empruntons cette analyse.
5. Voir sur ce point, J. Attali, *Bruits,* PUF, Paris 1978.

négocient avec les vedettes une rémunération au pourcentage, ce qui permet de diminuer le risque initial.

Par définition la création cinématographique a toujours été collective et on sait quelle division très stricte des tâches Hollywood a mis au point dans l'Entre-deux-guerres. Quant au producteur, si on veut bien dépasser l'image de l'homme au gros cigare pour analyser sa fonction, il n'apparaît plus comme un simple intermédiaire permettant à un réalisateur de mettre en œuvre son projet. En effet, il intervient directement dans le processus de création et souvent achète les droits d'un scénario et recherche le réalisateur et les vedettes qui pourront le mettre en scène. Malgré le caractère collectif de la création cinématographique, la valorisation du produit passe par la mise en vedette d'un créateur qui atteste le caractère unique du film. Nous avons vu que le Star system a longtemps joué ce rôle, l'idole constituant en même temps le support de la projection-identification du public [6]. Dans le cadre de la vision élitaire du cinéma, un autre personnage, le réalisateur, devient le sujet unique de la création [7].

Dans le disque, la création est également collective. Les différents intervenants s'appellent : compositeur, parolier, chanteur, musicien, ingénieur du son, arrangeur etc. L'éditeur tient également sa place dans cet ensemble. Mais pour le public, la vedette apparaît toujours comme l'unique créateur.

Un produit édité : le disque

Alors que l'industrie du disque s'est développée jusque dans les années cinquante dans le cadre d'une intégration entre le hardware et le software, on assiste depuis à une séparation de ces deux activités. En effet, la principale innovation technologique dans le hardware (la haute fidélité) n'a pas été mise au point par les firmes intégrées de la reproduction sonore, ni d'ailleurs par les grands groupes occidentaux de l'électronique. Une fois le microsillon imposé, la croissance de cette industrie ne justifiant plus une liaison étroite entre le hard et le soft, ces deux activités se sont alors développées selon leur logique propre, celle de l'électronique dans un cas, celle du show-business dans l'autre. Parmi les dix principaux éditeurs phonographiques mondiaux, cinq appartiennent

---

6. Voir E. Morin, *Les Stars,* Le Seuil, Paris, 1957.
7. Cf. la fameuse politique des auteurs des *Cahiers du cinéma.*

uniquement aux industries des programmes, C.B.S. a renoncé à son activité (de recherche notamment) électronique, Siemens et E.M.I. ont abandonné leur production dans l'électronique audiovisuelle grand public, seuls Philips et R.C.A. ont gardé ce type d'intégration. Toutefois, dans ces deux firmes, les deux activités sont largement autonomes, et l'intégration ne semble pas constituer un avantage décisif par rapport aux autres groupes.

Le disque est une activité en pleine expansion. En France 60 % des ménages sont équipés de matériel de lecture. De 1960 à 1975, le parc d'électrophones a augmenté en moyenne chaque année de 9 % [8], la croissance annuelle des ventes de disques (en quantité) a été de 14 %. En moyenne les ventes par numéro ont augmenté [9]. Cette expansion qui s'est réalisée en France malgré une taxation défavorable (taux de T.V.A. de 33 %), semble assez générale dans les pays occidentaux ; elle s'est maintenue jusqu'en 1978 (de 1975 à 1978, la croissance annuelle moyenne en quantité a été de 13 % pour les 33 tours). Par contre, on a assisté en 1979 à une diminution des ventes qui reste encore mal expliquée.

Le risque éditorial

Comme tous les produits culturels édités, le disque se caractérise par l'aspect aléatoire de la valorisation de chaque titre. Dans le cas des variétés, le risque par produit n'est pas trop élevé puisque l'investissement fixe initial (production de la bande-mère) est de quatorze à vingt mille francs pour un 45 tours simple et de quatre-vingts à cent mille francs pour un 33 tours. En musique classique les risques sont plus élevés : cent mille francs [10] de coût moyen d'enregistrement pour une œuvre symphonique mais de deux à six fois plus pour l'opéra. Cet investissement initial est loin d'être toujours récupéré. R.S. Denisoff estime qu'aux États-Unis, 70 % des titres produits chaque année sont déficitaires. Les pertes effectuées sur ces titres sont compensées par les surprofits réalisés par quelques autres. Ainsi un grand éditeur français, qui pourtant ne privilégie pas une politique de tubes, effectue 50 % de son chiffre d'affaires avec

---

8. Depuis 1973, la croissance du parc des électrophones se ralentit ; elle est relayée par celle des chaînes électro-acoustiques.

9. On ne connaît pas le nombre moyen de ventes par numéro. Toutefois on peut remarquer que ces dernières années la croissance des ventes (en quantité) a été supérieure à l'augmentation du nombre de titres. De 1968 à 1973, les ventes de disques ont augmenté de 71 %, les titres de 34 %.

10. A. Hennion, J.P. Vignolle, « Artisans et industriels du disque », Rapport pour le C.O.R.D.E.S., 1978.

3 % de ses titres [11]. Toutefois ce mécanisme de compensation ne joue qu'à l'intérieur d'un type de produits définis. Le secteur du classique, par exemple, est globalement bénéficiaire dans la plupart des firmes et n'est pas financé par les surprofits des variétés.

Pour diminuer son risque, l'éditeur peut d'abord le répartir sur un grand nombre de titres : les sept plus grandes firmes françaises produisent chacune plus de cinq cents disques par an. Par ailleurs, l'éditeur ne joue pas la stratégie du tube sur l'ensemble de son catalogue. La vente d'un tube permet, sur le marché français, d'atteindre quelques centaines de milliers d'exemplaires voire de dépasser le million en quelques mois, mais ce succès est extrêmement aléatoire (il n'est pas certain que la vedette qui l'a réalisé rencontre d'autres réussites) et très rare (chaque année seule une vingtaine de titres se vendent à plus de cinq cent mille exemplaires). Par contre les ventes de disques des artistes consacrés sont un peu plus faibles mais très régulières et on peut donc prévoir sans trop de difficulté la diffusion de chaque nouveau disque sorti par ces chanteurs ; par ailleurs la vente d'enregistrements précédents, parfois très anciens, constitue une rente pour l'éditeur. Ainsi chaque année, en période des fêtes, on commercialise deux cent mille exemplaires du *Petit papa noël* de Tino Rossi.

La dernière façon de diversifier les risques éditoriaux est de faire appel aux succès étrangers et d'en faire une édition nationale (pressage à partir d'une bande-mère importée et fabrication d'une nouvelle pochette). Mais les firmes de disques ne peuvent fonder toute leur politique sur des valeurs sûres, elles doivent également renouveler leur catalogue. L'activité éditoriale est basée sur une dialectique entre le jeune chanteur et la vedette consacrée, entre le tube et le fonds de catalogue.

Le melting pot de la musique populaire

La fonction de l'éditeur n'est pas uniquement de sélectionner les vedettes et les enregistrements qu'il mettra sur le marché. Elle est aussi d'organiser un processus de travail qui est de plus en plus collectif. Si à l'origine d'un disque de variétés il y a un texte et une mélodie, c'est dans le travail de studio que se crée le disque ; il ne s'agit pas de la simple reproduction d'une musique existante mais de la conception d'un nouvel objet musical à partir du travail du

---

11. R.S. Denisoff, *Solid gold : the Popular record Industry,* Transaction books, 1975.

chanteur et des musiciens. La manipulation de ces matériaux de base est assurée par l'ingénieur du son et l'arrangeur dans le cadre d'une négociation collective avec les différents intervenants musicaux. Tous ensemble « mêlent par tâtonnement des techniques " importées " de sources sociales très diverses et réinterprétées dans des savoir-faire hautement efficaces » [12]. On peut donc dire avec A. Hennion et J.P. Vignolle que le mode de production de la variété populaire est celui du « mélange ». Alors que les œuvres de « culture cultivée » ou même la variété « de qualité » privilégient toujours un aspect particulier en fonction d'un projet esthétique qui produira ses règles d'écriture et sa propre légitimité, la variété populaire vise la transparence, elle veut « dissimuler sa réalité d'objet, faire oublier le travail qui la produit, les langages qu'elle utilise » [13].

Bien que la création du disque de variété soit collective, sa commercialisation s'appuie sur la mise en vedette du chanteur. C'est là une des lois de la production culturelle que pour témoigner de l'unicité du produit, il faille l'attribuer à un créateur singulier. L'idole sur laquelle se projette une partie des désirs du public est très largement modelée par le directeur artistique. Celui-ci, en fonction de sa propre anticipation des goûts de la clientèle, intervient dans la fabrication de la chanson et crée l'image de la vedette. Le directeur artistique, représentant de l'éditeur, arbitre la création-collective et lui donne son image dans le public.

De l'objet musical à l'objet reproductible

La dernière fonction de l'éditeur est de transformer l'intervention des travailleurs culturels en un bien reproductible qui puisse s'échanger sur un marché. Pour cela l'éditeur phonographique devra faire appel à une usine de pressage puis à la phase de distribution c'est-à-dire à l'utilisation d'un réseau de représentants et d'un système de messagerie. Si on ajoute, en amont les studios d'enregistrements on trouve ainsi quatre activités dans l'industrie du disque. L'édition est la branche où l'on compte le plus d'entreprises, en France environ une centaine. Le pressage est réalisé par vingt-cinq firmes dont six réalisent 95 % du chiffre d'affaires global. On trouve enfin une douzaine de studio d'enregistrements et une quinzaine de distributeurs.

---

12. A. Hennion, J.P. Vignolle, *op. cit.*, p. 217.
13. A. Hennion, J.P. Vignolle, *op. cit.*

Bien sûr il y a souvent intégration entre ces différentes fonctions. A quelques exceptions près, les distributeurs sont les grands éditeurs ; de même quatre des six grandes usines de pressage et la moitié des studios appartiennent à des éditeurs. En définitive il existe cinq firmes totalement intégrées [14] dont trois sont les plus importantes de la branche.

Structure du prix de revient du disque en pourcentage
du prix de détail T.T.C.

Source, Hennion et Vignolle.

T.V.A.		25
Détaillant		25
Coûts artistiques		14
dont enregistrement	6	
droits et royalties	8	
Fabrication		10
Distribution (représentants et messageries)		15
Marge de l'éditeur		11
Total		100

Le disque d'or

Globalement, l'édition phonographique est une activité ayant une marge de profit élevée, nettement plus importante que celle de l'industrie électronique audiovisuelle.

Dans le domaine des programmes, la branche disque se situe au second rang après la radio-télévision commerciale. En France, la marge brute d'exploitation [15] a été en moyenne de 15,5 % de 1970 à

---

14. L'entreprise de pressage C.I.D.I.S. est commune à Phonogram et à Polydor. Par ailleurs sont également intégrés, Pathé-Marconi, le groupe E.M.I., Decca et Vogue.

15. La marge brute d'exploitation est le ratio résultat brut d'exploitation avant amortissement, impôts, frais et revenus financiers sur le chiffre d'affaires hors taxe.

1976 ; la marge nette avant impôt [16] étant de 9,5 % sur la même période. Pendant longtemps, les profits ont été assez stables, mais depuis quelques années, on assiste à un très net fléchissement. La marge nette qui était de 10,4 % en 1974, puis de 9,5 % en 1975, est passée à 6,6 % en 1976 et à 6,3 % en 1977. Les profits des principales firmes multinationales de la profession sont dans l'ensemble plus importants, mais manifestent la même tendance à la baisse. La marge nette moyenne, calculée sur un échantillon de quatre sociétés multinationales (E.M.I., C.B.S., Warner et M.C.A.), pour lesquelles nous avons obtenu des informations sur l'activité du disque était de 14,2 % en 1972, 13,2 % en 1973, 10,8 % en 1974, 11,8 % en 1975 et 7,6 % en 1978.

Un produit complexe : le cinéma

Le cinéma est un spectacle collectif mais simultanément le bien film est reproduit industriellement en un certain nombre de copies. De sa nature de spectacle, le cinéma conserve une certaine proximité entre la production du film et les lieux de sa consommation. Cette liaison existe depuis le début de l'histoire du cinéma et s'organise d'autant mieux que le nombre de salles cinématographiques est réduit (environ quatre mille cinq cents en France contre dix-huit mille points de vente de disques). Mais le film peut également être considéré comme un produit « semi-édité » ce qui nécessite une activité de duplication de copies et de messagerie. Comme pour tout spectacle collectif, le coût d'un spectateur additionnel de cinéma est nul. Se pose alors le problème du contrôle de l'accès à la consommation qui a été résolu par le mécanisme du guichet. Un dernier point doit être noté en ce qui concerne les mécanismes de prix dans le cinéma. Ceux-ci sont fonction du confort de la salle et non du coût de production du film, alors que comme nous le verrons, l'investissement initial peut varier de un à cent.

Contrairement au disque, le cinéma est une activité en déclin. Depuis vingt ans, celui-ci a perdu plus de la moitié de ses spectateurs en France. Cette baisse de la fréquentation, qui s'est ralentie depuis les années soixante-dix, a été beaucoup plus élevée en Allemagne, en Grande-Bretagne et aux États-Unis (80 %) mais plus faible en Italie

---

16. La marge nette d'exploitation est le ratio bénéfice net *avant impôt* (mais après amortissement, frais et revenus financiers) sur le chiffre d'affaires hors taxe.
Source : enquête annuelle d'entreprise ; ministère de l'Industrie.

(30 %). Le cinéma s'est en effet heurté au développement de la consommation individuelle ou familiale de loisirs au domicile et particulièrement à la concurrence de la télévision. La pénétration du petit écran dans les classes populaires a incontestablement entraîné une baisse de fréquentation des salles obscures. Néanmoins, la réponse de la profession n'a fait qu'amplifier cette baisse. Celle-ci a en effet fermé de nombreuses salles, et a préféré se spécialiser sur certains créneaux de marché : les jeunes et les classes moyennes. Une telle politique permettait de systématiser le régime de l'exclusivité et d'augmenter largement les prix. Le cinéma a pu ainsi maintenir ses recettes en francs constants, pendant vingt ans, malgré la baisse de la fréquentation [17]. Pendant les années soixante le disque s'est constitué une clientèle populaire, tandis que le cinéma abandonnait cette clientèle pour se tourner vers le public de la « culture cultivée ». Pour celui-ci, la demande est relativement inélastique au prix et les différentes pratiques de loisirs sont largement cumulatives. Ainsi la loi du profit entraînait le développement de la culture de masse dans un cas, de la culture élitaire dans un autre...

Le cinéma se distingue également du disque par l'importance de l'investissement initial requis pour chaque produit et le fait que les coûts fixes sont largement prépondérants. En France le coût moyen d'un film est d'environ cinq millions de francs, alors que les recettes sont, comme pour toute marchandise culturelle, très aléatoires. Ainsi pour un film sortant à Paris, le nombre d'entrée peut varier de moins de dix mille à deux millions. Face à un risque aussi important, les producteurs ont développé deux types de stratégie, soit se concentrer sur quelques films à très haut budget pour lesquels ils essaient de remplir toutes les conditions du succès, soit multiplier les essais avec des films à petit budget. Hollywood a largement mis en œuvre cette première politique, la seconde a été adoptée par une bonne partie du cinéma français.

---

17. Voir R. Bonnel, *Le Cinéma exploité*, le Seuil, Paris 1978, 376 p. Sur la baisse du cinéma anglais voir J. Spraos, *The Decline of Cinema (cité par Cl. Degand* in *Le Cinéma... cette industrie*, éd. Techniques et économie, Paris, 1972). En Angleterre, la politique du duopole Rank A.B.C. (refus des exclusivités aux salles indépendantes et fermeture systématique des salles qui n'atteignaient pas un haut degré de rentabilité) a entraîné une baisse de fréquentation, encore plus forte qu'en France.

Super-production et marketing

Hollywood produit beaucoup moins de films qu'autrefois [18]. Aujourd'hui chacune des majors met rarement en chantier plus de quinze films par an. Le budget de ces films est en moyenne de quatre millions de dollars et peut atteindre parfois trente millions de dollars comme pour *Apocalypse Now*. Les producteurs cherchent en effet à réaliser des films utilisant toutes les potentialités techniques du medium. Ces super-productions dont les films-catastrophes constituent un bon exemple, peuvent atteindre des recettes exceptionnelles (deux cents millions de dollars pour les *Dents de la Mer* qui en avait coûté neuf) alors que d'autres ne couvrent pas leur coût de production.

C'est pour essayer de diminuer ce risque que les techniques de marketing se sont assez largement répandues dans cette profession. Les sociétés hollywoodiennes ont mis au point, pour le cinéma, un dispositif très sophistiqué de projections à des publics témoins. Chaque spectateur dispose sur son accoudoir d'un cadran qui lui permet d'indiquer à tout moment sa plus ou moins grande satisfaction. L'ensemble de ses appréciations sont enregistrées et traitées. Ceci constitue sans doute plus un gadget d'homme de marketing désireux d'épater le client qu'un procédé scientifique ! Par contre, les questionnaires que remplissent les spectateurs constituent un moyen de modifier éventuellement le film et en tout cas de déterminer son audience potentielle [19].

Ces études de marketing appuient des dépenses publicitaires considérables. Des films comme *Les Dents de la Mer* ou *La Tour infernale* ont bénéficié de budgets publicitaires extrêmement importants. Quant à *Rocky,* ses dépenses commerciales auraient été quatre fois supérieures à son budget de production. Certes de telles dépenses publicitaires ne sont pas suffisantes pour expliquer les succès remportés par Hollywood, elles paraissent par contre absolument nécessaires pour atteindre les premières places au box-office. Le rôle de plus en plus important joué par la publicité dans les marchandises culturelles n'est d'ailleurs pas propre au

---

18. De 1950 à 1976, la production américaine des majors est passée de cinq cents à cent trente-huit long-métrages.

19. Les méthodes de marketing se sont répandues dans la production des programmes de télévision comme dans celle du cinéma. Avant de lancer une série, on produit un épisode-test qu'on diffuse sur le petit écran. C'est en fonction des réactions à ce « pilote » qu'on décidera de produire, de ne pas produire, ou éventuellement de modifier l'ensemble de la série.

cinéma et semble être, depuis quelques années, l'une des caractéristiques du marché américain. Les éditeurs phonographiques consacrent souvent au lancement des disques de variétés des budgets publicitaires analogues ou supérieurs aux dépenses de production. Dans le cas des grandes stars, le budget de promotion peut être supérieur à un million de dollars. Une telle politique a pour conséquence une élévation du niveau des ventes nécessaires pour assurer la rentabilité d'un produit. Dans le cinéma, « les tubes », c'est-à-dire les films dont les recettes dépassent dix ou vingt millions de dollars, ne sont pas plus fréquents que dans le disque. Pour atteindre un tel chiffre d'affaires, les majors companies disposent non seulement du large marché américain [20] mais également de ventes à l'exportation qui sont environ égales aux ventes intérieures.

Hollywood a également su trouver d'autres débouchés pour ses films que les salles obscures. Après avoir assisté impuissantes à la montée de la télévision [21], les majors companies ont commencé à vendre leurs films aux réseaux de télévision. Aujourd'hui, on peut estimer que les recettes de diffusion des longs métrages cinématographiques à la télévision américaine dépassent les recettes venant des salles situées aux États-Unis. Les recettes du petit écran jouent donc un rôle essentiel dans l'économie du cinéma américain et elles sont d'ailleurs prises en compte dans l'élaboration du devis. C'est ainsi que lors de la production de *Betsy,* Allied Artists avaient pré-vendu les droits pour deux transmissions au réseau de télévision C.B.S., moyennant deux millions de dollars, soit le tiers du budget du film [22]. Un autre débouché s'est ouvert récemment pour la commercialisation des films : le canal de télévision à péage des réseaux de télédistribution (voir chapitre V). Contrairement à la télévision, Hollywood s'y est intéressé dès le début. En septembre 1977, la télévision payante a diffusé deux cent soixante dix huit longs métrages dont 70 % étaient par ailleurs diffusés en salle [23].

---

20. La consommation de film par tête aux États-Unis est d'environ 25 % supérieure à celle de la France et de 80 % à celle de la Grande-Bretagne, de l'Allemagne et du Japon.

21. Les majors ont été d'autant plus mal armées pour réagir à la concurrence de la télévision qu'au début des années cinquante, une décision de la Cour Suprême américaine les avait obligées à se déssaisir de leurs réseaux de salles, leur faisant ainsi perdre le bénéfice d'une intégration verticale.

22. Source : *Film échange,* n°2, « États-Unis 1977-78 : statistiques et documents ».

23. Source : Thomas Guback, « Les relations cinéma-T.V. aux États-Unis aujourd'hui » in *Film échange,* n° 2.

L'industrie cinématographique américaine ne s'est pas contentée de diversifier les débouchés de ses films mais elle produit également d'autres types d'images animées destinées spécifiquement à la télévision. La production de téléfilms ou de séries offre un avantage pour Hollywood : le risque financier est bien moindre. En effet ces séries sont vendues aux chaînes de télévision à un prix voisin du coût de production, les profits du producteur étant assurés par la vente aux stations américaines indépendantes et aux chaînes étrangères (ventes de « syndication »). Aujourd'hui Hollywood reçoit plus de la moitié des commandes extérieures de l'industrie de la télévision. La diffusion à la télévision de films de cinéma et de séries représente un chiffre d'affaires équivalent à l'exploitation en salles.

Recettes film et télévision des major companies
en 1976 [24], (en millions $).

Source, Cl. Degand, *Film Échange*, nº 2.

	Marché national	Marché étranger	Total
Exploitation en salles	480	470	950
Exploitation à la télévision	750	230	980

En définitive, l'industrie cinématographique américaine est doublement diversifiée. Ses films sont distribués sur l'ensemble de la planète et par l'intermédiaire de plusieurs media, ce qui lui permet d'amortir ses super-productions. Par ailleurs Hollywood est devenu un lieu de production d'images animées capable de répondre également aux demandes spécifiques d'autres media, aujourd'hui la télévision, demain les nouveaux systèmes. Cette double diversification a permis à l'industrie américaine de redevenir prospère.

---

24. Les major companies sont les membres de la Motion-Picture American Association. La recette prise en compte dans ce tableau est la recette nette producteur-distributeur.

Le ghetto du cinéma français

La première chose qui distingue l'industrie française du cinéma de l'industrie américaine, c'est l'évolution du nombre de films produits. Alors qu'aux États-Unis, ce nombre a fortement diminué en même temps que la baisse de la fréquentation, en France, il a augmenté d'un tiers [25] de 1957 à 1978. Cette extension de la production qui paraît à première vue inexplicable, correspond à une volonté des professionnels de diversifier au maximum les films pour attirer un public beaucoup plus irrégulier qu'autrefois. On s'assure devant les aléas de la valorisation du produit en multipliant les essais. L'existence d'une telle stratégie apparaît clairement quand on remarque la forte augmentation des films à petit budget. Ces films sont fréquemment des premières œuvres (plus du quart des films réalisés chaque année) : en diversifiant les réalisateurs, les producteurs espèrent trouver enfin le succès. Ceci est parfois le cas, comme l'atteste *Diabolo menthe* qui a fait seize millions de francs de recettes [26], mais les échecs sont beaucoup plus fréquents. Le risque du producteur français est largement amplifié, par le fait qu'il s'adresse à un marché étroit et qu'il n'a pas réussi à compenser la faiblesse du marché national des salles obscures par d'autres débouchés. La part de l'exportation régresse depuis vingt ans· dans l'ensemble des ressources de la production française ; elle n'était plus en 1978 que de 24 %. Quant aux recettes liées à la diffusion de films à la télévision, elles sont dérisoires. En 1978, elles constituaient 13 % des ressources des producteurs [27]. Cette faiblesse des recettes issues du petit écran ne s'explique bien sûr pas par une absence du cinéma à la télévision française (elle a diffusé 524 films en 1978) mais bien par un sous-paiement des longs métrages cinématographiques. L'O.R.T.F. abusant de sa position de monopsone avait imposé des prix d'achats dérisoires (prix moyen de 75.000 F en 1974) représentant environ 3 % du coût moyen d'un film, alors qu'aux États-Unis les achats de droits par la télévision atteignent facilement 30 à 35 % du prix de revient d'un film. Face à cette « concurrence déloyale » de la télévision, la profession

---

25. Films pornographiques exclus. En 1978 la France a produit 160 longs métrages ayant accès au soutien financier de l'État et 167 films pornographiques. Signalons enfin que le cinéma pornographique ne représente que 6 % de l'audience (source, C.N.C.).

26. Recette nette distributeur. Source, *Le Monde,* 18 mai 1979.

27. Source, *G.M2*, « Les industries culturelles, la télévision ». D.G.R.S.T., 1977 et A.M. Planchon, « La part de l'exportation dans l'amortissement des films français », in *Film Échange,* n° 8, 1979.

cinématographique a réagi de façon malthusienne. Plutôt que d'essayer d'imposer des prix plus élevés, elle a préféré obtenir des restrictions dans la programmation des films. Une telle stratégie n'a bien sûr pas permis d'augmenter la fréquentation des salles [28], ni d'accroître les recettes de la profession. Toutefois la situation a un peu évolué ces dernières années. La concurrence entre les chaînes introduite par l'éclatement de l'O.R.T.F. a permis une augmentation incontestable du prix d'achat des films (doublement de 1974 à 1975). En 1978, le prix moyen était de 230.000 F.

La production cinématographique française, n'ayant pas réussi à trouver de nouveaux débouchés pour ses films, ni, comme nous le verrons plus loin, à jouer un rôle important dans le tournage d'œuvres de fiction pour la télévision, est une activité industrielle extrêmement risquée. Ce qui explique qu'on y trouve essentiellement des petites firmes. La très grande majorité de celles-ci ne produit qu'un film par an, tandis qu'une infime minorité intervient dans plus de trois films. Cette profession atomisée regroupe beaucoup de parieurs qui sont souvent à la limite de la faillite et ont très rarement les moyens d'investir largement dans leur production ; ils doivent donc trouver d'importants concours extérieurs, notamment auprès des distributeurs. A cette situation structurelle de faiblesse du cinéma français, il faut opposer quelques firmes qui ont des structures financières plus solides et ont développé des politiques permettant de diminuer les risques de production. La première stratégie consiste à contrôler l'exploitation du film. En pouvant jouer sur l'offre auprès du public, il devient plus facile d'obtenir un succès. Cette politique d'intégration verticale qui était celle de Pathé avant la Première Guerre mondiale, ou des major companies américaines avant leur démantèlement dans le cadre de la loi anti-trust, est aujourd'hui en France pratiquée par Gaumont. La deuxième possibilité pour diminuer le risque est de le prendre à plusieurs. Ceci explique l'extension des coproductions, qui peuvent être organisées par des partenaires français ou au contraire en association avec des producteurs étrangers, ce qui assure aux films une carrière dans deux (ou trois) pays.

L'État secouriste

Comme d'autres branches industrielles en difficulté, le cinéma

---

28. Notons toutefois que si une telle stratégie avait été appliquée dès le début et de façon beaucoup plus dynamique comme en Italie, elle aurait pu avoir une incidence sur la fréquentation cinématographique.

français a bénéficié de l'aide publique. L'intervention de l'État date de la Libération, époque à laquelle la concurrence américaine était très forte en Europe. A l'origine aide automatique à la production par l'intermédiaire du recyclage d'une taxe additionnelle sur le prix des places, l'aide s'est progressivement élargie à l'exploitation, à l'expansion à l'étranger, aux industries techniques, à un soutien sélectif à certains films de qualité. Globalement, cette aide fonctionne sous forme d'un prélèvement à la source de 13 % de la recette des salles. Ces sommes sont redistribuées aux producteurs et aux exploitants en franchise d'impôts à condition qu'elles soient réinvesties dans le cinéma. Ce système permet donc de constituer une épargne forcée qui est réinvestie dans la profession, puisque ne peuvent en bénéficier que les entreprises ayant déjà exercé une activité cinématographique. Cet aspect fermé de la profession est encore renforcé par les réglementations et les procédures de concertation mises au point par le Centre national de la cinématographie [29]. On peut se demander, quand on voit l'extension qu'a pris en France l'aide sélective (avance sur recettes) si on ne s'oriente pas de plus en plus vers la séparation entre un secteur dit commercial, c'est-à-dire fonctionnant en économie de marché et largement dominé par l'oligopole américain, et un secteur dit culturel [30], largement déficitaire et soutenu par un mécénat public.

Cette politique d'aide au cinéma national se rencontre également dans d'autres pays, en Italie depuis le fascisme ; au Canada après la guerre avec la création d'une société publique de cinéma non commercial, l'O.N.F. et plus récemment la mise en place d'un système d'aide au cinéma commercial. Les conséquences de ces politiques sont souvent voisines de celles que nous avons décrites pour la France. Ainsi au Canada, on assiste à une juxtaposition de salles obscures projetant pour l'essentiel des films américains et d'une production cinématographique canadienne, en grande majorité québécoise, diffusée dans des circuits restreints.

Les quatre branches de l'industrie cinématographique

Le producteur, pour mettre en œuvre son projet, fait appel à des entreprises de prestations de service, dites « industries

---

29. Cette institution, mise en place sous le gouvernement de Vichy, ressemble d'ailleurs presque autant à une structure corporative qu'à une administration de tutelle.
30. Il faudrait également ajouter un troisième secteur : le cinéma pornographique.

techniques » (studios, laboratoires, auditorium etc.). En aval, l'interlocuteur du producteur est le distributeur. Celui-ci est beaucoup plus qu'un simple grossiste. Nous avons vu qu'il jouait souvent un rôle dans le financement de la production et par ailleurs il intervient dans l'édition des copies et la publicité. La rotation beaucoup plus rapide des films (en France, depuis les années cinquante, le temps d'exploitation d'un long métrage est passé de cinq ans à environ un an), due à l'extension de l'exclusivité a renforcé l'importance de cette activité. Un film sortant dans l'ensemble du pays, il faut tirer un grand nombre de copies et organiser une publicité nationale. L'exploitation, dernier maillon, de la chaîne de production-distribution du cinéma, s'est largement transformée ces dernières années. Pour s'adapter à une clientèle de classes moyennes, les salles ont été largement rénovées et se sont

Le partage de la recette cinématographique en 1978

					en % recette guichet	en % recette brute
				Taxe spéciale addition- nelle alimentant le Fonds de soutien	13 *	
				T.V.A.	13 **	15
Part film	Recette nette	Recette brute	Recette guichet	Exploitation Presse filmée SACEM	41,3 0,2 1,1	47,5 0,2 1,3
				Distribution Production	15,7 15,7	18,0 18,0
				Total	100	100

* Pourcentage moyen. Le barème de la taxe est défini en valeur absolue, par paliers successifs.

** Le 1er novembre 1979, la T.V.A. a été ramenée à 7 % de la recette brute soit 6,1 % de la recette guichet.

regroupées dans des complexes dits « multi-écrans ». Parallèlement, on a assisté à la constitution de réseaux d'exploitants qui négocient centralement avec les distributeurs. Ces réseaux sont constitués soit de salles leur appartenant en propre, soit d'affiliées.

Des profits en dent de scie

La description des structures du cinéma français que nous avons faite précédemment permet de comprendre que la rentabilité de cette industrie soit très faible. La production, activité la plus risquée, a été globalement déficitaire de 1970 à 1973. Sur cette même période la branche distribution a été juste équilibrée ; dans l'exploitation comme dans les industries techniques la marge nette avant impôt a été en moyenne de 4 % [31]. Ces différences de rentabilité se retrouvent également dans les deux plus grandes firmes cinématographiques françaises. La société intégrée Gaumont a eu une marge nette moyenne (sur la période 1970-1978) de 2,3 % [32], tandis que Pathé, qui a concentré son activité sur l'exploitation, a obtenu un résultat supérieur (5,2 %) [33]. Aux États-Unis, la rentabilité du cinéma est fluctuante. A partir de 1969, Hollywood a subi une très grave crise qui a fait perdre aux majors trois cents millions de dollars en deux ans. La situation s'est redressée à partir de 1972. La marge nette moyenne d'Hollywood [34] a été en 1973 de 7,3 %, en 1974 de 9,7 %, en 1975 de 13 % et en 1978 de 15,4 %. Ainsi malgré une conjoncture économique générale difficile, Hollywood a pu surmonter sa crise et le cinéma apparaîtra à nouveau comme une industrie à forte rentabilité. Mais, en dépit de cette récente augmentation des profits, l'industrie cinématographique américaine reste un peu moins rentable que l'édition phonographique et surtout sa marge de profit est sur une longue période beaucoup plus cyclique.

---

31. Source, C.N.C., « Groupe de travail sur le financement du cinéma », ronéo, Paris, 1977.

32. Source, Rapport d'activités.

33. Calcul effectué à partir des résultats de l'activité cinéma-télévision de cinq des six plus grandes firmes hollywoodiennes : Columbia, 20th Century Fox, M.C.A., Paramount et Warner.

3. les interférences de la culture et de l'information : la radio-télévision

Nous avons vu que la marchandise culturelle (disque, cinéma...) se caractérisait par le fait que chaque produit était spécifique, ce qui rendait sa valorisation incertaine. Par ailleurs les produits culturels ont une durée de vie qui, pour la plupart d'entre eux, varie de quelques mois à un an, alors qu'une petite minorité dépasse largement ce délai. Dans le disque, le fonds de catalogue constitue un volant d'inertie important pour l'éditeur. Un producteur de cinéma, comme Walt Disney, en planifiant rigoureusement la rediffusion de ses films réussit à les exploiter pendant de nombreuses années. Au contraire la radio-télévision est caractérisée par l'obsolescence de ses produits, la continuité de sa programmation, l'amplitude de sa diffusion et l'intervention de l'État dans ses activités.

Une émission de télévision, par définition, se consomme à l'instant de sa diffusion. Quand elle est diffusée une autre fois, son audience baisse très largement. En effet une émission ne constitue pas une œuvre individualisée qu'on souhaite revoir plusieurs fois ; a fortiori cela n'est pas, pour le public cultivé, un objet auquel on se réfère. La télévision par nature rassemble dans une programmation unifiée des émissions dont certaines peuvent être éventuellement des marchandises culturelles. La distinction entre produits culturels et programmation continue apparaît nettement quand on compare les contenus des messages publicitaires utilisés par le cinéma et le disque d'une part et la radio-télévision de l'autre. Dans un cas, la publicité de marque n'existe pas, seul est mis en avant le nom de la vedette (chanteur, comédien ou réalisateur) ; dans l'autre la publicité est faite sur le nom de la station (ou de la chaîne), plus éventuellement sur celui de quelques présentateurs-vedettes. Une publicité du genre « Avec les disques X, écoutez la différence » n'aurait bien sûr pas de sens, puisque l'éditeur ne veut pas imposer son image dans le public mais celle de chacun des produits culturels qu'il vend. Au contraire France-Inter ou Europe n° 1 cherchent à imposer l'image de leur station ; leur objectif est de s'assurer un public fidèle sur l'ensemble d'une programmation. En effet sur un territoire donné, le public potentiel de chaque station est considérable (l'ensemble des possesseurs de récepteurs) mais en même temps très mouvant. Il faut notamment éviter pour les stations commerciales que le public ne passe d'une chaîne à l'autre en faisant du slalom entre les spots publicitaires. La nécessité de la continuité des programmes de radio-télévision apparaît bien quand on examine certaines expériences marginales (radios libres, télévisions communautaires) [1] qui sont nées de besoins d'expression extrêmement précis. Les animateurs de telles stations ont commencé dans le cadre d'une programmation discontinue et irrégulière en réalisant quelques émissions spécifiques correspondant à leur projet de départ. Quand ils ont réussi à se constituer un public, ils ont dû, pour le garder, transformer leur programmation et la rendre continue et plus régulière. Pour continuer, ces expériences ont dû adopter la logique du medium. Un dernier point distingue la radio-télévision de la marchandise culturelle, c'est que, d'une façon ou d'une autre, l'État intervient dans son organisation.

L'État peut-il se désintéresser de la radio-télévision ?

Un espace national

Le mode de diffusion de la radio et de la télévision impose, dès la commercialisation de ces systèmes, l'établissement d'une normalisation très précise pour éviter des brouillages entre les différentes stations et un encombrement trop important des fréquences. Par ailleurs, l'utilisation des ondes hertziennes pose des problèmes de souveraineté nationale évidents. Aussi dans tous les pays, l'État est toujours intervenu dans le secteur de la radio et de la télévision, soit pour s'assurer le monopole de ces deux media, soit pour réglementer leur utilisation en accordant des licences de

---

1. Voir R. Chaniac, P. Flichy et M. Sauvage, *Les Radios locales en Europe*, Documentation française, Paris, 1978.

diffusion [2]. De même, au niveau international, des accords extrêmement précis sont signés entre les différents pays pour la répartition des plans de fréquences [3]. L'intervention de l'État dans ce secteur industriel a entraîné pendant longtemps l'établissement de normes spécifiques à chaque pays. La radio a commencé aux États-Unis (en 1920) en ondes moyennes. Les stations qui se sont rapidement créées ne couvraient qu'une zone déterminée autour d'une grande ville. En Europe, au contraire, on utilisa simultanément des émetteurs ondes moyennes et grandes ondes. Il semble cependant que le système des grandes ondes qui permet d'obtenir une portée beaucoup plus importante et donc nationale pour les pays européens, se soit petit à petit imposé. Il y a bien sûr une raison politique à cette évolution : les grandes ondes permettent une diffusion centralisée sur l'ensemble du territoire national. Mais des raisons économiques semblent avoir également joué. Quand la Société française radio-électrique (S.F.R.) lança la première station privée de radio en France en 1922, elle utilisa les grandes ondes afin de mettre sur le marché des appareils ayant des normes différentes des appareils américains et d'éviter ainsi la concurrence des firmes d'Outre-Atlantique.

Cette imbrication de décisions politiques et économiques pour créer un espace national propre avec des normes spécifiques, nous la retrouvons, dans un contexte différent, dans l'Allemagne d'après-guerre. Pour empêcher l'Allemagne de redevenir une puissance forte et centralisée, les Alliés ne lui avaient attribué, dans le cadre de la répartition internationale des plans de fréquences, que des ondes moyennes. C'est, semble-t-il, une des raisons qui a amené l'industrie allemande à s'intéresser la première à la modulation de fréquence. Grundig a joué un rôle de pionnier dans la mise au point de cette nouvelle technologie et a commercialisé le premier les récepteurs F.M. Aujourd'hui encore, l'usage de la F.M. est beaucoup plus répandu en Allemagne qu'en France.

L'avènement de la télévision noir et blanc s'est accompagné d'un réflexe nationaliste encore plus important que celui de la radio. Les États-Unis adoptèrent en 1941 le standard de 525 lignes. Après la guerre, l'Europe adopta des standards différents. L'industrie

---

2. Aux États-Unis la Federal Radio Commission a commencé à répartir les fréquences en 1927.
3. La dernière conférence mondiale sur l'attribution des fréquences s'est réunie à Genève à l'automne 1979.

française, invoquant des motifs de qualité (meilleure définition de l'image), fit adopter par la R.T.F. le 819 lignes. L'Angleterre utilisa le 405 lignes. Au début des années soixante, elle s'aligna, tout comme la France pour la deuxième chaîne, sur le standard défini par les autres pays européens : le 625 lignes.

Avec la télévision en couleur, on a assisté à la même rivalité de standards ; le nombre des systèmes proposés était seulement un peu moins élevé. En 1953, les États-Unis adoptaient le système N.T.S.C. qui fut également (comme le 525 lignes) repris par le Japon. Quand les pays européens s'intéressèrent à la télévision en couleur, les imperfections du N.T.S.C. étaient évidentes et sa technologie déjà partiellement dépassée. Du côté français, un système complètement différent, le S.E.C.A.M. fut mis au point par Henri de France et son équipe. Quelque temps plus tard, Telefunken mit au point un autre procédé : le P.A.L. qui reprenait les principes de base du N.T.S.C. mais s'inspirait du S.E.C.A.M. pour l'alternance ligne à ligne. Le S.E.C.A.M. s'attira assez rapidement la faveur des pouvoirs publics français [4], tandis que le P.A.L. était naturellement soutenu par l'Allemagne. La lutte entre les deux systèmes qui, aux dires des techniciens, étaient de qualité comparable, devint essentiellement politique. La France réussit à vendre le S.E.C.A.M. à l'U.R.S.S. mais ne put convaincre ses partenaires européens plutôt indisposés par l'accord franco-soviétique. En définitive, tous les pays d'Europe de l'Ouest, y compris la Grande-Bretagne qui était à l'origine favorable au N.T.S.C., ont choisi le P.A.L. La France n'a pas voulu modifier sa position et a adopté, seule contre tous, le procédé S.E.C.A.M. Le champ de la rivalité P.A.L./S.E.C.A.M. s'est ensuite déplacé vers l'Asie et l'Afrique [5]. Il semble qu'aujourd'hui ces pays se soient répartis en nombre à peu près égal entre les deux systèmes. Bien

---

4. Il semble que l'avis des experts n'ait pas été unanime, et que le laboratoire technique de l'O.R.T.F. ait fait un rapport peu favorable au S.E.C.A.M. Pour appuyer le S.E.C.A.M., l'administration a mis en place par la suite plusieurs institutions : la délégation interministérielle à la télévision en couleur et Inter-Secam qui était chargée de l'extension du procédé à l'étranger.
5. Le P.A.L. a été adopté par la C.E.E., à l'exception de la France et du Luxembourg, et par les pays suivants : Espagne, Suisse, Autriche, Suède, Norvège, Finlande, Yougoslavie, Algérie, Jordanie, Koweït, Qatar, Bahrein, Afrique du Sud, Australie, Nouvelle Zélande, Brésil, Thaïlande. Le S.E.C.A.M. a été adopté par la France, le Luxembourg, la Grèce, l'U.R.S.S., la Pologne, la R.D.A., la Tchécoslovaquie, la Hongrie, la Bulgarie, l'Arabie Séoudite, l'Iran, l'Irak, le Liban, l'Égypte, la Tunisie, le Maroc, le Zaïre, la Côte d'Ivoire et le Gabon.

qu'il soit encore un peu tôt pour dresser un bilan complet de l'« opération S.E.C.A.M. », on peut néanmoins faire les remarques suivantes :

– La victoire du P.A.L. en Europe ne s'explique pas uniquement par des raisons politiques. En effet, ce sont des équipes industrielles de poids très différent qui ont mis au point les deux systèmes : d'une part, un grand groupe électronique, Telefunken, qui a assez rapidement sû convaincre Philips de la validité du P.A.L., d'autre part, une petite société animée par Henri de France.

– L'enjeu industriel de la rivalité P.A.L./S.E.C.A.M. a été en fait beaucoup moins important que ce qu'on laissa croire à l'époque. Une partie du matériel professionnel n'est pas affecté par le système couleur adopté, à condition de se situer en amont ou en aval du système de codage. C'est notamment le cas des émetteurs. Par ailleurs, Thomson, qui est pratiquement l'unique fabricant français de matériel professionnel, n'a jamais été un farouche partisan du S.E.C.A.M. Dès ses premières fabrications de matériel professionnel, Thomson a sorti des versions P.A.L. et S.E.C.A.M. De même, une fois que le S.E.C.A.M. fut adopté par un nombre suffisant de pays, les grands constructeurs, comme R.C.A. ou Fernseh, commencèrent à produire du matériel aux normes S.E.C.A.M. Toutefois un bilan sur les années 1973, 1974 et 1975 fait apparaître qu'à marché égal les pays ayant adapté le S.E.C.A.M. ont acheté deux fois plus de matériel français que les pays ayant choisi le P.A.L.

– Comme nous le verrons par la suite, le S.E.C.A.M. a incontestablement joué un rôle protectionniste important pour l'industrie française des téléviseurs. Néanmoins, on peut se demander si les pouvoirs publics n'ont pas misé avec le S.E.C.A.M. sur un mauvais cheval. En effet, dans un téléviseur couleur, la platine de décodage (seule partie spécifiquement S.E.C.A.M. ou P.A.L.) représente moins de 5 % du prix de revient total (environ 10 % du coût des parties électroniques). Par contre, le tube couleur qui est indépendant du système de coloration représente le tiers du prix de revient total. Henri de France avait conçu un tube dit « à grille » qui était d'une technologie complètement différente du tube à « shadow mask », mis au point par R.C.A., qui équipe tous les téléviseurs américains et européens [6]. Le tube à grille, repris par Thomson [7],

---

6. Les tubes P.I.L. produits aujourd'hui par Philips sont des dérivés du tube à « shadow mask ».
7. La Compagnie française de télévision, gestionnaire des brevets

n'a jamais pu être produit industriellement. C'était pourtant là que résidait le véritable enjeu industriel [8].

Un espace homogène

Le problème des normes de radio et de télévision ne se pose pas uniquement vis-à-vis de l'étranger (création d'une spécificité nationale jouant un rôle protectionniste pour l'industrie) mais également vis-à-vis de l'intérieur. Dans les différents pays occidentaux, l'État est toujours intervenu pour unifier les normes de radio et de télévision proposées par les différents groupes industriels. C'est aux États-Unis que l'affrontement entre les différentes firmes électroniques fut le plus vif et que l'arbitrage rendu par État est le plus intéressant à étudier. Alors que les expérimentations de télévision étaient déjà bien avancées et que différents systèmes étaient en concurrence, la Federal Communications Commission (F.C.C.) commença en 1940 ses premières audiences sur la question. Comme les industriels ne s'étaient pas mis d'accord sur un standard unique, la F.C.C. proposa en février que des expérimentations, en vraie grandeur, soient réalisées sur trois systèmes incompatibles proposés par R.C.A., Philco et Dumont. R.C.A., qui avait réalisé les investissements de recherche sur la télévision les plus importants, essaya de profiter de cette décision pour lancer commercialement son système et l'imposer sur le marché américain. Pour éviter cette guerre commerciale des standards, la F.C.C., en dépit de vives critiques, revint sur sa décision en mai et bloqua les licences pendant un an. En 1941, des normes différentes de celles de R.C.A. furent fixées par un comité de techniciens : le National Television System Committee (N.T.S.C.). Dès cette époque, C.B.S. essaya de faire adopter un standard pour la télévision couleur. La commission qui estimait que cette technologie n'était pas encore suffisamment au point refusa cette proposition. Profitant du fait que la télévision ne s'était pratiquement pas développée pendant la guerre, C.B.S. réitéra sa demande en 1946, sans plus de succès. Toutefois, quatre ans après, la F.C.C. décidait de retenir le système de télévision couleur de C.B.S. dont la qualité semblait supérieure à celui de R.C.A. Le système de la C.B.S. présentait néanmoins un grave inconvénient : il

---

S.E.C.A.M., a été scindée en deux au début des années soixante-dix : la partie tube-couleur qui a constitué la société France-couleur a alors été rachetée par Thomson.

8. D'ailleurs, les premiers accords avec l'U.R.S.S. portaient à la fois sur le S.E.C.A.M. et le tube à grille.

n'était pas compatible avec la télévision noir et blanc. R.C.A. utilisa cet argument pour s'opposer à la décision de la F.C.C. et en 1953 (la guerre de Corée avait bloqué la situation pendant plus d'un an) la commission revint sur sa décision. R.C.A. avait gagné [9] !

Ainsi, pour la couleur comme pour le noir et blanc, la normalisation a été difficile à réaliser. Les grandes firmes américaines n'acceptèrent pas toujours facilement les décisions de la F.C.C. qui dut, par deux fois, se déjuger. Néanmoins, si l'administration a pu jouer ce rôle d'arbitre, ce n'était pas uniquement pour défendre l'intérêt du consommateur (qui, incontestablement, gagne à l'unicité des systèmes de télévision) mais également pour éviter que de grandes firmes ne se livrent sur un marché très important une bataille commerciale ruineuse. Étant donné les enjeux en cause, l'arbitrage de la F.C.C. servait les intérêts bien compris des grandes firmes électroniques.

Le monopole public : financement des infrastructures ou garant de la sécurité ?

L'État n'est pas intervenu dans le champ de la radio-télévision uniquement pour constituer dans ce domaine un espace national et homogène. Il agit également de façon directe dans ce secteur en mettant sur pied des systèmes publics de radio-télévision. Dans de nombreux cas, ces investissements ont permis un développement plus rapide des techniques audiovisuelles. Nous nous trouvons alors dans la situation classique d'investissements publics dans des équipements d'infrastructure qui bénéficient à l'ensemble de l'activité économique nationale. Ainsi la fondation de la B.B.C. dans les années vingt peut s'analyser comme une volonté de l'État de soutenir l'industrie électronique anglaise naissante pour des raisons à la fois économiques et stratégiques (les télécommunications étaient vitales pour l'empire britannique). Les industriels n'étant réellement intéressés que par la vente de hardware, l'État se substituait à eux pour la fourniture des programmes. La radio publique offrait également l'avantage d'éviter une concurrence (dans le domaine de la publicité) avec la presse. En France où coexistaient jusqu'à la guerre des stations privées et publiques de radio, la création de la R.T.F. à

---

9. C.B.S. accepta cette décision, dans la mesure où son système l'aurait amenée à construire à côté de son réseau de télévision noir et blanc un deuxième réseau pour la couleur, ce qui représentait pour un propriétaire de réseau un handicap considérable.

la Libération a certainement permis une reconstruction beaucoup plus rapide du réseau radiophonique français, puis la mise sur pied d'un réseau de télévision nationale couvrant l'ensemble du pays. L'État peut enfin jouer un rôle de précurseur. Dans la plupart des pays d'Amérique latine, les premières stations de télévision installées dans les grandes métropoles pendant les années cinquante furent publiques. Dès qu'un parc suffisant de récepteurs rendit possible la télévision commerciale, des capitaux privés se sont investis dans cette activité [10].

L'intervention de l'État dans la radio-télévision a également une fonction politique. Contrôler la diffusion de cette « parole sans réponse » que constituent les media électroniques, c'est se doter d'un formidable outil de contrôle social. Dans des pays fortement centralisés, comme la France, l'État a toujours exercé son monopole sur les moyens de communication. L'exposé des motifs de la loi de 1837 sur la télégraphie électrique affirme : « Les gouvernements se sont constamment réservés la disposition exclusive des objets qui, tombés en de mauvaises mains, peuvent menacer la sûreté publique ou privée, les poisons, les poudres ne sont débités que par l'autorisation de l'État, et, certes, la télégraphie entre des mains malveillantes pouvait devenir une arme des plus dangereuses [11].» Le monopole est ainsi justifié par des exigences de sécurité nationale. Lors du débat à la Chambre sur la loi de 1837, le duc de Plaisance affirmait : « Il est une considération qui nous semble devoir être puissante sur nos esprits, lorsque la question du monopole des télégraphes sera débattue devant vous. Toutes les fois que des troubles graves ont éclaté en France, toutes les fois que les ennemis de notre dynastie et de nos institutions ont paru en armes dans nos campagnes ou sur nos places publiques, leur première pensée, leur premier soin, ont été de détruire les postes, les machines télégraphiques, tous les signes représentatifs d'un langage dont ils n'avaient pas la clef, mais dont ils connaissaient la puissance. Du moins, l'arme qu'ils enlevaient au gouvernement ne passait pas dans leurs mains ... [12]»

Ce thème de la protection contre l'insurrection va modeler en profondeur l'organisation des systèmes de communication, en

---

10. Voir H.J. Muraro, « L'Internationalisation des industries culturelles en Amérique latine : le cas de la télévision » ; colloque de Burgos, juillet 1979.
11. Cité par Y. Stourzé in « La transmission instantanée : un révélateur social et culturel », I.R.I.S., Université Paris-Dauphine, 1978.
12. *Ibid.*

France. Les récents attentats contre des émetteurs de télévision, réalisés par des groupes autonomistes semblent donner raison au duc de Plaisance. Toutefois, il faut bien voir que l'objectif n'était pas de désorganiser le pays, mais simplement de s'en prendre à l'un des symboles du pouvoir centralisé. Quoi qu'il en soit, le fantasme de la subversion reste largement présent dans le système de communication français. Ainsi, au printemps 1979, le thème de manœuvres de l'armée française fut l'attaque d'un émetteur de télévision...

Le monopole des fabricants de matériel

Le problème du monopole est incontestablement un des principaux thèmes abordés par les analystes de la radio et de la télévision française. Nous avons vu précédemment quelques-uns des éléments qui justifiaient l'intervention de l'État. Mais le monopole n'est pas uniquement celui de la diffusion et/ou de la programmation, c'est aussi le monopole technique des systèmes de radio et de télévision qui se sont imposés et des firmes qui produisent les matériels correspondants. C'est à ce deuxième type de monopole, souvent moins connu, que nous nous intéresserons ici.

En Europe, contrairement aux États-Unis, l'État ne s'est pas contenté d'intervenir dans le hardware par la fixation des normes, il a soutenu largement les industriels nationaux. En France, par exemple, il convenait après la guerre de reconstruire complètement le réseau de radiodiffusion et de bâtir un système de télévision. Ayant défini de façon précise son projet (couverture de l'ensemble de la population, et non simplement des zones les plus peuplées, part de la vidéo et du film dans la production, choix du standard 16 mm...), la radio-télévision française pouvait expliciter sa demande auprès des industriels. La R.T.F. a ainsi permis la création d'une industrie française de l'électronique audiovisuelle professionnelle.

Les rapports industriels, dans des marchés comme le téléphone, l'armement ou le matériel de radio-télévision dont l'État est le seul client, sont assez particuliers : sa situation de monopsone assure en effet à l'État une position dominante qui est cependant fortement réduite par son désir de favoriser l'industrie nationale. Quand le nombre des constructeurs diminue pour aboutir finalement à un seul groupe — comme ce fut le cas dans l'électronique avec Thomson-C.S.F. à partir de 1968 — les rapports de force entre l'État et l'industriel se modifient assez largement. Les rapports privilégiés qui se sont institués entre l'O.R.T.F. et Thomson-C.S.F. ont été assez souvent dénoncés. Faut-il, au contraire, les prendre pour modèle comme le suggérait Jacqueline Grapin dans un article du *Monde* [13] ? La question ne peut évidemment pas être posée dans ces termes, car il s'agit bien moins d'une volonté politique de rapprochement que d'une nécessité imposée par les structures industrielles.

Dans un marché national de taille modeste, comme l'est celui de la France pour les émetteurs de radio et de télévision, seul *un* constructeur peut produire des matériels à des prix compétitifs sur le plan international. Par ailleurs, l'adaptation du produit à la demande nécessite une concertation constante entre le fabricant et le client. Cette situation n'est pas propre à la France : Marconi est le principal fournisseur de la B.B.C., et Philips celui de la télévision hollandaise. Ces firmes ont toutes bénéficié de liens privilégiés avec les sociétés gestionnaires des réseaux de radio et de télévision [14]. La convention signée en 1970 (puis renouvelée en 1973) entre l'O.R.T.F. et Thomson-C.S.F. sur les caméras couleur illustre bien le type de rapport existant entre ces deux institutions. L'objet de la convention était de développer une caméra couleur française capable de concurrencer les matériels étrangers, notamment Philips, existant sur le marché. L'Office et Thomson définissent en commun le programme de recherche ainsi que les spécifications des matériels. L'O.R.T.F. apporte ses propres études et brevets ainsi qu'une partie du financement (environ deux millions de F. par an sur un programme de vingt millions [15]). En contrepartie, Thomson verse à l'Office une redevance sur l'exportation de ce matériel à concurrence du financement de départ. Le financement que Thomson a reçu de l'O.R.T.F. n'est qu'une partie des aides beaucoup plus importantes que cette firme a obtenues de l'État. Le rapport Hannoun sur l'aide publique à l'industrie indique que Thomson appartient au groupe des six entreprises industrielles françaises qui ont reçu la moitié des aides versées par l'État de 1972 à 1977 [16]. Un tel financement joue

---

13. *Le Monde,* 3 juillet 1974.

14. Même dans un contexte différent, celui de la télévision privée aux États-Unis, ces rapports stations/constructeurs existent également. On sait, par exemple, que R.C.A., premier constructeur mondial de ce type de matériel, est aussi propriétaire du réseau N.B.C.

15. D'après l'article déjà cité de J. Grapin, l'ensemble des dépenses de recherche de Thomson sur les matériels de radio-télévision aurait été à l'époque de 84 millions de F. par an.

16. *Le Monde,* 27 septembre 1979.

bien sûr un rôle important dans l'activité de cette société. D'après le journal *Le Monde,* qui a rendu compte récemment de ce rapport, « les aides publiques à la recherche chez Thomson, reconduites d'année en année, avec une remarquable régularité, tendent à devenir un état permanent indispensable à l'équilibre de l'entreprise, compensant sa rentabilité insuffisante »[17].

Du côté de l'administration cliente, la politique d'aide publique a pu avoir également des conséquences inattendues. La collaboration qui a été menée entre les télévisions publiques européennes et les constructeurs nationaux a eu souvent pour effet un suréquipement en matériel de production. Pour obtenir des séries suffisantes et permettre à l'industrie nationale de se développer, les responsables des télévisions ont eu tendance à faire des commandes trop importantes. Ce suréquipement relatif constitue certainement une des causes des difficultés financières qu'ont rencontrées beaucoup de télévisions européennes ces dernières années, d'autant plus qu'une partie de ce matériel est en train de devenir obsolescente avec l'arrivée sur le marché de nouvelles techniques.

La production de matériel professionnel de radio-télévision est ordinairement réalisée par de grands groupes largement diversifiés dans le domaine de l'électronique (R.C.A., Philips, G.E.C./Marconi [18], Thomson-C.S.F., Bosch-Fernseh, Sony...). De telles entreprises peuvent en effet obtenir des économies d'échelle en utilisant des composants standards que l'on trouve également dans d'autres fabrications. Ces groupes ont essayé, à l'époque du développement de la télévision, d'offrir les gammes de matériel les plus larges possibles. Néanmoins il existe pour certains éléments des spécialisations assez nettes. Ainsi seules trois firmes (Ampex, Bosh-Fernseh, R.C.A.) produisent des magnétoscopes deux pouces. De même le marché des tubes de prise de vue est contrôlé par Philips et R.C.A.

L'innovation technologique

Comme dans d'autres industries à haute technologie, les innovations les plus importantes sont souvent produites par des « outsiders ». La tendance qui se développe depuis quelques années en direction d'un allègement des caméras ou d'une réduction des

---

17. *Idem.*
18. Marconi est une filiale de la grande firme électrique anglaise General Electric Company.

normes des magnétoscopes (passage de deux pouces au un pouce ou même aux trois-quarts de pouce) vient en bonne partie de sociétés de faible dimension et très spécialisées comme Ampex ou Ikegami, ou au contraire de firmes qui n'occupaient qu'une place marginale dans le matériel professionnel comme Sony. Cette dernière firme a sorti successivement ces dernières années deux magnétoscopes : un pouce et trois quarts de pouce professionnel. Ce dernier matériel, dérivé d'un magnétoscope à usage institutionnel, l'U-Matic tient une place très importante dans le nouveau système de reportage électronique « E.N.G. » (Electronic News Gathering) qui est actuellement en train de se répandre aux États-Unis. Le magnétoscope un pouce de Sony avait au début de 1977 deux concurrents : un matériel Ampex et un appareil produit par la firme allemande Bosch/Fernseh [19]. A la suite d'un accord entre Sony et Ampex, il ne reste plus sur le marché que deux standards totalement incompatibles. Sony, grâce à son alliance avec Ampex, est certain de s'implanter sur le marché américain où leur standard commun a été reconnu. Par contre Bosch/Fernseh vise d'abord le marché européen ; son standard bénéficie du soutien de la télévision allemande qui vient de reconnaître son magnétoscope comme matériel de production professionnelle. La firme allemande bénéficie d'un autre avantage : elle présente dans le nouveau standard un pouce toute une gamme de magnétoscopes allant du matériel de studio jusqu'à l'E.N.G. L'enjeu de la bataille commerciale, entre Sony et Ampex d'une part et Bosch/Fernseh d'autre part, est important puisqu'il s'agit d'imposer le standard qui à terme remplacera le matériel deux pouces quadruplex [20], mais également une partie du matériel film 16 mm. En effet plusieurs sociétés de télévision abandonnent petit à petit le 16 mm au profit de la vidéo. L'évolution technologique ne touche pas uniquement le secteur des magnétoscopes. Avec l'E.N.G. apparaît la nécessité de nouvelles caméras plus légères. On trouve sur ce marché de grandes firmes comme R.C.A. ou Thomson-C.S.F. et une petite firme spécialisée comme Ikegami.

Dans un marché qui s'internationalise complètement, la stratégie des constructeurs de nouveaux matériels de production (caméras ou magnétoscopes) a complètement changé. Il ne s'agit plus de se limiter à son marché national (même si on ne le néglige pas), en

---

19. Fernseh a été successivement une filiale puis un département de R. Bosch.

20. Les magnétoscopes de ce standard étaient jusqu'à maintenant les seuls à être utilisés en télévision professionnelle.

espérant être protégé par des normes particulières ; il faut au contraire imposer son standard au niveau mondial, viser le marché international. Dans un tel contexte, les constructeurs ne peuvent plus autant s'appuyer prioritairement sur leur télévision nationale. La grande époque de la collaboration Thomson-O.R.T.F. est révolue !

Les programmes : « bien public » ou vente d'audience ?

Les programmes de radio-télévision constituent un exemple parfait de ce que les économistes néo-classiques appellent un bien public : c'est-à-dire un produit qu'en mettant à la disposition d'un individu, on mettrait en même temps, par le fait même, à la disposition de tous les autres. Pour un tel bien, le coût marginal, c'est-à-dire le coût résultant de la mise à disposition de ce bien à un individu supplémentaire, est nul. En d'autres termes, pour un réseau de diffusion donné, le coût de production et de distribution d'une émission de télévision est identique, quelle que soit l'audience. La détermination du prix du bien public, bien sûr, pose problème. Deux cas de figure sont envisageables : le financement peut être assuré par l'impôt, ou, s'il existe une barrière pour accéder au service, on peut imaginer un tarif forfaitaire. Dans le cas de la radio-télévision, c'est cette deuxième solution qui a été ordinairement retenue dans le cadre d'une redevance annuelle liée à la possession d'un appareil de réception de radio et/ou de télévision. Toutefois le financement peut être assuré dans le cadre des ressources du budget de l'État. Cela a notamment été le cas lors du démarrage de nombreuses télévisions publiques ; par ailleurs une institution comme Radio-Canada est toujours financée ainsi.

Le mode de financement des biens publics fait que dans le cas de la télévision, les recettes ne sont pas liées à l'audience. Ce phénomène a eu une grande importance dans les débuts des télévisions publiques européennes, puisqu'il a assuré aux responsables des chaînes une grande liberté et leur a permis d'avoir une politique volontariste de programmation. Pour caractériser les choix en matière de programmes, il nous faut donc abandonner l'analyse économique (et nous voyons ainsi les limites de la théorie des biens publics). Les organismes de radio-télévision doivent alors être étudiés comme des branches de l'appareil d'État, fonctionnant en dehors de l'économie de marché selon une logique fondamentalement politique et idéologique. C'est ainsi que la télévision gaulliste voulait être la « Voix de la France ».

L'information était traitée de façon à « réintroduire les faits dans l'ordre des vérités officielles » [21] ; quant à la fiction, les responsables des programmes, notamment à travers les dramatiques, lui fixaient des objectifs de démocratisation culturelle. Il s'agissait de faire connaître à l'ensemble de la population les richesses du patrimoine artistique national. Pour mettre en œuvre un tel projet, la télévision française s'est dotée d'un outil de production important ; elle a eu tendance à intégrer l'ensemble des activités concourant à la fabrication des programmes ; elle a mis en place un réseau d'émetteurs couvrant l'ensemble du territoire (y compris les zones rurales), successivement pour une, deux et trois chaînes. En définitive la situation de monopole et d'intégration verticale qui caractérisait aussi bien l'O.R.T.F. que la R.A.I. ne vient pas fondamentalement des caractéristiques du bien-télévision mais de la volonté politique de placer la télévision au sein de l'appareil d'État.

Dans un article récent, Dallas Smythe [22] propose une tout autre analyse de la télévision. L'audience est, pour lui, la forme marchandise des produits de communication dans le capitalisme contemporain. Les stations de radio et de télévision vendent aux annonceurs des audiences possédant des spécifications précises (âge, sexe, niveau de revenu etc.). Quant aux programmes, « ils ne servent qu'à recruter une audience potentielle et à maintenir son attention ». Cette théorie d'un économiste radical américain est curieusement confirmée par certaines déclarations des industriels de la télévision. Ainsi, pendant des années, C.B.S. commençait immanquablement le chapitre de son rapport d'activité consacré à son réseau de télévision par cette phrase : « Pour la nième année consécutive, C.B.S. Television Network a été le plus grand medium publicitaire du monde.» Les thèses de Smythe permettent d'analyser le fonctionnement de l'industrie de la télévision en Amérique du Nord. Les networks au niveau national et les stations au niveau local ont des recettes proportionnelles à leur audience ; leur fonction principale est donc de mettre au point la programmation qui leur permettra d'obtenir l'auditoire maximum. Se crée ainsi une division du travail entre les stations et les networks qui vendent de l'audience et d'autres entreprises (souvent Hollywood) qui produisent des programmes de fiction. Contrairement au modèle européen

---

21. J. Thibau, *La Télévision, le pouvoir et l'argent*, Calmann-Lévy, 1973, 181 p.

22. Dallas Smythe, « Communications : Blindspot of Western marxism », in *Canadian Journal of political and social theory*, Automne 1977.

il n'y a pas d'intégration des fonctions au sein d'une même firme. Les relations entre les différents partenaires ont d'ailleurs été codifiées ainsi par la F.C.C. : les réseaux ne peuvent vendre à des stations non affiliées (nationales ou étrangères) que les programmes qu'ils ont produits eux-mêmes (information, sports, documentaires). Par contre la vente de « syndication » (en dehors du réseau commanditaire) des séries est assurée par les compagnies hollywoodiennes ou les producteurs indépendants.

La division entre réseaux et producteurs de programmes est donc relativement complexe, et c'est là que nous voyons la limite des thèses de Smythe. Les réseaux ne sont pas de simples régies publicitaires et les programmes des appâts pour faire consommer de la publicité ; ce type de raisonnement relève d'un certain économisme. Les networks ont une place fondamentale dans l'information aux États-Unis ; quant aux programmes de fiction, ils jouent un rôle idéologique essentiel, car comme l'a bien montré Piemme [23], c'est « en situation » que l'inculcation des valeurs d'une société est la plus profonde. La télévision commerciale est donc simultanément un support publicitaire et un programmateur d'émissions. Ces deux activités peuvent éventuellement entrer en conflit, mais quoiqu'il arrive l'entrepreneur de télévision devra accepter la contrainte que lui fixe la publicité : maximiser son audience. Un entrefilet du journal *Le Monde* citait, il y a quelques temps, cette agence de publicité américaine qui avait menacé la télévision commerciale anglaise I.T.V. de renoncer au lancement d'une campagne promotionnelle de plus d'un million de livres si la chaîne britannique ne trouvait pas une formule pour attirer plus de téléspectateurs. Un porte-parole d'I.T.V. répondit simplement que « ces menaces seraient prises au sérieux, car elles émanaient d'un client important » [24].

La télévision française d'après 74 : une variété hybride

La théorie du bien public et celle de la télévision comme vente d'audience nous ont permis de préciser deux modèles, celui de la télévision publique européenne et celui des réseaux commerciaux américains. On assiste depuis une dizaine d'années à la lente progression de ce second modèle et à un certain alignement des télévisions européennes sur lui.

---

23. J.M. Piemme, *La Propagande inavouée*, U.G.E., Paris, 1975.
24. *Le Monde*, 24-25 octobre 1976.

En France, la publicité de marque a été introduite à la télévision en 1968, à une époque où l'O.R.T.F. devait faire face à une forte augmentation de son activité (développement de la 2e chaîne, télévision couleur) et où le parc de téléviseurs (et donc le nombre de comptes de redevance) allait commencer une croissance moins rapide. Alors que la part de la publicité dans les recettes de l'Office était de 13,5 % en 1969, elle est de 26 % dans le budget de 1979. Parallèlement la redevance a eu tendance à augmenter moins rapidement que la hausse des prix. De 1971 à 1978, elle a augmenté de 44 % [25], alors que les prix à la consommation progressaient de 89 %. La réforme de 1974 a augmenté l'impact des recettes publicitaires. Alors qu'avant la réforme celles-ci étaient affectées à l'ensemble de l'Office — le budget de chaque chaîne ne dépendant pas directement de ses recettes publicitaires — l'éclatement de l'O.R.T.F. a, au contraire, entraîné un recouvrement de la publicité par chaque société de programme. Dans le budget de 1979, celle-ci représentait 59 % des recettes de T.F. 1 et 49 % de celles d'Antenne 2. Voulant introduire la concurrence entre les sociétés de programmes, le législateur de 1974 a également lié les recettes issues de la redevance au volume de l'audience. Le mécanisme de répartition est toutefois plus complexe. Il est basé sur deux critères : la cote d'écoute et une note de qualité qui tient compte notamment des réactions du public telles qu'elles s'expriment dans les sondages. Mais Michel Souchon note très justement qu'« on a le sentiment que l'objectif fondamental de cet édifice est d'introduire dans le système public de radio-télévision une sorte de simulation des règles du marché sanctionnant la qualité par la réussite financière » [26].

Les conséquences de cette situation ont été clairement énoncées par le haut conseil de l'Audiovisuel : « Sans doute les présidents des sociétés ont-ils eu à cœur d'éviter toute interférence directe de la publicité avec les programmes, mais ils sont inévitablement conduits à surveiller constamment l'évolution des sondages d'audience et à aménager leur programmation en conséquence. Affrontés à une concurrence qui se durcit, et face aux annonceurs, ils placent les émissions les plus faciles aux heures d'écoute maximale, avant ou après les écrans publicitaires dont ils attendent la plus grande part de leurs recettes. En revanche, les émissions qui risquent d'exiger du public une attention plus

25. Augmentation de la redevance moyenne.
26. A. Suffert, M. Souchon, G. Meyer, « Deux ans après la réforme de l'O.R.T.F. », in *Projet* nº 112, février 1977.

soutenue ou qui s'adressent à des auditoires délimités, sont rejetées à des heures moins favorables [27].» En définitive, la télévision française est en train de glisser « de l'émulation à la concurrence et d'un système de service public à un système d'esprit commercial». Cette transformation de la programmation ne correspond probablement pas à une volonté délibérée des directeurs de chaînes, elle est en effet très largement introduite par les structures mises en place. La stagnation des recettes et l'accroissement de la durée des programmes les amènent en effet à acheter ou à produire des émissions bon marché (séries étrangères, jeux, magazines d'information sur la vie quotidienne...) [28]. Le lien direct des recettes

Coût moyen horaire des programmes en 1978
(en milliers de francs)
Source : rapport Cluzel 1979 et documentation personnelle

	1978
Émissions de fiction	
Moyenne des programmes réalisés par la SFP	
Support Film	1 200
Support vidéo	895
Autres émissions	
Documentaire de création	500 à 800
Retransmission de spectacle de théâtre ou d'opéra	400 à 500
Variétés	400 à 500
Documentaire classique	100 à 150
Retransmission de match sportif *	30 à 150
Débat en plateau	20 à 40
Achat de programmes	
Fiction étrangère	55 à 75
Documentaire	45 à 50
Dessin animé	40 à 45
Spectacle lyrique, variétés et ballet	70 à 80
Film de cinéma	230

* non compris les droits de retransmission

---

27. Rapport du haut conseil de l'Audiovisuel sur la mise en œuvre des cahiers des charges des sociétés de radio et de télévision, 1977.
28. De 1974 à 1977, la part des jeux dans le temps d'antenne est passée de

avec le volume de l'audience concourt au même effet puisque ce sont souvent des émissions de ce type (séries, films, variétés, jeux...) qui ont la plus large audience.

L'influence du système de télévision américain s'est également manifestée lors de la réforme de 1974 par la séparation introduite entre les fonctions de production et de programmation. Si l'objectif de la réforme était de créer une concurrence au niveau de la production télévisuelle et de rapprocher le cinéma et la télévision selon les schémas hollywoodiens, les structures mises en place n'ont pas permis de mettre en œuvre ce projet. D'une part, les sociétés de programmes ont essayé de développer leurs activités de production autonome : ainsi à Antenne 2 la part de la production interne est passée de 43 % en 1976 à 63 % en 1978 [29]. D'autre part, la S.F.P. est moins un producteur – au sens cinématographique du terme – qu'une entreprise de travail à façon pour T.F. 1 et Antenne 2. Cette situation de dépendance ne facilite évidemment pas la gestion de la S.F.P. Pour diversifier ses activités, cette société s'est lancée dans la coproduction cinématographique, mais les résultats n'ont pas été à la hauteur des espérances. L'étroitesse du marché cinématographique français et l'aspect très risqué de la production ne permet pas, comme nous l'avons signalé précédemment, à une firme de la taille de la S.F.P. de développer une activité harmonieuse dans ce domaine.

Enfin, il ne s'est pas constitué de véritable concurrence dans la production télévisuelle. Les sociétés privées de coproduction [30] ont vu leur part dans les commandes des chaînes passer de 7 % en 1975 à 19 % en 1978 [31]. Avec cent millions de chiffre d'affaires, elles ont ainsi retrouvé une activité équivalente à celle qu'elles avaient avant la réforme de l'O.R.T.F. [32]. L'expansion de ces dernières années n'est donc pas forcément le signe d'une privatisation de la

---

2,6 % à 6,4 %, celle des magazines d'information sur la vie quotidienne de 4,1 % à 11,3 %. Parallèlement la part des émissions artistiques et documentaires et des dramatiques diminuait (source : M. Souchon, *La Télévision et son public, 1974-1977*, Documentation Française, 1978).

29. Source : rapport Le Tac, novembre 1978. Le chiffre de 1978 est celui du premier semestre.

30. Les plus importantes de ces sociétés sont Pathé, Technisonor, Telecip, Téléfrance et Télé Hachette.

31. Source : rapport Cluzel, juin 1979.

32. La baisse de leur activité en 1975 s'explique par le fait que la réforme de 1974 prévoyait un quota de commande des chaînes à la S.F.P. de 90 % la première année, puis décroissant pour devenir nul en 1980.

production télévisuelle, mais peut-être plus le retour à un équilibre entre secteur public et secteur privé. Quoiqu'il en soit, on peut estimer « que la structure actuelle de la plupart de ces entreprises ne leur permettrait pas — ou difficilement — d'assurer une forte augmentation de leur activité pour les sociétés de programme, et à plus forte raison d'assurer la relève de la S.F.P. » [33]. Par ailleurs il est nécessaire de préciser que contrairement à une idée largement répandue, les coûts de production des sociétés privées ne sont pas tellement inférieurs à ceux de la S.F.P. [34]. La différence principale, entre le secteur privé et la S.F.P. n'est donc pas essentiellement une meilleure efficacité, mais plutôt une fonction différente. Alors que la S.F.P. fonctionne pour l'essentiel comme un prestataire de service, les sociétés privées fonctionnent plus largement comme coproducteur. Ceci accentue leur rôle commercial. Elles cherchent systématiquement des débouchés à l'étranger ou diversifient leurs activités dans un sens commercial, en faisant la représentation d'entreprises américaines vis-à-vis des chaînes ou en exploitant des produits dérivés (éditions, merchandising à partir de héros de séries, etc.).

Parallèlement aux sociétés de coproduction, les sociétés prestataires de service sur support film (Télé-europe, Neyrac, Antegor...) ont retrouvé une activité dans le domaine de la télévision. Leur chiffre d'affaires dans ce secteur reste malgré tout faible (autour de cent millions [35]) comparé à celui de la S.F.P. En dépit de ses difficultés financières, cette société conserve aujourd'hui un monopole sur la production télévisuelle. Par contre, la concurrence qui commence à se manifester dans la vidéo professionnelle est plus grave pour la S.F.P. Plusieurs entreprises comme Channel 80 (groupe Hachette), Intervidéo (groupe Thomson) ou E.I.R. (Electronic Image Recording) qui s'étaient équipées de matériel vidéo nouvelle génération en vue du marché institutionnel (formation, promotion des ventes) ont commencé à s'introduire avec succès sur le marché de la télévision. En utilisant au mieux l'innovation technologique, ces sociétés sont susceptibles de produire moins cher que la S.F.P. et de façon plus efficace, dans la mesure où cette dernière est héritière d'un outil technologique déjà ancien et surtout conçu pour un autre type de production (les dramatiques) que celles que les chaînes privilégient aujourd'hui.

---

33. Rapport Cluzel, annexe n° 3, p. 34.
34. *Ibid.*
35. Source *G.M2, op. cit.*

Les difficultés actuelles de la S.F.P. ont donc une double origine : une inadaptation de l'outil de production à l'évolution de la technologie et des programmes et une articulation déficiente dans le système français de télévision entre la fonction de production et la fonction de programmation. Ou l'on produit dans le cadre d'un marché, ce qui est le cas aux États-Unis — les chaînes devant alors pouvoir s'adresser à plusieurs producteurs en concurrence —, ou alors on reste dans le schéma d'une télévision — administration — chaque chaîne devant alors être intégrée verticalement. La tendance qui semblerait se dessiner actuellement serait de refaire de T.F. 1 et Antenne 2 des télévisions publiques intégrées avec la collaboration d'entreprises privées plus ou moins satellisées. Quant à la S.F.P., « la rupture du lien organique avec les chaînes a, en accélérant une évolution déjà ancienne, révélé brusquement une certaine *inadaptation de l'outil de production* de la S.F.P. que son intégration au sein de l'O.R.T.F. avait longtemps permis de masquer » [36]. La réforme de 1974 a enfin autonomisé une dernière fonction du système de télévision : la diffusion des émissions. Elle est assurée par Télédiffusion de France (T.D.F.). Cette séparation de la technique et des programmes est une spécificité du dispositif français puisqu'elle n'existe pas dans les autres systèmes publics de radio-télévision. Elle constitue probablement la première étape d'une unification technique des réseaux de télévision et de télécommunications. Le changement de la tutelle de T.D.F. au début de 1980 (substitution du ministère des P. et T. à celui de la Culture) ne fera que renforcer cette tendance dans l'avenir. T.D.F. reçoit environ le quart des recettes globales de la radio-télévision française, ce qui représente un coût de la diffusion voisin de celui de la distribution de détail du disque.

Le droit de battre monnaie

Pour clore cette brève présentation de la radio-télévision aux États-Unis et en France, il convient de donner quelques informations sur la rentabilité des stations commerciales. Lord Thomson, le célèbre magnat de la presse britannique, a dit un jour que la concession d'une licence de télévision commerciale équivaut au droit de battre monnaie. Selon la revue *Fortune,* la branche télévision-cinéma est, dans le cadre des cinq cent plus grandes entreprises américaines, celle qui a obtenu le plus fort taux de

---

36. Rapport Cluzel, p. 67.

La structure du financement en 1978
des organismes issus de l'ORTF

(Hors taxes en millions de F.)

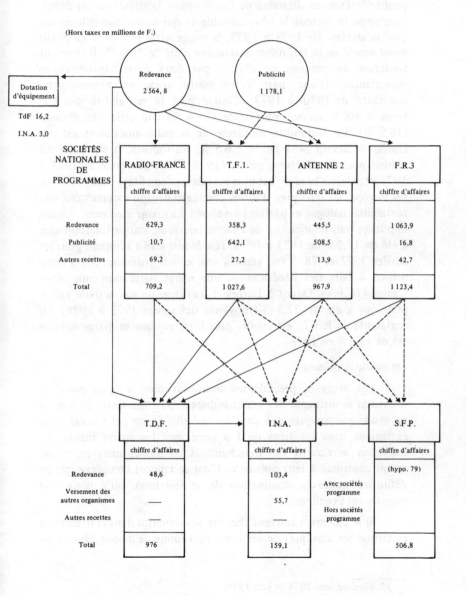

Source : Résultats financiers 1978, in *Projet de loi de finances 1980*. Fascicule radio-télévision.

croissance des profits en 1975. Par la suite, la situation de cette branche n'a fait que s'améliorer puisqu'elle est devenue en 1978 l'activité industrielle dégageant la plus forte marge nette de profit [37]. Dans le domaine de l'audiovisuel, la télévision est depuis longtemps le secteur le plus rentable et qui assure par ailleurs des profits stables. De 1973 à 1977, la marge nette moyenne de profit *avant impôt* de la télévision américaine a été de 21 % [38]. Il convient toutefois de préciser ce chiffre par deux autres informations importantes. D'une part cette marge a été en augmentation constante de 1970 à 1977, d'autre part la rentabilité des stations a été beaucoup plus forte (25,4 %) que celle des réseaux (16,9 %). La rentabilité moyenne de la radio américaine est par contre beaucoup plus faible : 8,5 %. Au Canada, la situation est voisine pour la télévision privée (19 %) [39] en moyenne de 1973 à 1977 ; toutefois la radio est plus rentable qu'aux États-Unis (15,1 %). En Europe, les quelques stations commerciales qui existent ont une rentabilité analogue et parfois plus élevée. La marge moyenne − avant impôts et frais financiers − de Thames television, station londonienne, a été de 17,2 % de 1973 à 1978. Télé Monte-Carlo a obtenu pour les années 1977 et 78 − où, grâce à son activité italienne, elle a commencé à faire des bénéfices −, une marge nette moyenne assez voisine (14,3 %). Quant à Europe 1, la marge de son activité radiophonique a été de 27,3 % (moyenne des années 1973 à 1978). La rentabilité de R.T.L. est encore plus forte puisque sa marge nette a été de 32,5 % en 1978.

Un media dominant

Les analyses précédentes montrent bien à quel point la télévision se distingue des marchandises culturelles. Cette différence ne réside pas uniquement dans les spécificités du petit écran mais également dans les liens qu'il a noué avec les autres media. La télévision se nourrit des marchandises culturelles mais en même temps contribue à leur notoriété. C'est ce rapport complexe qui en définitive assure la domination de la télévision, qu'il nous faut maintenant examiner.

Si le cinéma a souvent cherché ses scénarios dans la littérature et diffusé les musiques de ses films sous forme de disque, chacun de

---

37. *Fortune,* mai 1976 et juin 1979.
38. Source : *Television Factbook.*
39. Source : *Statistique Canada.*

ces trois media a néanmoins gardé une très large autonomie par rapport aux autres. La radio, qui s'est développée jusqu'à la guerre en produisant ses propres programmes, a commencé avec l'avènement du microsillon, à faire appel au disque. Sa place dans les programmes radiophoniques a augmenté très rapidement, 47 % en 1950 aux États-Unis et 80 % en 1963 [40].

L'évolution de la télévision est assez identique à celle de la radio. A l'origine, elle a fonctionné essentiellement avec des programmes originaux. Devant l'augmentation très rapide de sa programmation (en France le nombre total d'heures diffusées a été multiplié par trois de 1960 à 1975), la télévision a fait appel de plus en plus aux films, sans que pour autant ceux-ci constituent l'essentiel des programmes comme les disques à la radio [41]. Si l'on se place du point de vue des interprètes, on note que pour certaines catégories, comme les comédiens, la télévision est devenue la part principale de leurs revenus. Ainsi aux États-Unis, dans les années 70, les membres de la Screen Actor's Guild ont reçu 53 % de leurs cachets des spots publicitaires pour la télévision, 28 % des émissions de télévision et seulement 19 % des films de cinéma [42]. Ce phénomène a pris également une grande importance en France. Aussi, au conservatoire d'art dramatique, les comédiens reçoivent depuis quelques années un enseignement particulier à la télévision. Mais le rapport de la télévision aux autres media n'est pas uniquement une recherche de matières premières ou de talents. Le petit écran, medium qui a l'audience la plus large (chaque soir les deux tiers des français regardent à un moment ou à un autre la télévision), devient le passage obligé pour une marchandise culturelle à la recherche de son public.

Malgré la place considérable que la radio accorde à la musique, seule une petite fraction des disques édités chaque année passe à l'antenne. A la télévision, la sélection est beaucoup plus forte, les programmes de variétés et a fortiori les émissions littéraires n'occupant qu'une petite fraction du temps d'antenne. La radio-télévision se substitue ainsi assez largement à la presse écrite dans son travail de critique ; elle joue néanmoins son rôle de filtre et de caisse de résonance très différemment. Si la critique, par nature,

40. Source Marti Soramaki, « The international music industry Finnish Broadcasting Company », ronéo, Helsinki, 1978.
41. En France, les films représentent environ 10 % des programmes diffusés. Ils obtiennent souvent des audiences très importantes.
42. T. Guback, *Film Échange, op. cit.*

justifie (plus ou moins) ses choix, la radio-télévision se contente de les montrer. Elle est infiniment plus efficace mais beaucoup plus arbitraire, son rôle étant d'imposer l'image de la vedette. De même que dans le cinéma français, les réseaux de salles, par leur concentration, jouent un rôle dominant dans la profession et imposent leur choix aux producteurs, de même la radio-télévision assure une certaine domination sur les autres media. La domination de la télévision n'est pas uniquement de nature économique, elle a également des effets culturels importants. Si la télévision a certainement joué un rôle dans l'augmentation du tirage des best-sellers, elle a en même temps augmenté l'obsolescence du livre, chaque semaine un titre poussant l'autre. Cette nécessité d'une perpétuelle nouveauté a joué un rôle dans l'écriture même (livres écrits au magnétophone par exemple). Cette imposition de normes culturelles par la radio-télévision est d'autant plus forte que contrairement à la presse, elle ne se contente pas d'informer sur différentes marchandises culturelles mais elle en achète certaines (souvent à bas prix [43]) pour les retransmettre au public. Elle est à la fois un marché non négligeable et une condition d'accès au marché.

---

43. Nous avons vu qu'en France les achats de film par la télévision étaient réglés à bas prix. En ce qui concerne le disque, les radios périphériques ne rémunèrent pas les éditeurs ; quant au secteur public, il verse une rémunération forfaitaire qui serait, semble-t-il, nettement inférieure à ce qui existe dans d'autres pays européens comme l'Allemagne.

II

la seconde génération audiovisuelle

la domination des industries des matériels

L'évolution du mode de production depuis le début du siècle a entraîné une modification des procédures de l'innovation. L'ère des inventeurs solitaires est révolue. La mise au point des nouvelles technologies de communication est réalisée dans de vastes centres de recherche et de développement dotés de moyens considérables. Dans de telles structures rendues nécessaires par la beaucoup plus grande complexité technique des produits, on peut préparer simultanément plusieurs alternatives technologiques, imaginer et étudier différents usages possibles de ces systèmes. L'arbitrage entre ces différentes alternatives est alors réalisé au sein de la firme. Au contraire, nous avons vu qu'au début du siècle, les différentes variantes d'utilisation du cinéma ou du disque ont été très souvent expérimentées et présentées sur le marché par un grand nombre de petits entrepreneurs dont une très grande partie a disparu rapidement.

Aujourd'hui, les grandes firmes de l'électronique qui doivent mettre en œuvre des investissements industriels considérables pour la production en série de biens de consommation, ne mettent pas en vente une nouvelle technologie sans avoir étudié minutieusement les conditions de sa commercialisation ; elles essaient de mieux mesurer les risques de l'innovation. Cette pratique, par ailleurs, ne facilite pas le travail du chercheur : tout se jouant en amont du marché, celui-ci peut beaucoup plus difficilement observer les alternatives technologiques, les choix d'usage. On sait que la production de l'audiovisuel a eu dès le début du siècle, une dimension internationale et que les firmes qui ont développé ces systèmes sont rapidement devenues des multinationales. Néanmoins une telle stratégie ne s'est mise en place que petit à petit, alors qu'aujourd'hui aucune entreprise ne peut développer un nouveau produit audiovisuel sans définir sa place sur le marché mondial. Quand la firme met au point un standard, elle doit soit envisager de l'imposer sur l'ensemble du marché mondial ou au moins sur une partie importante, soit se rallier à un autre format qui a des chances sérieuses d'obtenir une position hégémonique.

Un autre élément distingue la situation de l'innovation aujourd'hui de celle du début du siècle : la rentabilité des investissements. Les premières firmes audiovisuelles ont réalisé des surprofits considérables, grâce notamment à la faible rétribution versée aux artistes. Ainsi en 1897, les chanteurs se faisaient payer trois F pour huit heures d'enregistrement permettant de tirer deux mille cylindres, vendus chacun entre un et deux F [1]. De même, dans les premières années de fonctionnement de Pathé, celui-ci amortissait sa production cinématographique en un mois de vente : de 1905 à 1908 le taux annuel de rentabilité de l'ensemble du groupe était environ de 33 %. On sait qu'il est rare qu'aujourd'hui une innovation technologique assure à la firme qui la commercialise une rentabilité aussi importante. Par ailleurs les artistes ont obtenu des rémunérations plus élevées, et sont dans l'ensemble — ou au moins dans les sociétés d'auteurs — très réservés vis-à-vis des nouvelles technologies et souhaitent obtenir une part des recettes identique ou supérieure à celle qu'ils reçoivent des systèmes existants.

Les quatre éléments précédents (concentration de la recherche-développement, taille des investissements industriels, internationalisation du marché, rentabilité plus faible) constituent un cadre qui dans l'ensemble est moins favorable à l'expérimentation de nouvelles technologies audiovisuelles. En effet, depuis trois quarts de siècle, l'usage de la communication médiatisée, la pratique de la réception familiale puis individuelle d'images et/ou de sons, se sont très largement répandus. L'innovation technologique dans ce secteur aura donc plus tendance à se couler dans le cadre des pratiques audiovisuelles existantes plutôt que de proposer des systèmes radicalement nouveaux, quant à leur usage. Si aujourd'hui la plupart des firmes d'audiovisuel font preuve d'une grande prudence vis-à-vis de l'innovation, cela n'a pas toujours été le cas. Dans le début des années soixante-dix, on a, au contraire, imaginé que la télédistribution ou la vidéo légère pourrait permettre de promouvoir des systèmes audiovisuels largement différents. Les tentatives faites

---

1. Source, P. Hemardinquer, *Le Phonographe et ses merveilleux progrès,* Masson et Cie, Paris, 1930.

dans ce sens ont largement échoué. Aussi, les industriels de la communication ont dû imaginer d'autres utilisations de leurs technologies, par élargissement de l'audience de système existant, par création d'un nouveau mode d'appropriation du software, par substitution à une autre technologie. Si donc la plupart des nouvelles technologies se contentent de reproduire les usages existants, cela n'est pas le cas pour toutes ; certaines comme l'édition vidéo ou la téléinformatique induisent des pratiques sociales nouvelles. Le développement de ces technologies est soumis à davantage d'aléas.

4. l'élargissement du marché
(le super 8 et la haute fidélité)

Le développement de l'audiovisuel pendant ces quinze dernières années s'est d'abord réalisé grâce à l'extension dans le grand public de produits qui jusque là étaient réservés à une frange très étroite de la population. Nous présenterons ici deux cas : celui du Super 8 et celui de la haute-fidélité, mais auparavant nous préciserons les grandes caractéristiques des branches industrielles impliquées dans ces technologies : l'industrie électronique et celle de la photographie et du cinéma.

Quelques caractéristiques
de l'industrie électronique audiovisuelle

Configuration industrielle

Les entreprises de l'électronique audiovisuelle [1] sont pour la plupart des multifirmes, c'est-à-dire des sociétés qui articulent plusieurs processus de production distincts. La juxtaposition de productions différentes ne s'organise pas de façon aléatoire, certaines configurations industrielles sont plus fréquentes que d'autres. On peut en dégager quatre principales.

– Le rapprochement de l'audiovisuel grand public (téléviseurs, radios, électrophones, magnétophones) et de l'électroménager dans le cadre de firmes résolument orientées vers le marché grand public,

---

1. Certains auteurs utilisent également l'expression « électronique de loisirs ».

85

constitue la première des orientations des firmes électroniques [2]. Des firmes comme Matsushita (Japon), Sanyo (Japon), Sharp (Japon) et Thorn Electrical (Grande-Bretagne) réalisent 60 à 80 % de leurs chiffres d'affaires dans ces deux secteurs. On trouve également cette même orientation dans de grandes firmes électriques comme General Electric (U.S.A.), Siemens (R.F.A.), Toshiba (Japon), Hitachi (Japon) qui ont des divisions grand public associant l'audiovisuel et l'électroménager.

– La deuxième configuration industrielle possible est celle de firmes de télécommunication qui interviennent dans l'audiovisuel grand public. C'est le cas d'I.T.T. (U.S.A.) et de General Telephone and Electronics-G.T.E. (U.S.A.).

– La troisième configuration est peu courante : elle regroupe des sociétés présentes dans l'audiovisuel grand public et professionnel (studios et stations d'émissions), les télécommunications hertziennes et les systèmes de défense. C'est le cas de R.C.A. (U.S.A.) et d'E.M.I. (G.B.) [3] qui se caractérisent également par la place qu'y tient l'électronique professionnelle, beaucoup plus importante que l'électronique grand public.

– D'autres firmes ont une activité suffisamment polyvalente dans le secteur électronique pour qu'on ne puisse les classer dans aucune des trois configurations précédentes. Philips (Pays-Bas), AEG-Telefunken (R.F.A.), Thomson-Brandt (France), Nippon Electric (Japon) interviennent simultanément dans l'audiovisuel grand public et professionnel, dans l'électroménager et dans les télécommunications. Néanmoins ces firmes ont une dominante : audiovisuel grand public et électroménager pour Philips (40 % du chiffre d'affaires) et A.E.G. [4] (34 % du chiffre d'affaires), ce qui les rapproche de la première configuration. Nippon Electric fait 45 % de son chiffre d'affaires en télécommunications, ce qui l'apparente à la deuxième configuration. Quant à Thomson-Brandt, l'électronique professionnelle (51 % du chiffre d'affaires) y dépasse largement l'électronique grand public (20 %), malgré l'importance du marché

2. En France, le chiffre d'affaires de l'électronique audiovisuelle grand public était en 1977 de 5,5 milliards de francs, celui de l'électroménager de 6,3 milliards (source INSEE).
3. Le rapprochement entre ces deux firmes s'applique également aux disques puisque toutes deux sont d'importants éditeurs de disques.
4. L'audiovisuel constitue la majeure partie du chiffre d'affaires grand public de Philips ; A.E.G. est dans la situation inverse. (Données 1978).

de l'électroménager, et nous nous trouvons donc dans une structure industrielle proche de la troisième structure.

A côté de firmes électroniques dont l'audiovisuel ne constitue qu'un élément de l'activité, on rencontre des firmes spécialisées dans ce secteur. Pour l'audiovisuel grand public, il s'agit de Sony (Japon), Zenith (U.S.A.), Grundig (R.F.A.), Pioneer Electronic (Japon) et de firmes plus petites comme Akai (Japon) ou T.E.A.C. (Japon). Au début, ces firmes n'ont pas joué un rôle important dans la mise au point de nouveaux procédés audiovisuels ; elles ont la plupart du temps acheté des licences aux grands de la profession, notamment R.C.A. pour Zenith et Sony. Aujourd'hui, la situation s'est sensiblement modifiée : Sony a mis au point son propre système de tube couleur (Triniton) et a été le premier fabricant mondial de vidéo demi-pouce.

Ces différentes configurations [5] doivent être prises en compte pour expliquer la stratégie de telle ou telle firme dans l'audiovisuel. Ainsi, la spécialisation de Sony et la concentration de son effort de recherche sur l'audiovisuel explique en bonne partie sa position dans la vidéo.

La révolution technologique des composants

L'industrie électronique a subi depuis vingt ans une mutation technologique très importante avec l'évolution de ses composants qui a permis une baisse des prix de ses produits importante et parfois spectaculaire comme dans le cas des petites machines à calculer. Dans le domaine des composants actifs, on est passé du tube à vide au transistor puis au circuit intégré et aujourd'hui au micro-processeur. Si pour une même fonction, le coût des composants a diminué, le phénomène le plus important est sans doute l'intégration de plusieurs composants dans une même unité (un circuit intégré n'est jamais que la concentration sur une faible surface de nombreux semi-conducteurs). Alors qu'en 1960, les premiers circuits intégrés ne réunissaient en un seul circuit que quelques transistors, en 1977 ils en réunissaient environ vingt mille par module et on prévoyait à

5. Il existe également d'autres configurations industrielles plus particulières. R. Bosch (R.F.A.) spécialisée dans l'équipement électrique et électronique automobile a une activité dans l'audiovisuel grand public et professionnel (Fernseh). General Electric Company (G.B.), grande firme d'équipement électrique, intervient dans l'audiovisuel professionnel (Marconi)...

l'époque un niveau d'intégration d'un million de transistors par module au début des années 1980. Par voie de conséquence le prix de l'unité logique était en 1970, 80 fois moindre qu'en 1965, et à l'horizon 1980 on espérait qu'il serait 1300 fois moins élevé [6].

Cette évolution des composants permet une réduction du travail direct incorporé et une baisse de la consommation de matières premières grâce à la miniaturisation. Selon une étude du groupe Thorn [7], alors que la production de téléviseurs nécessitait en 1970 mille composants, elle n'en utilisait plus que 670 en 1978 et on prévoit que ce chiffre sera de 400 en 1980. L'intégration des composants nécessite de la part des constructeurs (même s'ils ne produisent pas eux-mêmes les composants) des études importantes qui ne peuvent être amorties que sur des grandes séries. On arrive ainsi à un renforcement de la place des grandes firmes. Par ailleurs la mise au point des composants est une contrainte importante pour les nouveaux produits grand public. Pour obtenir des prix pas trop élevés, il faut une forte intégration des composants et donc dès le démarrage il est nécessaire de réaliser des séries importantes.

La nécessité de trouver de nouveaux débouchés

Depuis vingt-cinq ans, la croissance du marché des biens de l'électronique audiovisuelle a été considérable en France : de 1960 à 1973, la consommation de chacun des appareils — radio, électrophone, téléviseur — a triplé. Néanmoins, cette croissance est souvent arrivée à un palier, à partir du moment où la plupart des ménages sont équipés et où les ventes viennent principalement du marché de renouvellement. Pour la radio, ce palier a été sauté, dans la mesure où le récepteur, qui avait longtemps été familial, est devenu grâce à la miniaturisation, individuel ; par ailleurs le marché de l'autoradio s'est largement développé (en France à partir des années soixante-dix). Pour les appareils d'enregistrement et de lecture du son, la consommation d'électrophones a commencé à baisser fortement (en France à partir de 1973). Le relais avait déjà été pris depuis quelques années par le magnétophone et surtout la chaîne électro-acoustique qui s'est petit à petit substituée à l'électrophone.

La télévision a été incontestablement le produit majeur dans l'électronique audiovisuelle grand public (en France elle a représenté la moitié du chiffre d'affaires de ce secteur de 1968 à 1973). A la fin

---

6. Source : rapport Nora-Minc, Annexes, Documentation française, 1978.
7. *Électronique actualités*, 5 juin 1978.

des années soixante, la télévision couleur est venue prendre le relais du marché du noir et blanc qui commençait à décroître.

Aujourd'hui, ce marché est proche de la saturation déjà réalisée aux États-Unis et au Japon, proche en Allemagne et en Angleterre, plus lointaine en France où la couleur représentait en 1978 34 % du parc. La saturation de la télévision met les industriels de l'électronique dans la nécessité de trouver de nouveaux marchés. Étant donné qu'il n'y a pratiquement pas de nouveaux débouchés dans l'électroménager, ceux-ci doivent être forgés dans le domaine des loisirs.

Une rentabilité moyenne

La rentabilité du secteur est difficile à évaluer, dans la mesure où, comme on l'a vu, l'audiovisuel ne constitue qu'une des activités de nombreuses firmes électroniques. Cependant, nous disposons pour la France de données assez précises sur l'ensemble du secteur, qui montrent que la marge brute de l'activité radio-télévision (en moyenne 8,8 % de 1970 à 1976) [8] est supérieure à celle du « son » (4,8 % en moyenne sur la même période) [9], mais inférieure à celle de l'ensemble du secteur « construction électrique et électronique ». L'évolution dans le temps fait apparaître une progression jusqu'en 1972-73 puis, par la suite, une baisse particulièrement accentuée dans le matériel sonore (la rentabilité passe, de 1973 à 1976, de 8,6 % à 2,3 %). Cette évolution qui est caractéristique de l'ensemble de la conjoncture mondiale se retrouve également dans les données que nous avons pu réunir sur quelques firmes multinationales spécialisées dans l'électronique audiovisuelle. Pour ces entreprises, l'année 1976 a souvent été marquée par une croissance des profits mais par la suite ceux-ci ont à nouveau baissé.

La comparaison entre la rentabilité des quatre firmes étudiées (Radiotechnique société-mère, Zenith, Sony et Pioneer) est plus difficile à effectuer. Toutefois on peut remarquer la forte rentabilité de firmes japonaises, en pointe au niveau de l'innovation technologique et exportant largement — comme Sony et Pioneer qui ont respectivement des marges brutes moyennes de 14,5 % et 16,2 % sur la période 1970-1978 [10]. Au contraire, Zenith dont l'activité est

---

8. Source : enquête annuelle d'entreprises. Rappelons que la marge brute d'exploitation est le ratio résultat brut d'exploitation avant amortissements, impôts, frais et revenus financiers sur le chiffre d'affaires hors taxe.

9. *Idem.*

10. Source : rapport d'activités.

centrée sur son pays d'origine (les États-Unis) et qui n'a pas de position de pointe en matière d'innovation technologique, a une rentabilité nettement plus faible (moyenne de 8,6 %) [11]. Radiotechnique, filiale du groupe Philips en France, se situe dans une position intermédiaire (marge moyenne de 11,9 %) [12].

Quelques caractéristiques de l'industrie photo-cinéma

L'industrie de la photographie et du cinéma est une branche d'activités extrêmement concentrée. Aujourd'hui, la quasi-totalité de la production mondiale de surfaces sensibles est assurée par huit firmes [13]. Les trois plus importantes d'entre elles (Kodak, Agfa-Gevaert, et Polaroïd) ne produisent pas uniquement des surfaces sensibles, mais également des appareils de prise de vues et éventuellement des projecteurs : elles livrent ainsi des systèmes interdépendants, ce qui leur permet de contrôler le développement de l'ensemble du marché. Cette stratégie globale est adaptée à la situation particulière de chaque firme. Kodak reste avant tout un fabricant de surfaces sensibles avec environ 60 % du marché mondial, et n'hésite pas, après avoir imposé un procédé, à abandonner à ses concurrents une partie du marché des appareils. Ce fut notamment le cas pour les appareils de photo à chargement instantané (format 110). Agfa-Gevaert [14], parce qu'il se trouve en situation de dépendance par rapport à Kodak, a une stratégie exactement inverse. La firme germano-belge sort des matériels qui correspondent au standard de Kodak, mais elle le fait à un moment où le marché est déjà constitué, ce qui lui permet de mieux s'y adapter. Agfa-Gevaert est donc mieux placé sur le marché des appareils que sur celui des surfaces sensibles. La société s'est également implantée dans un créneau où Kodak n'était pas présent : celui de la reprographie. Kodak, comme Agfa, travaille aussi bien sur le marché professionnel que sur le marché grand public de la surface sensible [15]. Cette

11. *Idem.*
12. *Idem.*
13. Dans l'ordre décroissant de chiffre d'affaires : Eastman-Kodak, Agfa-Gevaert, Polaroïd, Fuji, 3M, Dupont de Nemours, Ciba-Geigy et Konishiroku.
14. Agfa-Gevaert a été constituée en 1964 par regroupement de la firme belge Gevaert et de la société allemande Agfa, filiale à 100 % du grand groupe chimique Bayer.
15. Chez Kodak, l'activité photo-cinéma professionnel est supérieure à

intégration est largement bénéfique puisque les produits grand public utilisent les technologies mises au point pour les produits professionnels. Ainsi, la pellicule Kodak ektachrome est d'abord sortie pour le cinéma professionnel puis a été mise sur le marché de la photographie et du Super 8. Polaroïd s'est limité à un marché restreint, celui du développement instantané et a toujours refusé de vendre ses brevets à ses concurrents. Aussi, jusqu'en 1976 où Kodak a sorti sur le marché américain un système analogue, Polaroïd était en situation de monopole dans ce secteur où il fournissait les appareils de prise de vues et les pellicules. Les autres firmes de surfaces sensibles sont de grandes firmes chimiques disposant d'un département dans cette branche : Dupont de Nemours qui a racheté Adox ; 3 M qui a absorbé la société italienne Ferrania, Ciba-Geigy qui s'est assuré le contrôle d'Ilford en Angleterre et de Lumière en France. Le marché japonais est contrôlé par deux firmes nationales : Fuji et Konishiroku qui produisent également un peu de matériel [16]. Fuji, qui est le quatrième producteur mondial de surfaces sensibles, est en train de faire une percée sur les marchés américain et européen. La production des appareils de prise de vues demande des capitaux moins importants que la production des surfaces sensibles, la recherche y est également moins nécessaire [17]. Ceci explique qu'on y trouve un nombre de firmes plus élevé et notamment des firmes moyennes. Néanmoins, la production des appareils à chargement instantané (format 110 et 126) est plutôt réalisée par les géants de la profession et de façon plus accessoire par certaines firmes moyennes comme Indo en France. Les unités de production sont pour la plupart situées en Amérique du Nord et en Europe. Par contre, les appareils pour « amateurs éclairés » (type 24 x 36) sont produits par des firmes moyennes. La production s'est concentrée au Japon et en Asie du Sud-Est à cause des faibles coûts de la main-d'œuvre. Les entreprises japonaises (Canon, Nippon Optical, Minolta, Olympus Asahi, Yashica [18] ...) dominent très largement le marché. Elles exportent environ 60 % de leur production. Les firmes allemandes qui ont réussi à se maintenir sur ce marché ont installé

---

l'activité amateur : 48 % du chiffre d'affaires contre 32 %. Chez Agfa, le secteur amateur est au contraire principal : 51 % du chiffre d'affaires. (Données 1974).

16. Appareils de photo pour Konishiroku, appareils de photo et matériel super 8 pour Fuji.

17. Kodak consacre 6 % de son chiffre d'affaires à la recherche et emploie pour cette activité 6.500 personnes.

18. Par ordre décroissant de chiffre d'affaires.

leurs usines en Asie du Sud-Est (Rollei à Singapour, Leitz en Inde) [19].

Domination technologique, domination commerciale

Dans le secteur des surfaces sensibles, on note une très grande dispersion des marges de profit. Deux firmes ont une rentabilité très forte : Kodak et Polaroïd. La première a une marge nette moyenne après impôt sur ces dix dernières années de 13,7 % [20], la seconde de 9,2 % [21]. Les autres firmes ont par contre des marges beaucoup plus faibles : Agfa-Gevaert : 1,6 % [22], Fuji : 5,4 % [23] et Konishiroku : 3,1 % [24]. La différence de rentabilité entre Kodak et des firmes comme Agfa Gevaert ou Fuji semble correspondre à une différence de part de marché. Mais une analyse plus approfondie montre que cette explication n'est pas pertinente et que la hiérarchisation des parts de marché n'est pas isomorphe à celle des marges de profit. En étudiant les évolutions dans le temps, W. Andreff a montré que la « concurrence par l'effort de vente aboutit soit à un accroissement de la part de marché, soit à une augmentation des marges de profit et non aux deux à la fois » [25]. L'industrie des surfaces sensibles vérifie bien cette constatation. Si l'on examine le marché détenu par Kodak, Agfa et Fuji, la firme américaine faisait 79 % de l'ensemble en 1969, elle n'en faisait plus que 70 % en 1978. Pendant ce temps, Kodak maintenait à peu près sa marge de profit dans un contexte économique défavorable, celles d'Agfa et de Fuji baissaient. Ainsi, la part de marché de Kodak a légèrement régressé tandis que sa rentabilité se maintenait [26].

L'explication de la forte rentabilité de Kodak est à chercher non pas dans son leadership commercial mais dans sa prépondérance

19. Le lecteur qui souhaiterait une information plus complète sur l'industrie de la photographie pourra se reporter à la monographie d'A. Lefebvre in *Capitalisme et industries culturelles, op. cit.*, qui nous a fourni une partie des éléments de l'analyse précédente.
20. Moyenne sur les années 1969 à 1978 du bénéfice net après impôt sur le chiffre d'affaires.
21. *Idem.*
22. *Idem.*
23. *Idem.*
24. Sur les années 1972 à 1978.
25. W. Andreff, *Profits et structures du capitalisme mondial*, Calmann-Lévy, Paris, 1976, p. 246.
26. On trouve le même phénomène dans une autre firme en situation de monopole : Coca-Cola ; tandis que son principal concurrent, Pepsi-Cola augmente sa part de marché mais à une faible rentabilité.

technologique. Dans l'industrie électronique la concurrence s'effectue par l'innovation technique et les monopoles technologiques y sont généralement provisoires. Il semble au contraire que Kodak se soit constitué un monopole technologique quasi permanent [27]. Non seulement la firme créée par George Eastman a mis au point et imposé la plupart des systèmes de photographie et de cinéma grâce à l'importance de son potentiel de recherche, à ses capacités d'investissement, à la puissance de son réseau commercial et à sa présence simultanée sur le marché des appareils et des surfaces sensibles, mais elle a également réussi à institutionnaliser sa domination technologique. En 1973, Bell-Howell a intenté une action en justice contre Kodak, au titre de la loi anti-trust, pour usage illégal de sa position dominante. Un an plus tard, les deux firmes trouvaient un compromis. Il prévoyait, dans le cadre d'un accord de six ans, que Bell-Howell aurait connaissance des nouveaux films amateurs et cassettes que Kodak mettrait sur le marché lorsque leurs formats ne seraient pas compatibles avec les appareils photo et les projecteurs déjà en vente. En contrepartie, Bell-Howell verserait à Kodak une redevance fixe de dix mille dollars et une autre, variable, représentant 1 % des ventes des produits conçus à l'aide de ces informations. Les commentateurs de la presse professionnelle de l'époque, ont vu dans cet accord également proposé à d'autres firmes, une victoire des concurrents de Kodak, alors qu'au contraire, il institutionnalisait la domination technologique de la firme de Rochester. En cédant ses brevets à des prix non prohibitifs, Kodak évite que d'autres firmes ne développent des systèmes concurrents.

Le cinéma amateur à la portée de toutes les bourses

Jusqu'en 1965, le cinéma amateur était très peu répandu. Il était pourtant très ancien puisque le format 16 mm avait été créé dans les années vingt pour cet usage. Par la suite, le 16 mm a été repris par la télévision qui lui a donné ses lettres de noblesse et en a fait le deuxième standard professionnel.

Pour les amateurs, furent alors développés le 9,5 mm (qui avait été créé, également dans les années vingt, par Pathé) et le 8 mm. Ces

---

27. Polaroïd, qui a également une marge de profit élevée, possédait un monopole technologique total jusqu'en 1976 dans le secteur de la photographie à développement instantané.

deux formats ne connurent jamais un succès considérable puisqu'en 1965, seuls 3 % [28] des ménages français étaient équipés de caméras. Plus exactement, le marché commençait à se constituer à cette époque puisque le taux d'équipement des ménages était passé de 1,5 % en 1962 à 3 % en 1965 [29]. C'est dans ce contexte d'un marché très faible mais qui semblait vouloir se développer que Kodak a lancé le super 8. Ce nouveau format de pellicule cinématographique offrait deux avantages par rapport à la pellicule 8 mm existant à l'époque : pour une même largeur de pellicule, la surface de l'image était plus importante (les perforations étant plus petites) et le conditionnement était différent. Le film était disposé dans une cassette, ce qui simplifiait beaucoup les manipulations pour charger la caméra. Ces deux innovations restent malgré tout modestes et ne font pas du super 8 un nouveau système audiovisuel. Mais l'habileté de Kodak a été d'utiliser ces améliorations techniques pour forger un marché du cinéma amateur. Contrairement au lancement des formats précédents, celui-ci a été accompagné d'une forte campagne promotionnelle. Tous ces éléments ont permis au super 8 de se développer rapidement, puisqu'en dix ans, le taux d'équipement des ménages en caméras est passé en France de 3 à 9 % [30]. Dans les pays voisins comme l'Allemagne, l'expansion a été encore plus rapide. Le choix du super 8 par Kodak en 1965 avait également une autre origine. La disposition des perforations permettait de placer une bande magnétique couchée et d'envisager un super 8 sonore synchrone (ou presque). Kodak a sorti ce nouveau système en 1973 aux États-Unis et semble avoir ainsi renforcé le développement du super 8. En 1976, le super 8 sonore constituait environ 30 % des ventes (en quantité) des caméras amateur. En France, l'expansion de ce nouveau procédé date de 1976. Cette année-là, le parc des caméras super 8 muettes a augmenté de 4 % alors que celui des caméras sonores augmentait de 125 %.

Comme pour tout nouveau format de photo ou de cinéma mis au point par la firme de Rochester, pellicule, caméra et projecteur ont été sortis simultanément sur le marché. Ne souhaitant pas garder le monopole de ce nouveau système, Kodak a vendu ses brevets à ses

28. Statistiques Kodak. Il est significatif que les seules statistiques professionnelles existant dans cette branche soient établies par Kodak, comme si la firme se confondait avec l'ensemble du marché français.

29. *Idem.*

30. Soit un parc d'environ 1,6 million d'unités. Aux États-Unis, il est environ de 8 millions d'unités.

concurrents et leur a fourni les spécifications du super 8 sonore environ deux ans avant sa sortie. En matière de pellicule [31], ceci n'a pas empêché Kodak de conserver et de très loin, la plus grande part du marché, ses concurrents étant essentiellement : Agfa-Gevaert, 3 M et Fuji. Par contre, la firme de Rochester s'est moins axée sur le marché des caméras, n'étant présente que dans le marché des appareils les plus simples qui peuvent être produits en très grande série. Elle a même abandonné à la fin de l'année 1978 la production des caméras sonores. Ce choix est cohérent avec l'ensemble de la stratégie de Kodak qui consiste à privilégier dans la gamme des produits interdépendants celui dont le marché est le plus important. En France, par exemple, on peut estimer que la valeur de la consommation annuelle de pellicules super 8 est environ équivalente à celle des caméras et des projecteurs.

Le rapport de forces est tel entre Kodak et les autres firmes de la branche que celles-ci n'ont pas d'autre solution que d'adopter les nouveaux systèmes mis au point par Kodak. Agfa avait tenté à un moment donné de lancer son propre procédé («Rapid») d'appareil de photo à chargement instantané. La firme a dû abandonner et adopter le procédé Kodak. De même, Bolex (société suisse), n'a pas voulu abandonner le 8 mm au profit du super 8, le système de presseur introduit par la cassette super 8 lui semblant moins performant. Les difficultés que cette société a connues quelques années plus tard viennent très probablement de ce choix. Il existe néanmoins deux procédés de super 8 différents du procédé Kodak. D'une part, le double super 8 utilisé par les caméras Moviesonics et certaines caméras Canon. Ce système s'est maintenu, car il assure, semble-t-il, une meilleure qualité de l'image (mais une manipulation plus complexe) et il s'est trouvé un public limité d'amateurs avertis. Néanmoins, ses promoteurs restent à la merci de Kodak qui accepte, jusqu'à présent, de fournir de la pellicule selon ce standard. D'autre part, Fuji a mis au point son propre système de cassettes qui est vendu essentiellement au Japon, marché qu'il contrôle largement. En Europe et en Amérique du Nord, la société japonaise propose également des cassettes aux normes Kodak.

L'émergence du super 8 a donc amené les constructeurs de caméra 8 mm à se reconvertir dans ce nouveau format, tandis que

---

31. Notons à propos de la pellicule super 8 qu'il n'y a pas de différence technique entre les divers formats de pellicules cinéma et les pellicules photo. Il s'agit toujours des mêmes émulsions et des mêmes supports présentés sur des conditionnements différents.

certains producteurs de matériels 16 mm ont trouvé là l'occasion de se lancer dans le marché grand public. Autour de 1973-74, on pouvait distinguer trois groupes de constructeurs selon une classification analogue à celle que nous avons présentée plus haut à propos des appareils photographiques. Aux États-Unis et en Europe, des firmes importantes fabriquaient en grande série des appareils bas de gamme (par ordre d'importance : Bell-Howell, Eumig, Kodak). Bell-Howell a des activités importantes dans l'audiovisuel éducatif, elle produit à la fois du matériel et des programmes, et elle est le premier constructeur mondial de projecteurs 16 mm. La firme autrichienne Eumig était spécialisée dans le 8 mm avant 1965 [32]. Les constructeurs d'appareils photographiques japonais (Canon, Chinon, Yashica...) ont mis sur le marché des appareils plus sophistiqués, tandis que les caméras les plus perfectionnées étaient fabriquées par des entreprises européennes souvent de petites dimensions : Braun (marque Nizo), Beaulieu, Movie-Sonics (marque Pathé)... Aujourd'hui le Japon semble jouer un rôle de plus en plus important dans la production, à l'exception des produits haut de gamme. Le premier constructeur mondial est japonais : Chinon (plus de 500 000 caméras par an dont 180 000 sonores) [33] ; Bell-Howell (deuxième rang mondial avec 400 000 appareils dont 108 000 caméras sonores) a créé outre son usine américaine une usine au Japon [34]. Eumig (et Bolex) font construire leurs caméras sonores au Japon (très probablement chez Chinon). Parallèlement à cette relocalisation de la production au Japon, on assiste à une concentration croissante qui est masquée par la multitude des marques présentées sur le marché. De nombreux constructeurs de dimension moyenne, notamment au Japon, ne produisent pas eux-mêmes les moteurs et les achètent à un même fabricant. Quant aux petites firmes, beaucoup d'entre elles cessent de fabriquer pour devenir de simples distributeurs qui se contentent d'apposer leur marque.

Super 8 professionnel et élargissement du marché

De même que le 16 mm est resté un format amateur jusqu'à ce que la télévision s'en empare pour en faire un outil professionnel, le

---

32. Eumig a racheté il y a quelques années la société suisse Bolex spécialisée dans le 16 mm. Eumig entreprend également une diversification dans la vidéo en produisant quelques caméras légères.
33. Statistiques de 1976.
34. A la fin de l'année 1979, Bell-Howell a fermé son usine américaine et vendu son département cinéma à la firme japonaise Osawa.

super 8 a été conçu pour des amateurs mais un certain nombre de recherches financées par l'État sont peut-être en train de créer une utilisation professionnelle de ce support. Dès 1971, aux États-Unis, Richard Leacock, financé par M.I.T., mettait au point un système de super 8 sonore à double bande et introduisait ce nouveau format dans le secteur du cinéma documentaire. Le service de la recherche de l'O.R.T.F. a également réalisé un certain nombre d'études techniques sur le super 8 et sa diffusion à l'antenne (mise au point d'un télécinéma). Aux États-Unis, certaines stations de télévision ont continué dans cette voie et utilisent couramment le super 8 pour des reportages [35]. Elles estiment qu'elles font ainsi baisser le coût du tournage de 40 % par rapport au 16 mm. Ces expériences ont eu pour résultat d'améliorer la qualité super 8 « haut de gamme » (les constructeurs ayant tenu compte des remarques techniques qui leur avaient été faites). Par contre, l'utilisation professionnelle de ce matériel reste encore exceptionnelle et les constructeurs hésitent toujours à sortir un matériel adapté à cet usage. Ne voulant pas laisser échapper un marché susceptible de se créer, Kodak a sorti des cassettes de 30 et 60 mètres qui permettent donc une autonomie de tournage beaucoup plus grande, mais il semble que la firme de Rochester ne fera rien de plus pour développer ce marché dans la mesure où les réalisateurs qui tournent en 16 mm sont déjà ses clients. Quant aux fabricants de caméras « haut de gamme » qui pourraient mettre au point un matériel adapté, ils sont trop petits pour créer un tel marché. Ils seraient toutefois prêts à se lancer dans l'opération si des producteurs (télévision, réalisateurs de programmes de formation...) devenaient réellement demandeurs. Le choix qu'a fait Beaulieu de sortir un projecteur double bande « haut de gamme » (autour de 6 000 F) plutôt que l'appareil professionnel (de 12 à 15 000 F) qu'il envisageait à l'origine, est très significatif de cette politique. Les recherches financées par l'État n'ont donc pas créé un marché professionnel mais ont aidé, de façon plus inattendue, à l'élargissement du marché amateur. Des institutions comme l'I.N.A. ou le C.N.A.A.V. ont, à la suite de leurs études techniques, favorisé l'utilisation du super 8 pour la création et l'animation dans le cadre « d'ateliers super 8 ». Les participants à ces ateliers s'initient ainsi à une pratique qui les amènera bien souvent à s'équiper personnellement. Il faut enfin signaler que si le super 8 ne sert pas à la production professionnelle, il est utilisé pour la

---

35. A l'inverse d'autres sociétés comme la C.B.S., semblent l'avoir abandonné.

diffusion de certains programmes de formation ou d'information. Ce marché dit institutionnel représente en France environ 10 % du marché amateur.

La seconde génération de matériel sonore

Si le super 8 n'a pas amené une amélioration fondamentale du cinéma amateur par rapport au format précédent, il n'en est pas de même de la haute fidélité. En décomposant chacune des fonctions de l'électrophone (lecture, amplification, restitution des sons) et en perfectionnant chacun de ces éléments, la chaîne électro-acoustique a apporté une nette amélioration du matériel sonore.

Au début des années soixante, le marché était très restreint et composé essentiellement d'une frange « d'amateurs éclairés », qui souhaitaient souvent manipuler les sons et de toute façon étaient capables de comparer les mérites respectifs des différents matériels proposés dans chacun des éléments de la chaîne (platine, tuner, amplificateur, enceintes). Constituer une chaîne devenait un art au même titre que la décoration. A partir de 1973, le marché de la haute-fidélité va augmenter rapidement ; les différents éléments vont souvent être rassemblés à nouveau dans des chaînes dites compactes : en cinq ans [36] le taux d'équipement des ménages va passer de 5 à 19 %. La chaîne se substitue petit à petit à l'électrophone ; ce dernier s'est simplifié et a de plus en plus une utilisation individuelle, analogue au radio-récepteur de poche. Tout comme dans le cas du cinéma amateur, l'élargissement du public a en partie modifié l'usage de l'appareil. Avec le super 8, on est passé d'une pratique artistique amateur (cf. les caméra-club) à une pratique de mémoire familiale. De même, avec le développement du marché de la haute fidélité, l'écoute familiale a pris le pas sur la manipulation des sons.

A la modification des publics a également correspondu une transformation des structures industrielles. La chaîne électro-acoustique, n'a pas été mise au point par les leaders mondiaux de l'industrie électronique, mais par des firmes petites ou moyennes. En France, la haute fidélité s'est développée à partir de la fin des années cinquante, dans un cadre artisanal. Des ingénieurs spécialistes du son ont mis au point quasiment tout seuls ces appareils. Ils ont créé des entreprises familiales qui ont connu une

36. De 1973 à 1978, statistique S.I.E.R.E.

croissance assez rapide, mais restent malgré tout de très petites entreprises (le chiffre d'affaires dépasse rarement dix millions de francs) et ont souvent bien du mal à survivre. Ces firmes réalisent de petites séries de très grande qualité. Elles se veulent « les grands couturiers » de la haute-fidélité. Les autres fabricants européens sont plutôt des entreprises moyennes telles que Dual (R.F.A.), Braun [37] (R.F.A.), B.S.R. (G.B.) Ces firmes petites ou moyennes ont réussi d'autant plus facilement qu'elles sont souvent spécialisées dans l'un ou l'autre des éléments de la chaîne. A partir des années 1973-74, on a vu apparaître sur le marché les grandes firmes de l'électronique grand public. Ces groupes attendaient que le marché soit constitué pour lancer une production. Ils ont bien sûr axé leur activité sur les chaînes compactes. Ainsi Philips contrôle aujourd'hui près de 20 % de ce marché en France et Thomson commence à s'y implanter, en commercialisant du matériel importé [38]. Les constructeurs japonais ont également pris une place importante en France. Ces firmes exportent une très large part de leur production, tout comme dans le domaine de la vidéo. Ainsi des sociétés moyennes comme Trio Electronics, Teac ou Pioneer, qui font les trois quarts de leurs activités dans ce secteur, exportent de 40 à 85 % de leurs ventes. Des grandes firmes comme Sony (14 % de ses ventes dans ce secteur), Sanyo... sont également présentes dans ce domaine. L'implantation en France des firmes japonaises s'est souvent réalisée par achat de petites entreprises industrielles françaises ou de distributeurs nationaux. Akaï a créé une filiale commune avec Daniel Paillot [39] (qui est également distributeur de Canon) pour la commercialisation de son matériel Hi-Fi et vidéo. Hitachi a racheté la société Radialva qui avait déjà perdu toute activité industrielle pour distribuer son matériel, etc. Devant la transformation du marché et la croissance des importations, notamment japonaises, la place qui reste aux petits constructeurs français se réduira de plus en plus, à moins qu'ils ne se spécialisent de façon rigoureuse, comme Audax qui est un des premiers fabricants européens de haut-parleurs.

---

37. Toutefois Braun est une filiale à 95 % du groupe américain Gillette.
38. Selon *Les Échos* du 17 mars 1975, Philips, Grundig et Dual assuraient environ 50 % des ventes en France à cette époque.
39. 25 % Akaï, 75 % Daniel Paillot.

5. nouvelles technologies et reproduction des usages existants

De la télévision communautaire à une diffusion élargie de la télévision (le cas de la télédistribution)

On pouvait lire, au début des années soixante-dix, dans un mémorandum adressé au ministère britannique des Postes, à propos du lancement de l'expérience de télévision par câble de Swindon, la déclaration suivante : « Tout en reconnaissant que nous avons quelques-uns des meilleurs services de télévision du monde, nous aimerions les voir complétés par de nombreuses autres chaînes, programmées, contrôlées et financées selon des modes variés et exploitant pleinement les immenses possibilités d'amélioration de la communication et de l'interaction en milieu urbain qu'offre la télévision (...) La nation devrait se préoccuper activement de créer les conditions propres à donner aux habitants l'occasion de prendre part à la production télévisée au niveau régional et local. Ils devraient avoir accès à la télévision en tant que participants... [1] » L'auteur du mémorandum n'était pas un animateur socio-culturel, soudain émerveillé par les possibilités de nouvelles technologies audiovisuelles, mais la sérieuse E.M.I., première firme britannique des media audiovisuels. Face à la télévision centralisée et largement contrôlée par l'État (du moins en Europe), on pouvait imaginer un medium pris en charge par le citoyen au niveau local. Cette télévision locale, rebaptisée communautaire par certains devait être « la place du village où chacun viendrait et parlerait simultanément à tous et à

---

1. Cité in R. Dunn, « Swindon Viewpoint, un service de télévision communautaire », conseil de l'Europe, 1976, ronéo, 38 p.

chacun comme on imagine que l'étaient certains forums antiques » [2]. Ces thèmes du localisme, de l'émergence d'un nouveau consensus social par l'expression du citoyen sont ceux autour desquels s'est construit un modèle d'utilisation de la télédistribution en France et en Angleterre. Un tel modèle, comme tous ceux qui ont été imaginés lors du démarrage d'un système de communication, reflète assez largement l'état des rapports sociaux dans une période historique déterminée. En 1881, on avait imaginé, dans une France centralisée et largement dominée par les notables, de faire du téléphone un nouveau medium de diffusion à sens unique ; de même à l'époque post-68 où il apparaissait nécessaire, au moins pour une fraction du pouvoir politique, de recréer un consensus social, l'expérience de la télévision communautaire devait être tentée.

Aujourd'hui il apparaît nettement que cette conception de la télédistribution a échoué. L'analyse de cet échec a ordinairement été faite en termes politiques : le centralisme a été le plus fort, la fraction conservatrice du pouvoir politique l'a emporté sur la fraction libérale. A l'appui de cette thèse, on cite le fait que le gouvernement n'a accordé l'autorisation de développer une première série d'expériences dans sept villes [3] que du bout des lèvres, que le cadre juridique et institutionnel n'a jamais été défini et qu'en définitive, seule une tentative a pu voir le jour dans un quartier de Grenoble [4]. Si ces faits sont incontestables, ils ne semblent pas suffisants pour expliquer l'échec de la télévision par câble. En Angleterre, dont on vante tant le pragmatisme et la capacité de démarrer des expérimentations sans définir préalablement un cadre institutionnel, cinq télévisions locales ont été lancées ; aujourd'hui quatre sont fermées et dans l'une d'entre elles le réseau de câble a, malgré cette expérience, perdu le tiers de ses abonnés en quatre ans. Une deuxième explication est également avancée à propos du non-développement de la télédistribution en France. Le blocage ne serait pas dû au pouvoir central mais aux notables locaux. D'une part, la presse locale et régionale voyait dans la télédistribution un concurrent éventuel capable, avec la création d'une télévision locale, de lui faire perdre des lecteurs mais surtout une part de son budget publicitaire. (En effet bien qu'une place importante ait été réservée à la presse dans les premiers schémas de gestion de la télédistribution,

---

2. A. Holleaux, *Le Monde,* 4 mai 1973.
3. Grenoble, Chamonix, Nice, Rennes, Metz, Créteil et Cergy-Pontoise.
4. Sur cette expérience on pourra consulter : P. Beaud, G. Milliard et A. Willener, « Télévision locale et animation urbaine », Delta - Vevey, 1976.

les quotidiens régionaux se sont dans l'ensemble montrés très réticents vis-à-vis du câble). D'autre part, les municipalités n'ont pas été beaucoup plus favorables à ce nouveau medium. Cette analyse qui ferait des pouvoirs locaux le principal frein au développement de la télédistribution rejoint celle que développent J. Attali et Y. Stourdzé [5] à propos du téléphone. Ces deux auteurs montrent qu'en effet, à la fin du XIXe siècle, le développement du téléphone dépendait directement des notables locaux et que ceux-ci préféraient favoriser l'essor d'un moyen de diffusion de masse, la presse, plutôt que celui d'un medium bidirectionnel. Une telle attitude se retrouve également dans la réticence des collectivités locales vis-à-vis de la télévision locale.

Quoi qu'il en soit, l'échec de la télédistribution doit également être analysé en termes économiques, et c'est là que se trouve l'explication principale. Dans la mesure où ni l'État ni les collectivités locales n'envisageaient de prendre en charge intégralement le financement de la télévision locale, le problème était de trouver un marché solvable pour cette technologie. Or les quelques expériences menées montrent que la télévision locale n'attire pas une audience importante (rarement plus de 5 à 10 % des abonnés) qu'elle ne peut donc se rentabiliser par elle-même (alors qu'elle nécessite des investissements très lourds) et qu'en tout état de cause elle ne constitue pas une motivation suffisante d'abonnement au câble. En définitive, comme d'autres utilisations qu'un système de communication peut a priori susciter, la télévision locale s'est révélée non rentable. Elle ne constituait pas un usage solvable de la télédistribution mais plutôt la projection sur une technologie des projets politiques d'une époque. E.M.I. ne s'y est pas trompée : en 1976, après quatre ans de financement à fonds perdus de Swindon Viewpoint, elle décidait de se retirer. Pourtant la télévision locale ou communautaire fonctionne en Amérique du Nord [6], mais il s'agit là d'une utilisation accessoire d'un système de communication qui a trouvé par ailleurs sa rentabilité. La télévision communautaire n'est que le supplément d'âme du capitalisme des media américains. La télédistribution s'est trouvée un usage marchand, non pas dans une nouvelle pratique sociale, mais au contraire en élargissant l'audience

---

5. J. Attali et Y. Stourdze, « The slow death of monologue in French Society » in *The Social impact of the telephone,* M.I.T. Press, Cambridge (U.S.A.), 1977.
6. Sur les expériences canadiennes de télévisions communautaires : cf. J.F. Barbier-Bouvet, P. Beaud et P. Flichy, *op. cit.*

d'un autre medium. Une telle possibilité existe principalement dans deux situations spécifiques : quand le réseau de diffusion hertzien de télévision est insuffisamment dense et ne couvre pas systématiquement les régions rurales isolées ou que l'extension de l'urbanisme vertical multiplie les obstacles à la propagation des ondes en centre urbain, la télédistribution apparaît comme un moyen intéressant de diffusion de la télévision — les États-Unis correspondent tout à fait à ce cas de figure — ; l'extension de la télédistribution en Belgique a une toute autre origine. En pays wallon, l'attrait exercé par la culture française est suffisant pour créer une forte demande des trois chaînes françaises et de R.T.L. La télédistribution est la meilleure façon d'y répondre [7]. Le même phénomène s'est produit plus tardivement en pays flamand, par rapport aux chaînes néerlandaises [8]. En Suisse, il existe une demande semblable pour la télévision allemande ou française. Au Canada, les deux phénomènes précédents (insuffisance du réseau hertzien, domination culturelle et linguistique d'un pays voisin) se sont combinés pour en faire un des pays les plus câblés du monde.

Taux d'abonnement à la télé-distribution par rapport à l'ensemble des ménages			Nombre d'abonnés à la télé-distribution en 1978
	1967	1978	
Canada	10 %	51 %	Canada . . . . . . 3,8 millions
U.S.A.	5 %	19 %	U.S.A. . . . . . . 14,1 millions
Belgique.	—	62 %	Belgique. . . . . . 2,1 millions
Suisse	—	25 %	Suisse. . . environ 0,5 million

Source, *Statistique Canada, T.V. Fact Book,* R.T.B.

---

7. En effet, la station centrale du réseau peut posséder un site d'antennes lui permettant de capter des télévisions étrangères, que les antennes individuelles ne permettent pas de recevoir. Elle peut éventuellement importer ces signaux par faisceau hertzien.

8. La situation géographique de la Belgique permet également la réception des stations allemandes et éventuellement anglaises. Mais seules les stations de la même zone linguistique possèdent une audience importante.

Par contre en France et en Angleterre, pays qui sont dotés d'excellents réseaux de diffusion hertzienne et ne sont pas particulièrement sous la dépendance culturelle de pays voisins, l'usage de la télédistribution pour la distribution des programmes de télévision n'a pratiquement pas de marché. Les quelques réseaux existants en France sont situés dans des zones d'ombre ou dans des régions frontalières où la population souhaite recevoir les programmes étrangers : 60 à 70 000 prises sont installées chaque année.

Il existe enfin un troisième cas d'utilisation du câble dans de nouveaux quartiers urbains en construction. Lorsque la densité est suffisante, le réseau de télédistribution, appelé dans ce cas, « antenne communautaire », peut être moins coûteux que l'antenne collective d'immeuble [9].

Les aléas d'une activité en forte croissance

Aux États-Unis comme au Canada, la croissance de cette activité a été très forte (le nombre d'abonnés a été multiplié par 5,1 aux U.S.A. de 1967 à 1978, par 7,3 au Canada pendant la même période) ; par contre la rentabilité diffère très largement dans chacun des deux pays. Au Canada, la rentabilité est très importante puisqu'en 1978 le résultat brut d'exploitation de la branche représentait 40 % de son chiffre d'affaires et le bénéfice net avant impôt 21 % [10]. Ces deux chiffres sont en augmentation constante de 1965 à 1975 et restent à peu près stables depuis cette date. Ainsi la télédistribution est l'industrie au plus fort taux de profit de toute la branche des télécommunications. La rentabilité varie, bien sûr, largement d'une entreprise à l'autre. On peut toutefois dégager une règle d'évolution de la variation des marges de profit, celles-ci évoluant en rapport direct avec la taille des entreprises. Ainsi les informations recueillies par *Statistique Canada* en 1978 montrent que les plus gros câblodistributeurs canadiens (recettes moyennes de 5,5 millions $) ont une marge nette moyenne de 23 % tandis que ce

9. Un décret de septembre 1977 fixe le cadre juridique dans lequel les réseaux de télédistribution (appelés réseaux communautaires de radiodiffusion-télévision) pourront se développer. Ceux-ci pourront uniquement diffuser « le service public national de radiodiffusion-télévision diffusé par voie hertzienne et éventuellement des programmes des organismes d'émissions étrangers, lorsque les signaux correspondants peuvent être normalement reçus par la voie hertzienne ». Télédiffusion de France sera responsable des réseaux.

10. Source : *Statistique Canada.*

ratio est de 8 % pour les entreprises les plus petites (recettes moyennes 160 000 $). Aux États-Unis, la situation est bien différente puisque pendant plusieurs années de nombreuses compagnies de câble se sont retrouvées en déficit. Faute de pouvoir disposer de statistiques pour l'ensemble de la branche, nous appuierons notre analyse sur trois firmes [11] : Teleprompter et Warner Cable qui sont respectivement la première et la troisième entreprise du secteur et enfin Manhattan Cable, filiale du groupe Time. Teleprompter a été fortement bénéficiaire jusqu'en 1972 : sa marge nette avant impôt était alors de 28 %. L'année suivante, l'autofinancement a fortement diminué (la marge brute passant de 44 % à 25 %) ; l'exercice fut largement déficitaire ainsi que les deux suivants, et ce n'est qu'en 1976 que la société a fait apparaître à nouveau un bénéfice qui depuis est en augmentation régulière. En 1978, la marge nette avant impôt était de 12 %. La situation de Warner Cable est encore moins brillante puisque la société a été déficitaire de 1969 à 1974, avec une forte aggravation de la situation en 1973 [12]. Quant à Manhattan Cable, l'année 1975 fut la première année bénéficiaire de la décennie soixante-dix. L'année 1973 semble avoir été une année de crise pour l'ensemble de la câblodistribution américaine. Les entreprises s'étaient alors lancées dans des programmes d'investissements très importants ; une expansion moins rapide que prévue et surtout l'augmentation du loyer de l'argent les mirent dans une situation financière difficile. Il s'ensuivit un changement de politique qui se manifesta notamment par un renouvellement complet des équipes dirigeantes chez Teleprompter et Warner. Les nouvelles directions abandonnèrent une fraction importante des projets d'investissement, liquidèrent un certain nombre de petits réseaux qui offraient peu de possibilités d'expansion et essayèrent d'augmenter leur taux de pénétration dans les grands réseaux existants ; ainsi, Time a vendu, à cette époque, tous ses réseaux à l'exception de celui de New-York dont il a acquis l'ensemble des parts.

La faible rentabilité de la câblodistribution américaine comparée à celle du Canada demande une explication. Pour comprendre cette différence de marge de profit entre deux industries nationales qui sont par ailleurs assez identiques, il faut revenir aux raisons de développement de la télédistribution que nous donnions plus haut. Les téléspectateurs canadiens ne s'abonnent pas au câble

---

11. Source : rapports d'activités des sociétés.
12. En 1978 la marge nette avant impôt de Warner Cable a été de 7,8 %

uniquement (comme leurs homologues américains) pour recevoir mieux un plus grand nombre de chaînes nationales mais également pour recevoir des chaînes étrangères particulièrement valorisées, comme le prouve cette enquête d'un câblodistributeur montréalais montrant qu'il perdrait 70 % de ses clients s'il ne retransmettait plus les deux stations américaines qu'il diffuse. L'existence de cette forte demande pour la télédistribution se traduit par une pénétration plus forte de ce nouveau service. Au Canada en 1974, 63 % des personnes pouvant recevoir le câble étaient abonnées [13], ce ratio n'était que de 46 % dans les réseaux américains de Teleprompter [14]. Cette différence de 17 % du taux de pénétration explique en bonne partie la différence des marges de profit. En effet, le coût marginal d'un nouvel abonné est réduit et de toute façon très nettement inférieur au montant de l'abonnement, ce qui assure un profit marginal élevé. La télédistribution demande des investissements initiaux très importants, mais au fur et à mesure que son audience se développe, elle devient une activité sans risque. Parmi les domaines de l'audiovisuel que nous avons déjà abordés, on peut dégager une chaîne de risques décroissants : le producteur de cinéma (ou de disque) prend des risques considérables, chaque produit est un pari d'autant plus dangereux que le marché est étroit, la télévision commerciale ne prend pas de risque sur chaque produit mais sur l'ensemble de sa programmation ; le réseau de câble, dès qu'il a un nombre d'abonnés suffisant ne prend plus de risque, puisqu'il distribue la totalité des chaînes de télévision disponibles dans une région. C'est cet espoir d'obtenir une rentabilité régulière qui a fait courir les investisseurs américains, mais également la conviction que dès qu'ils auraient trouvé l'équilibre, ils pourraient utiliser leurs réseaux pour de nombreux autres usages, moyennant un coût marginal faible.

La télévision à péage : un nouvel usage de la télédistribution

Les réseaux de télédistribution, comme la plupart des réseaux de télécommunications, peuvent servir à de multiples usages ; ils constituent un moyen de transporter de l'information pouvant venir de sources différentes. Les câbles utilisés pour la télédistribution

---

13. Source : *Statistique Canada*. Le taux de pénétration du câble augmente régulièrement au Canada : il était en 1970 de 49 % et en 1978 de 68 %.
14. Le taux de pénétration de Teleprompter n'a pratiquement pas changé de 1973 à 1975. Selon une source non vérifiée, le taux de pénétration du câble aux États-Unis en 1975 aurait été de 54 %, taux supérieur à Teleprompter mais inférieur à celui du Canada.

sont loin d'être saturés. Moyennant certains aménagements au niveau du terminal, ils peuvent véhiculer d'autres types d'informations que les images de télévision reçues (en tête de réseau) par voie hertzienne.

Le premier service complémentaire qui a été assuré par les réseaux de câble au début des années soixante-dix, tant au Canada qu'aux États-Unis fut la transmission de programmes locaux de télévision produits spécifiquement pour le câble. Nous avons vu que la réception de ces programmes n'a jamais été une motivation d'abonnement à la télédistribution. Ce service a donc toujours été fourni gratuitement et n'a été maintenu que parce que les législations canadienne et américaine prévoient l'existence d'un tel canal [15]. La deuxième expérience de services complémentaires est assez différente. Elle consiste à utiliser le câble pour relever les compteurs d'eau, d'électricité... ou pour organiser des systèmes d'alarme. Ces services nécessitent des réseaux d'une technologie plus sophistiquée puisqu'ils comportent une voie de retour (canal permettant de transmettre de l'information, de l'abonné jusqu'à la station centrale). Ces systèmes constituaient, pour les futurologues de la communication, les premiers pas vers cette cité câblée qui permettrait d'éviter les déplacements urbains ; la ménagère pourrait ainsi « magasiner à domicile », l'universitaire enseigner sans sortir de chez lui... et la police surveiller le délinquant potentiel sans quitter ses bureaux ! La « câblo-alarme » et le relevé automatique des compteurs ont été expérimentés en Amérique du Nord, mais ne semblent pas avoir trouvé un marché important, probablement en raison du coût élevé de ces services. Néanmoins, une expérience un peu différente de cité câblée, est actuellement en cours à Colombus dans l'Ohio. Ce réseau Qube, lancé par la Warner en 1977, propose en plus des canaux de télévision, une dizaine de canaux locaux : « Colombus Alive » est un canal d'information qui permet un dialogue avec le public, de type référendum ; en effet chaque abonné possède des touches qui lui donnent cinq possibilités pour répondre aux questions posées par le présentateur. D'autres canaux sont réservés à la formation permanente, ou à l'achat par correspondance (par l'intermédiaire de l'ordinateur central). A côté de ces canaux locaux dont l'accès est compris dans le prix de

---

15. Notons toutefois que certains câblodistributeurs, comme National Cablevision à Montréal, utilisent ce canal pour tester des émissions d'origine locale qui pourraient constituer une partie de la programmation d'un canal de télévision à péage.

l'abonnement, on trouve dix canaux spécifiques payants (programmes pour enfants, variétés, retransmission de matches sportifs locaux, etc.). Grâce à la voie de retour, la facturation est faite en fonction de la consommation. Cette expérience qui est actuellement très fortement déficitaire [16] constitue un banc d'essai pour la Warner. Un tel système permet de savoir, grâce à l'ordinateur central, à tout moment l'audience exacte de chaque programme. On imagine l'intérêt d'un tel décompte pour les publicitaires, sans parler des possibilités formidables de contrôle social d'une telle technologie. Par ailleurs, la Warner commence à commercialiser certains des programmes constitués pour Qube vers l'extérieur. Ainsi le programme pour enfants Nickelodéon (13 heures d'émissions par jour) relayé par satellite est vendu à d'autres réseaux de câble.

Alors que Qube n'est encore que le laboratoire de la cité câblée dont rêvent certains prophètes de la communication, la télédistribution s'est trouvée à partir de 1973 un autre usage lucratif : « la télévision à péage » [17]. Celle-ci constitue actuellement le seul service complémentaire de la télédistribution qui se soit réellement constitué un marché. Son principe est très simple : il consiste à fournir sur un ou plusieurs canaux spécifiques d'autres programmes que ceux diffusés par les chaînes de télévision. A l'origine, différents systèmes de taxation à la consommation avaient été envisagés mais ils n'ont été retenus que dans une minorité de réseaux. Le financement publicitaire étant exclu, puisqu'il s'agit d'un des principaux éléments de différenciation de ces programmes par rapport à ceux de la télévision américaine, les sociétés adoptèrent le principe des télévisions publiques européennes, financées par une redevance fixe qui en l'occurrence est payée mensuellement [18]. Les

---

16. Fin 1978, Qube avait 30 000 abonnés, soit un peu moins du tiers du réseau desservi par la Warner. Le coût annuel de l'expérience était de 11 millions de dollars, les recettes de 5,9. Le prix de vente des programmes à l'abonné est assez élevé : 2,50 dollars pour un match sportif local, 3,50 dollars pour un show exceptionnel comme « une soirée de spectacle à Paris » coproduit par la S.F.P. ou un film en première exclusivité (Source Home Video Report).

17. Le terme américain « pay T.V. » est souvent traduit en français par « télévision payante » ; il nous semble que l'expression québécoise « télévision à péage » exprime mieux le fait que l'accès à ce canal est réservé aux abonnés au câble qui ont acquitté un droit spécifique.

18. Son montant moyen de dix dollars en 1978 était légèrement supérieur à celui de l'abonnement au câble (7,15 dollars en moyenne).

programmes qui sont environ de soixante-dix heures par semaine étaient composés dans les années 1974-75 de films, de retransmissions de spectacles (théâtre, opéras, ...) et de matches sportifs locaux ou régionaux. Les films ayant obtenu une audience nettement supérieure à celle des autres émissions, ceux-ci constituent aujourd'hui l'essentiel du menu. Le développement de la télévision à péage a été très rapide puisque aux États-Unis il n'y avait que 45 000 abonnés fin 1973, et 2,6 millions fin 1978 [19]. Pour la société la plus importante, le taux de pénétration était de 26 % au début de 1976, c'est-à-dire qu'un peu plus du quart des abonnés au câble qui pouvait recevoir la télévision payante se branchait sur ce nouveau service. Les premières expériences de télévision à péage furent organisées par les câblodistributeurs eux-mêmes, notamment ceux qui comme Warner Cable appartenaient à des firmes cinématographiques. Mais très vite la programmation et la fourniture des programmes à chaque câblodistributeur fut assurée par des sociétés spécialisées qui organisèrent de véritables réseaux de télévision à péage. Ces sociétés ont ordinairement été créées par des groupes qui avaient déjà une expérience de la télévision par câble. Ainsi, Home Box Office (H.B.O.) lancée par le secteur audiovisuel du groupe Time, en 1973, quand le grand éditeur américain a réorganisé son activité télédistribution, est devenue le premier réseau de télévision à péage avec environ les deux tiers du marché. A l'origine, les programmes étaient fournis aux réseaux de câble par l'intermédiaire de faisceaux hertziens terrestres. Actuellement on utilise de plus en plus le satellite. H.B.O. a passé un accord avec R.C.A. dans ce sens. Les réseaux de télévision à péage demandent donc des investissements importants à la portée uniquement de grands groupes. Mais, parmi ceux-ci la concurrence est sévère : le 1er janvier 1979, Teleprompter, premier câblodistributeur américain, dénonçait son contrat avec H.B.O. et créait avec un autre câblodistributeur un deuxième grand réseau de télévision à péage « Showtime-Entertainment ». L'avènement de la télévision à péage et la forte concentration de cette activité créent une nouvelle concurrence au sein de l'industrie américaine des media. H.B.O. apparaît de plus en plus comme le quatrième réseau de télévision [20] (le choix du mode de distribution des programmes par voie hertzienne ne fait d'ailleurs que renforcer cette impression).

---

19. Source : Video Publisher.
20. Notons que déjà en avril 1975, Video Publisher posait cette question dans un article intitulé « A.B.C., C.B.S., N.B.C. and H.B.O. ? ».

Actuellement, la bataille commerciale que se livrent réseaux de télévision et « Pay-TV » prend une forme juridique, chacune des deux professions essayant de faire pression sur la F.C.C. pour qu'elle mette au point des règles qui lui soient favorables [21].

L'attitude de la profession cinématographique est très différente. La télévision à péage représente, en effet, un nouveau débouché intéressant pour Hollywood [22]. Columbia notait d'ailleurs dans son rapport d'activités de juin 1976 que c'était le medium au développement le plus rapide de toute l'industrie du loisir. Pour mieux répondre aux caractéristiques d'un medium, qui restent encore à préciser, certains producteurs commencent à réaliser des programmes spécifiques. En attendant, H.B.O. et ses confrères représentent un marché important pour les longs métrages que Jack Valenti, président de la Motion Picture Association of America, classait comme l'objectif numéro deux de la profession après l'exploitation en salles mais avant la diffusion à la télévision. Les grands d'Hollywood ont d'ailleurs créé des structures de distribution appropriées à ce nouveau medium [23].

La télévision à péage bouleverse ainsi l'industrie américaine des programmes, sans mettre pour autant en cause ses structures. La production / distribution des messages reste toujours entre les mains d'Hollywood qui est bien décidé à ne pas commettre la même erreur que dans les années cinquante avec la création de la télévision et ouvre largement ses portes au nouveau medium. Quant à la diffusion, elle comprend toujours des réseaux (C.B.S., N.B.C. et A.B.C. pour la télévision, H.B.O. ... pour la pay-T.V.) largement dominants et des stations locales de télévision ou des réseaux de télédistribution qui ne jouent qu'un rôle très faible au niveau de la programmation. La distribution des produits audiovisuels ne fait d'ailleurs que reprendre le modèle largement dominant de la commercialisation des biens de grande consommation : chaînes alimentant de multiples points de vente.

---

21. Nous ne pouvons rentrer ici dans les détails de cette bataille juridique. Sur l'analyse du rôle d'arbitre entre les différents media joué par l'appareil d'État, on pourra se reporter à notre livre déjà cité sur le Canada.
22. Par contre les exploitants de salles sont farouchement opposés à ce « nouveau medium ». Ils ont rejoint dans le lobby « anti-pay-T.V. » leurs adversaires de toujours : les réseaux de télévision.
23. La pay-T.V. fonctionne également dans quelques points des U.S.A. avec des émetteurs hertziens envoyant des programmes cryptés qui sont décodés au niveau de la réception.

Câble et satellite

Les réseaux de télévision à péage ne sont pas les seuls à utiliser le satellite pour retransmettre leurs images aux réseaux de câble. Des stations indépendantes de télévision ont commencé à la fin de 1978 à faire relayer leurs signaux par satellite de façon à atteindre un plus grand nombre de réseaux de câble sur le territoire américain. Ces « super-stations » concurrencent directement les networks puisqu'elles peuvent proposer une publicité nationale. Ceci constitue un exemple de cette effervescence qui agite actuellement les systèmes de communication américains. Le satellite est également utilisé, pour la distribution de ses programmes, par le réseau de télévision publique (P.B.S.) [24] depuis le début de l'année 1978.

La nouvelle politique de la F.C.C. baptisée « dérégulation » consiste, grâce aux nouvelles technologies comme le satellite, à développer une concurrence au sein des systèmes de communication pour en diminuer le coût. L'objectif est ainsi de mettre fin à certaines rentes de situation accordées à des entreprises en situation de monopole comme A.T.T. pour le téléphone [25]. En ce qui concerne la télévision, il semble que le résultat de ces transformations sera d'accentuer la concurrence plutôt que de proposer des programmes nouveaux.

Les usages des satellites de télévision directe, tels qu'ils sont actuellement envisagés en Europe, partent du même principe que celui retenu par la télédistribution américaine ou par les super-stations : les nouvelles technologies de diffusion permettent d'augmenter l'audience des stations de télévision *existantes*. Le projet qui vient d'être retenu en France dans le cadre d'une collaboration avec l'Allemagne revient à utiliser le satellite pour diffuser les deux chaînes nationales (T.F. 1 et Antenne 2) et un autre canal qui pourrait par exemple être confié à Télé-Luxembourg. Pour les deux chaînes publiques, il s'agirait de couvrir les zones d'ombres qui restent aujourd'hui (quelques pour cent de l'audience) ; quant à la chaîne commerciale franco-luxembourgeoise, si ce projet était retenu, cela lui permettrait d'accéder à une partie du marché français. Cette stratégie a été imaginée en adoptant le point de vue du hardware. Ce projet permet, sans attendre la mise sur pied de

---

24. Le Public Broadcasting System est le quatrième réseau de télévision américain. Ce système non commercial est financé par des fondations et des subventions des États et du gouvernement fédéral.
25. Voir Y. Stourdzé, « Les États-Unis et la guerre des communications » in *Le Monde,* 13-14 et 15 décembre 1978.

nouvelles chaînes de télévision, de trouver un marché pour les lanceurs, les satellites et surtout les paraboles de réception. Ainsi les industriels de l'électronique audiovisuelle trouveraient un nouveau marché qui pourrait leur permettre de faire face à la saturation de celui de la télévision.

Un nouveau mode d'appropriation des images existantes

L'enregistrement magnétique des images a d'abord été utilisé à la télévision dans le cadre de machines extrêmement volumineuses utilisant des bandes magnétiques de deux pouces. Puis la tendance à la miniaturisation qui caractérise l'industrie électronique a permis de mettre sur le marché des magnétoscopes légers.

Des self-media au marché institutionnel

Quand Sony commercialisa en 1965 son premier magnétoscope demi-pouce, l'utilisation à laquelle il le destinait était encore fort imprécise. L'appellation « usage domestique » qu'on trouve dans les brochures de cette firme semble désigner un usage amateur un peu analogue au cinéma 16 mm d'avant la guerre. En sortant un matériel qui n'était pas totalement fiable, Sony voulait prendre ses concurrents de vitesse et se mettre en quête d'un marché dont les caractéristiques pourraient éventuellement modifier le cahier des charges de l'appareil. En effet, le constructeur nippon préparait alors dans ses laboratoires un matériel encore plus miniaturisé : le magnétoscope portable qu'il sortit en 1966-67. Avec cet appareil, ceux qu'on peut appeler les vidéologues s'imaginèrent que chacun allait pouvoir produire ses images, qu'on allait enfin pouvoir rapprocher l'émetteur du récepteur. En un mot que les « self media » allaient pouvoir remplacer les mass media. Autant de thèmes qui rejoignaient ceux qui avaient été développés sur la télévision communautaire (la vidéo légère était d'ailleurs le complément indispensable pour la réalisation de ces chaînes locales). Malheureusement pour Sony et les autres constructeurs japonais qui lui avaient emboîté le pas (Matsushita, Sanyo, Hitachi), le marché grand public se révéla impossible à conquérir. C'était l'époque du démarrage de la télévision couleur au Japon et aux États-Unis, et le consommateur ne pouvait arbitrer qu'en faveur de cet appareil puisque le magnétoscope n'apparaissait que comme un accessoire du téléviseur noir et blanc qui allait devenir rapidement obsolète. Les sociétés japonaises trouvèrent par contre des débouchés dans le domaine de la formation permanente, de l'information dans les entreprises, de l'action culturelle ou de l'éducation. Ce marché qu'on qualifie souvent d'institutionnel devint pendant dix ans l'unique domaine où la vidéo légère put s'implanter. Les industriels le considérèrent comme un marché-test destiné à préparer la commercialisation dans le grand public, aussi la concurrence fut-elle vive. Alors que les autres constructeurs étudiaient des matériels couleur, Sony décida de conditionner son produit différemment et sortit en 1969 un magnétoscope couleur à *cassette*. Ce nouveau standard (U Matic trois quarts de pouce) s'imposa vite par sa maniabilité comme le standard du marché institutionnel.

De leur côté, les grands fabricants de matériel de radio-télévision s'intéressaient à un marché voisin, celui de la télévision en circuit fermé. Ils trouvaient là une possibilité de reconvertir une partie de leur expérience acquise dans le matériel « broadcast ». C'est ainsi que Philips et Thomson mirent au point des caméras et des régies adaptées à cet usage. Ces firmes trouvèrent leur principal marché non pas dans la communication institutionnelle mais dans le contrôle et la surveillance (installations industrielles, hôpitaux, systèmes de transport, parkings, grandes surfaces...). En 1972, Philips a sorti sur le marché européen un nouveau standard de magnétoscopes, le V.C.R., qu'il destinait à la fois au marché institutionnel et au marché grand public. Bien qu'il n'ait pas réussi réellement à s'implanter dans ce deuxième secteur, le V.C.R., tout comme l'U Matic, a commencé à se trouver une clientèle restreinte d'amateurs éclairés. Le marché commençait à se constituer. Toutefois, le véritable démarrage date de 1977 [26] quand, à la suite d'une bataille complexe de standards [27], toutes les grandes firmes électroniques, à l'exception de Philips et de Grundig, se sont ralliées à l'un ou l'autre des deux nouveaux formats de cassette demi-pouce, le Betamax de Sony et le V.H.S. de Matsushita. Ces grandes manœuvres autour de la vidéo demi-pouce ont été accompagnées d'une importante bataille des prix. Aux États-Unis les magnétoscopes se sont vendus les premiers mois autour de 1300 dollars, un an après on pouvait en trouver à un prix discount de 650 dollars.

---

26. Le Japon a produit 760 000 magnétoscopes en 1977.
27. Voir chapitre 9.

Consommation des magnétoscopes grand public
un demi-pouce

Source, *Electronics*

		Unités	
U.S.A.	Japon	Europe occidentale	dont France
1977	170.000	270.000	80.000	–
1978	400.000	450.000	200.000	34.000

La copie d'émissions de télévision

Contrairement à ce qui avait été envisagé à la fin des années soixante, le magnétoscope n'est pas utilisé pour la production mais pour la réception. Les programmes sont dans la plupart des cas recopiés à partir de la télévision. Deux enquêtes réalisées, l'une aux États-Unis [28], l'autre en France [29] donnent des résultats à peu près équivalents : 80 à 90 % des possesseurs de magnétoscope l'utilisent pour regarder des programmes qu'ils ont enregistrés à partir de la télévision. Aux États-Unis, le stock moyen d'un consommateur est d'environ huit bandes ; une fois que l'ensemble des bandes est enregistré, elles sont effacées et réutilisées. Il semble donc qu'il n'y a pas constitution d'une médiathèque mais plutôt création d'un stock provisoire qui permet une utilisation plus souple de la télévision. Ceci est confirmé par les résultats de l'enquête américaine qui montre qu'en moyenne 56 % des utilisateurs enregistrent une émission soit quand ils sont absents soit pendant qu'ils regardent une autre chaîne. Les téléspectateurs qui enregistrent le programme qu'ils regardent (pour le revisionner ou le conserver définitivement) ne constituent que 24 % [30] de l'ensemble. Le magnétoscope apparaît donc comme un moyen de mieux faire face à la variété des choix offerts par la télévision. D'ailleurs les possesseurs de magnétoscopes se recrutent souvent parmi les téléspectateurs ayant un très vaste

---

28. *Merchandising,* octobre 1978.
29. Enquête réalisée par un important distributeur français, fin 1978, début 1979.
30. Les 20 % restant utilisent le magnétoscope pour visionner des vidéocassettes pré-enregistrées ou des films super 8 amateurs transférés en vidéo.

choix (abonnés au câble ou à la télévision à péage) [31]. Les programmes enregistrés sont, de façon largement prépondérante, des films. D'après l'enquête française, les deux émissions les plus enregistrées sont les films (dans 93 % des cas) et les sports (36 %).

Les producteurs de cinéma américains se sont bien sûr inquiétés de ce qu'ils considéraient comme les « méfaits » du magnétoscope. Deux d'entre eux, Walt Disney et Universal n'ont pas hésité à intenter un procès à Sony pour essayer de faire interdire la vente des Betamax. La crainte des producteurs de film n'est pas imaginaire. L'évolution technologique de ces prochaines années et notamment le lancement des satellites de télévision directe qui devraient en définitive augmenter le nombre de chaînes de télévision disponibles pour chaque téléspectateur ne fera que renforcer à l'avenir la surabondance du software disponible à chaque instant pour l'enregistrement. On arriverait ainsi à une situation assez voisine de celle de l'informatique où en effet, grâce aux banques de données et aux réseaux de transmission, l'utilisateur de la « télématique » pourra disposer de façon quasi instantanée de l'information dont il a besoin. Ces perspectives qui feraient donc de l'espace hertzien une sorte de banque de données disponibles pour tout possesseur de magnétoscope sont évidemment défavorables aux producteurs de software. Nous verrons plus loin que ceux-ci sont beaucoup plus intéressés par le développement d'une édition vidéo dont ils pourraient contrôler rigoureusement la commercialisation.

L'évolution de l'usage du magnétoscope est assez voisine de la transformation qu'on a rencontrée à la fin des années soixante dans l'utilisation du magnétophone. Alors que la machine à bande n'a atteint qu'un marché limité, son usage était plutôt celui de l'enregistrement personnel du son et de l'apprentissage des langues. La sortie de l'appareil à cassette (ou à cartouche aux États-Unis) a permis une extension très rapide de ce marché et a été liée à une modification des usages : le magnétophone sert à s'approprier différemment la musique diffusée par la radio ou éditée sous forme de disques. On peut tirer deux enseignements de l'histoire du développement du magnétophone et du magnétoscope :

— une modification mineure d'un système technologique comme la cassette peut permettre d'accéder à un large marché. Nous avons déjà noté que le marché de la photographie de masse n'a pu

---

31. D'après une étude réalisée par l'entreprise de sondage Arbitron, 33 % des possesseurs de magnétoscope sont abonnés au câble (alors que la moyenne nationale est de 18 %).

être atteint qu'avec les premiers appareils Kodak qui étaient à la fois robustes et d'une grande simplicité d'usage. Il en est de même avec la cassette, super 8, sonore [32] ou vidéo, qui, en simplifiant les manipulations nécessaires à l'usage de l'appareil, a étendu son marché.

— Le passage d'un marché restreint au marché grand public ne peut pas se réaliser sur la base des mêmes usages. Dans la mesure où les contraintes de la phase actuelle du mode de production capitaliste imposent aux industriels de forger un marché de masse, ceux-ci essaient, pour atteindre cet objectif, de s'appuyer sur les pratiques sociales les plus largement répandues (en l'occurrence la réception individuelle ou familiale d'images et/ou de sons).

Nous avons vu à propos du phonographe et de la radio qu'au début de l'ère de l'audiovisuel, les usages bidirectionnels avaient été abandonnés en faveur de la diffusion unidirectionnelle afin d'atteindre plus rapidement un marché de masse. Il faut bien constater que l'apparition de technologies interactives comme le magnétophone ou le magnétoscope grand public n'a pas modifié la pratique de l'audiovisuel, les mêmes causes ayant les mêmes effets. Néanmoins il existe une différence fondamentale entre les débuts du phonographe et ceux du magnétoscope. Alors qu'autrefois, Edison ou Pathé ont été obligés de produire le software nécessaire à l'utilisation de leurs machines, aujourd'hui les industriels de l'électronique peuvent s'appuyer sur le software existant (disque, radio, télévision) pour commercialiser leurs nouvelles technologies. Ce choix d'usage a eu des conséquences économiques essentielles. D'une part, il met les industries du software sous la dépendance technologique des industries du hardware ; d'autre part, il explique que durant ces quinze dernières années, la progression du chiffre d'affaires des matériels audiovisuels ait été beaucoup plus rapide que celle de l'ensemble des programmes [33].

Il ne faut pas déduire des analyses précédentes que l'utilisation du magnétoscope se limitera à l'enregistrement d'émissions de télévision. En effet, les potentialités d'utilisation du magnétoscope sont multiples et il est probable que d'autres usages se développeront

---

32. En France, le parc des magnétophones à cassette a atteint celui des appareils à bande en 1969 (1,3 millions). Alors qu'il avait fallu vingt ans à ceux-ci pour atteindre ce chiffre, les appareils à cassette avaient atteint cette performance en cinq ans.
33. Sur ce problème voir pour les statistiques françaises A. Huet et al., *op. cit.*, pp.13 et 14.

par la suite. La télédistribution a trouvé un marché grâce à la télévision, elle s'est par la suite diversifiée avec la télévision à péage ; de même le magnétoscope vit aujourd'hui de la télévision, mais commence à se préparer à une nouvelle utilisation de type cinéma familial.

Les tentatives de substitution d'usage (vidéo familiale contre super 8)

Au printemps 1979, on pouvait voir sur les murs de Paris une affiche de Thomson présentant un fauteuil de réalisateur de cinéma, avec à côté une petite caméra vidéo. Le dossier du fauteuil portait l'inscription : « papa ». La vidéo familiale devient donc un marché pour les industriels de l'électronique. Aux États-Unis, jusqu'à l'automne 1978, un quart des acheteurs de magnétoscopes a acquis une caméra noir et blanc. Avec la sortie des caméras couleur dont le prix représente un peu plus du double, les ventes se sont un peu ralenties. Ainsi la vidéocassette apparaît comme un substitut possible du super 8. Elle offre en effet l'avantage d'avoir un son absolument synchrone, de permettre de revisionner immédiatement et surtout de pouvoir être regardée sur un appareil (le téléviseur) dont l'utilisation est quotidienne, alors que le projecteur super 8 et l'écran demandent une manipulation spécifique. La vidéo légère paraît aujourd'hui beaucoup mieux placée pour concurrencer le super 8 qu'il y a dix ans. La miniaturisation des caméras couleur permet de réduire le coût et l'encombrement de ce matériel. Toutefois la vidéo ne sera susceptible de l'emporter véritablement que le jour où les firmes électroniques pourront sortir sur le marché ce qu'elles préparent actuellement dans leurs laboratoires, une caméra intégrant un petit magnétoscope d'enregistrement. Mais l'industrie du cinéma amateur prépare de son côté une contre-attaque avec la caméra à développement instantané... L'issue de cette bataille entre supports paraît donc encore incertaine et les prix de revient des deux appareils joueront bien sûr un rôle déterminant.

On assiste, depuis la fin de 1978, aux États-Unis à un démarrage du transfert du super 8 sur vidéocassette. Fotomat, une importante chaîne de magasins de photographie commence à proposer ce service. Si cette pratique se développe, cela serait un indice du fait que le téléviseur devient le principal support de visionnement familial d'images. La technique vidéo aurait marqué un point.

Quoi qu'il en soit, il faut remarquer que quand les nouvelles technologies audiovisuelles développent d'autres usages que ceux qui consistent à réutiliser le software existant, elles se trouvent immédiatement en concurrence avec d'autres secteurs industriels. La télévision à péage peut partiellement se substituer à l'exploitation cinématographique, la vidéo familiale concurrence le super 8. Contrairement aux premiers systèmes audiovisuels qui avaient forgé des usages sociaux nouveaux, la télédistribution et la vidéocassette proposent un élargissement de la consommation de la radio et de la télévision ou une substitution d'autres technologies. Au contraire, l'édition vidéo et l'informatique domestique que nous allons aborder maintenant proposent de nouveaux usages.

6. nouvelles technologies/nouveaux usages

Les difficultés de financement
d'une nouvelle pratique : l'édition vidéo

La vidéocassette enregistrée : une impasse

« L'apparition de la vidéocassette, *écrivait J.C. Batz,* au début des années soixante-dix, constitue un événement d'une portée considérable. Dans l'histoire des moyens d'expression audiovisuels, cet événement est aussi important que le fut, il y a vingt ans, l'apparition de la télévision elle-même. En prenant davantage d'altitude, dans l'histoire culturelle de l'humanité, l'importance de la vidéocassette pourrait bien s'avérer analogue aux gens des générations futures, à celle que, durant plusieurs siècles, nous avons reconnue au livre imprimé [1].» Ce texte prête aujourd'hui à sourire d'autant plus que son auteur précise : « Les déclarations qui précèdent ne peuvent sembler solennelles qu'à des gens non avertis ou peu avisés.» Mais le problème n'est pas de se gausser des faux prophètes de la communication qui auraient raccroché indûment une nouvelle planète à la galaxie Marconi, ni même de s'étonner qu'un tel discours puisse exister, car la naissance de tous les nouveaux systèmes de communication depuis le téléphone a toujours donné lieu à une telle littérature. Ce qui caractérise l'aventure de la cassette enregistrée, c'est que des projets industriels de très grande ampleur ont vu le jour sur ce marché et qu'il y a eu beaucoup d'échecs.

Les premiers systèmes de cassettes enregistrées mis sur le

---

1. J.C. Batz, « La vidéo-cassette », conseil de l'Europe, Strasbourg 1972, ronéo, 31 pages.

marché ont été conçus pour l'édition audiovisuelle ; les sociétés qui les ont mis au point ont essayé d'aborder de front le problème des programmes et du matériel. En 1971, C.B.S. lançait le système E.V.R. (Electronic Video Recording) qui était dérivé du télécinéma à mouvement continu et utilisait un film de standard spécifique. Pour lancer cette vidéocassette, C.B.S. avait passé un accord avec Fox pour l'utilisation de son stock de films. Un an après, C.B.S. arrêtait la production ; l'opération se soldait par une perte de 10 millions de dollars. De son côté, A.V.C.O., firme aéronautique en cours de diversification, lançait à la même époque un système de cassette magnétique cartrivision avec des films d'United Artists ou de la filiale cinématographique du groupe (Embassy Pictures). L'échec fut encore plus retentissant et les pertes se sont élevées à 48 millions de dollars. Le double échec de Cartrivision et de l'E.V.R. ne peut s'expliquer uniquement par les insuffisances technologiques de ces systèmes. « En réalité, ce qui est en cause, écrit B. Miège [2], c'est moins l'incompétence de C.B.S. en la matière ou l'inexpérience de ses laboratoires de recherche que la capacité à produire industriellement, en série, des appareils et à les imposer sur le marché grâce à des réseaux commerciaux adaptés.» En effet C.B.S. et A.V.C.O. ne sont ni l'un ni l'autre des constructeurs de matériel électronique audiovisuel grand public, et l'on sait que dans ce secteur la réussite dépend largement des possibilités de commercialisation. Néanmoins les deux firmes avaient pu s'adjoindre les services d'entreprises spécialisées dans le matériel grand public comme Motorola et Admiral, ce qui fait que l'explication précédente est encore insuffisante. Sinon on ne voit pas pourquoi R.C.A. aurait déclaré forfait en abandonnant son premier système Selectavision [3]. Cette firme disposait en effet du maximum d'atouts industriels : grande expérience en matière de matériel et de programmes, contrôle d'un important réseau de distribution pour l'audiovisuel grand public. L'erreur d'A.V.C.O. et de C.B.S. a été, dans le cadre de ce grand enthousiasme des industriels pour l'audiovisuel, de croire qu'il y avait un marché préexistant pour une technologie qui impliquait de nouvelles pratiques sociales. En 1970, A.V.C.O. a fait faire un sondage par Gallup qui a montré que 8 % des interviewés étaient « très intéressés » par l'achat d'un téléviseur/lecteur de cassettes pour six cents dollars. Sur l'ensemble des États-Unis ces 8 %

---

2. *Capitalisme et industries culturelles, op. cit.*
3. Ce système est une sorte de télécinéma à film holographique, utilisant pour la lecture un vidicon et un rayon laser.

représentaient un marché potentiel de cinq millions de ménages [4]. A.V.C.O. a-t-il vraiment cru à cette prévision, alors que l'on sait que les résultats d'une étude de marketing portant sur un produit à créer sont toujours très sujets à caution ? Qu'importe, ce sondage a probablement servi à légitimer une politique industrielle qu'il était devenu difficile d'interrompre. Car en définitive, les promoteurs de ces nouveaux systèmes se trouvaient devant la contradiction suivante : soit ils se forgeaient lentement un marché, mais les conditions de fabrication (petite série) étaient telles que matériel et programmes devraient être vendus à des prix prohibitifs, soit au contraire ils sortaient de grandes séries à des prix unitaires plus bas en prenant des risques financiers considérables. Les impératifs d'une édition audiovisuelle destinée au grand public ont imposé à A.V.C.O. et C.B.S. cette deuxième voie ; devant l'ampleur des investissements financiers requis, ils n'ont pu tenir suffisamment longtemps pour imposer leur système. Depuis l'échec de l'E.V.R. et de Cartrivision, les fabricants de cassettes enregistrées ont adopté une autre stratégie. Ils ont décidé de se constituer progressivement un marché en utilisant des matériels déjà existants. Nous trouvons ainsi un choix assez analogue à celui qui se posait pour la télédistribution : constituer un réseau (comme on envisageait de le faire en France) dont l'usage principal serait la diffusion de nouveaux programmes conduit à l'échec ; au contraire, utiliser (comme aux États-Unis) un réseau existant pour la diffusion d'autres programmes (télévision à péage) permet de s'assurer rapidement une bonne rentabilité.

Le lecteur de programme audiovisuel le plus répandu dans les années 1975 était le projecteur super 8. Alors qu'il en existait environ huit millions aux États-Unis, certaines compagnies hollywoodiennes et notamment Columbia ont décidé de commercialiser dans ce format certains classiques de leurs cinémathèques (longs métrages sous forme condensée, dessins animés). Il ne semble pas, néanmoins, que le marché ait jamais été considérable : les coûts de duplication étant trop élevés, on arrive à des prix de vente prohibitifs (en France de 1 500 à 2 000 F pour un long métrage). En dehors du super 8, l'autre support possible pour l'édition audiovisuelle est bien sûr la cassette vidéo. Dans la mesure où jusqu'en 1977 le parc de magnétoscopes à cassette se trouvait pour l'essentiel dans les « institutions », c'est ce marché qui a d'abord été visé par l'édition vidéo. La faible dimension du marché de la vidéocassette a amené les éditeurs à imaginer un système

---

4. Source : *Business week,* 14 novembre 1970.

particulier de distribution des programmes. Plutôt que d'effectuer des locations ou des ventes à l'unité, ils ont mis au point une publication périodique de cassettes vendues par abonnement. Chacun de ces « périodiques » s'adressait à une clientèle particulière, pour laquelle il constituait un moyen de formation ou d'information. Les professions libérales ont constitué une cible de choix pour ces périodiques vidéo. On a vu ainsi fleurir en France : « Le vidéo-magazine des architectes et du bâtiment », le « Journal audiovisuel médical », « Médiscope », « Vidéo-dentaire », « P.V.P. Vidéo » pour les pharmaciens, etc. Toutes ces tentatives ont échoué les unes après les autres, car elles n'ont jamais réussi à atteindre une taille suffisante pour obtenir le financement publicitaire nécessaire. Le magazine qui a eu le plus de succès, *Mediscope*, n'a jamais réuni plus d'un millier d'abonnés [5]. Un autre marché fut également prospecté : celui des lieux où le public est en situation d'attente (salon de coiffure, agences de voyages, etc.). Seul le réseau V.D.M.-Promaman qui fonctionne dans près de deux cent cinquante cliniques d'accouchement a obtenu un succès réel. Il a bénéficié de trois avantages. D'une part, le public étant par définition constamment renouvelé, il n'était pas nécessaire de changer les programmes trop souvent. D'autre part, les cliniques étaient déjà équipées de récepteurs de télévision. Enfin, la maintenance était assurée par les sociétés de location. La population « des exclus de la télévision » (marins, personnes expatriées) a également constitué une cible pour les réseaux de vidéocassettes. Un système fonctionne en Angleterre pour la marine de commerce. Quant au personnel des entreprises françaises installées à l'étranger, une « Semaine en France » lui propose un certain nombre de programmes. Une autre utilisation s'est développée avec beaucoup plus de succès : les réseaux de formation/information internes aux entreprises. Ces réseaux qui peuvent, soit remplacer les journaux d'entreprise, soit servir pour la formation du personnel de fabrication, des vendeurs ou des concessionnaires, sont parfois très importants. Ainsi dès la fin 1973, Ford possédait plus de cinq mille magnétoscopes U-matic. La firme assurait chaque année la formation de quelques 45 000 distributeurs et vendeurs ainsi que celle de 30 000 ouvriers spécialisés. Elle avait alors assuré la distribution de cent mille cassettes. D'autres entreprises américaines,

---

5. La réalisation était assurée par des réalisateurs renommés (Igor Barrère, Étienne Lalou...). La durée du programme était d'une heure, la publicité en représentant environ 12 mn.

comme I.B.M. ou Coca-Cola ont également organisé des réseaux très importants. Ces expériences, pour lesquelles le problème de la rentabilité ne se posait pas directement, ont donc eu plus de facilité que les précédentes pour se maintenir. Quand une frange du public fortuné a commencé à acheter des U-matic et des V.C.R., certains constructeurs ont essayé de promouvoir l'édition de programmes. Ainsi, en France, Sony avait ouvert son réseau commercial à la société de distribution de programmes Vidéo-concept. Aux États-Unis, Sony avait également créé en juin 1976 une filiale commune avec Paramount, « Home entertainment center », pour faire de la distribution de programmes (sous format Betamax). Ces deux expériences, probablement trop précoces, n'ont pas donné de résultats.

Un banc d'essai pour l'édition vidéo de demain

Aujourd'hui la situation est différente puisque, comme nous l'avons vu, le magnétoscope à cassette demi-pouce se répand dans le grand public. Néanmoins la lecture de cassettes pré-enregistrées ne constitue qu'un usage secondaire de ces appareils. Aux États-Unis, seuls 14 % des possesseurs de magnétoscope les utilisent prioritairement pour la lecture de telles cassettes, et on estime que 10 % des bandes vendues en 1978 étaient des bandes pré-enregistrées [6]. En France, une étude de marché a montré que 20 % des ménages équipés seraient prêts à acheter des cassettes pré-enregistrées. Cette attitude du consommateur s'explique aisément par une étude des prix. Nous avons vu que les films étaient les programmes les plus regardés : la télévision en diffusant un très grand nombre, le consommateur peut aisément s'en procurer en les copiant à partir du petit écran ; il lui en coûtera alors autour de vingt à vingt-cinq dollars (le prix d'une heure et demie de bande). Par contre, le prix des cassettes pré-enregistrées varie entre cinquante et cent dollars. Cette différence de prix très importante a peu de chance de diminuer beaucoup. En effet, contrairement à la duplication des cassettes sonores qui est faite à grande vitesse (64 fois la vitesse de défilement), celle des cassettes vidéo doit être réalisée en - temps réel. Dans ces conditions, l'arbitrage du consommateur risque d'être largement défavorable à l'édition vidéo, à moins qu'on puisse lui proposer un catalogue exceptionnel. Or les distributeurs de films qui possèdent les programmes les plus attractifs paraissent assez défavorables à la cassette pré-enregistrée.

---

6. *Home Video Report*, 24 janvier 1979.

En effet, une édition sauvage très importante se développe, des entreprises pirates vendent des cassettes dont elles n'ont pas acquitté les droits d'auteurs. En 1978, la Motion Picture Association of America a lancé une campagne importante contre le piratage, et le F.B.I. s'est mis de la partie. Même si la lutte contre le piratage est difficile, celui-ci ne constitue pas un obstacle déterminant à l'expansion de l'édition vidéo [7]. En effet les produits pirates circulent plutôt dans des réseaux semi-clandestins souvent liés à la circulation des films pornographiques et par définition ils ne sont pas capables de répondre aux besoins d'un marché qui prendrait de l'importance. D'ailleurs depuis le début de l'année 1979, la position des majors semble avoir changé, puisque celles-ci commencent toutes à fournir des films pour l'édition vidéo. Fox a racheté la principale maison d'édition Magnetic Video et Allied Artists a créé une filiale éditoriale. Les autres majors ont accepté de vendre les droits d'un certain nombre de films, soit à Fotomat (chaîne de magasins de photo qui fait de la location dans ses points de distribution), soit à des firmes comme Video Corporation of America qui organise la location par correspondance [8]. Ainsi, malgré sa réticence initiale, Hollywood a accepté l'édition de cassettes. Certes ce marché ne prendra pas une extension considérable (nous avons vu qu'il s'agissait là d'un usage secondaire du magnétoscope), mais l'édition de cassettes constitue un banc d'essai de ce que pourra être l'édition audiovisuelle, le jour où d'autres supports comme le vidéodisque seront sur le marché. Il est donc important pour les Majors d'y être présentes. En France, Thomson qui est le premier importateur de magnétoscopes prépare des accords avec des éditeurs qui permettraient à ceux-ci d'utiliser le réseau de distribution de la firme électronique. Ainsi, l'édition de cassettes suscite de grands intérêts chez les constructeurs qui y voient un argument supplémentaire de vente pour leur matériel, chez les producteurs de programmes qui préparent le marché plus vaste de l'édition vidéo. Mais actuellement le chiffre d'affaires de cette activité n'est pas à la hauteur des intérêts qu'elle suscite. Aux États-Unis, en 1978, il a été de trente-huit millions de dollars [9] (au niveau de la vente de détail) alors que celui de la télévision à péage était de deux cents millions de

---

7. Le piratage n'est d'ailleurs pas propre à la vidéo, il existe également dans le domaine du disque.

8. Les tarifs sont de neuf à quatorze dollars pour une semaine.

9. Source : *Home Video Report,* 24 janvier 1979.

LA SECONDE GÉNÉRATION AUDIOVISUELLE

dollars et celui de la télédistribution 1,2 milliard de dollars, soit environ le cinquième du chiffre d'affaires de la télévision.

L'Arlésienne de l'audiovisuel : le vidéodisque

L'ensemble des professionnels s'accorde sur le fait que le seul système qui à terme permette une édition audiovisuelle à grand tirage est le vidéodisque. En effet, pour celui-ci, tout comme pour le disque sonore, les coûts de duplication sont extrêmement faibles. Les premiers travaux sur cette technologie ont été réalisés aux États-Unis dans les années soixante. En juin 1970, Telefunken-Decca (Teldec) présentait à Berlin le premier vidéodisque noir et blanc. A partir de 1971-72, les autres constructeurs commencèrent à présenter leur prototype. Il n'y eut aucun salon audiovisuel où l'on n'annonçât pas la sortie sur le marché dans un ou deux ans de la version commerciale de l'appareil. A la suite du marché international de la vidéocassette de Cannes, en septembre 1973, un quotidien financier pouvait écrire : « 1974 sera, de l'avis de tous les observateurs, l'année de la confirmation du vidéodisque [10].» Deux ans après, Le Nouvel économiste annonçait : « Cette fois-ci, c'est sûr : la bataille du vidéodisque est bel et bien entamée en Europe... L'enjeu en vaut la peine : le marché annuel est évalué à 500 millions de dollars en 1978. [11] » Malheureusement le chiffre d'affaires du vidéodisque en 1978 aura été nul... Il n'y a eu jusqu'à maintenant qu'une véritable tentative de lancement sur le marché [12] , celle réalisée par Teldec en 1975. Ce fut un échec. La faible durée (dix minutes) du disque était évidemment très défavorable. Par ailleurs le catalogue présenté était extrêmement restreint et de mauvaise qualité. Ainsi cette technologie a suscité de grands espoirs, des investissements importants de recherche-développement y ont été consacrés et, malgré cela, elle n'a pas dépassé le stade du laboratoire. Le premier obstacle qu'a rencontré le vidéodisque dans son développement est un problème classique de l'audiovisuel, celui de la normalisation.

Le vidéodisque étant conçu pour une édition vidéo à grand

---

10. A.G.E.F.I., 18 septembre 1973.
11. Le Nouvel économiste du 13 octobre 1975.
12. Philips a effectué un lancement expérimental de son vidéodisque à Atlanta aux États-Unis en décembre 1978. Le lecteur était vendu sept cents dollars et les disques de cinq à quinze dollars. Mais il s'agissait plus d'une opération promotionnelle que d'un véritable lancement ; seules quelques dizaines d'appareils ont été mis sur le marché...

tirage, il est très difficile de commercialiser des lecteurs qui ne seraient pas susceptibles de lire n'importe quel disque. Le développement du marché passe donc par une unification des systèmes. Face à une telle contrainte, il y a trois politiques possibles : devancer les concurrents, s'allier à eux, attendre. Teldec a essayé de prendre ses concurrents de vitesse : certaines insuffisances de son appareil et l'absence d'un catalogue de software important l'ont amené à l'échec. Les alliances qui se sont nouées ces dernières années ont légèrement réduit le nombre des systèmes antagonistes. Ainsi Philips a passé un accord en 1974 avec la firme américaine M.C.A., ce qui lui a permis de trouver un appui aux États-Unis et d'avoir accès à un important stock de programmes grâce à la major hollywoodienne Universal qui est contrôlée par M.C.A. De même Thomson avait signé un accord avec Zenith qui est devenu caduc fin 1977 quand la firme américaine a décidé d'abandonner ses recherches sur le vidéodisque. Le selectavision [13] de R.C.A. a été adopté par des firmes japonaises comme N.E.C. ou Sharp. Enfin, Sony a signé en 1979 un accord de coopération technique avec Philips. Cette politique d'accords a néanmoins des limites dans la mesure où les technologies sont souvent différentes. Il existe en effet deux grandes familles technologiques : les systèmes optiques et les systèmes capacitifs. Les Philips, Thomson et Sony, les seconds par J.V.C. (groupe Matsushita) et R.C.A. Pour des raisons de concurrence industrielle, les dernières possibilités d'alliance dans les années 1977-78, sont restées bloquées. Aussi la stratégie majoritaire fut celle de l'attentisme. Aucun constructeur ne voulant prendre le risque de sortir son système le premier, chaque protagoniste améliore son appareil, surveille ses concurrents pour pouvoir réagir à leurs initiatives et se réjouit quand telle ou telle firme préfère abandonner la course. Les difficultés de la normalisation n'expliquent pas à elles seules les déboires du vidéodisque. Dans la mesure où il s'agit de promouvoir une nouvelle pratique sociale (en effet l'habitude de regarder des images sur un téléviseur existe, mais celle d'acheter des programmes spécifiques et de les conserver doit être créée), qui nécessite de surcroît la commercialisation de deux produits liés, hardware et software, le risque est important et les industriels hésitent. Par ailleurs, et il s'agit là d'un élément déterminant, la crise dans laquelle vit l'économie capitaliste depuis 1973 a tendance à ralentir les inves-

---

13. A ne pas confondre avec un autre système développé par R.C.A., au début des années soixante-dix qui portait également le même nom et était un concurrent de l'E.V.R.

tissements des entreprises, et par conséquence à bloquer ceux qui sont les plus risqués. Cette situation économique générale a certainement été très défavorable au vidéodisque.

Pour sortir d'une situation qui est restée longtemps bloquée, trois stratégies paraissent possibles :

1/ Commencer à développer le marché dans un secteur restreint en utilisant certaines possibilités du vidéodisque qui ne sont pas forcément prioritaires pour le grand public. En particulier, les possibilités de mémoire du vidéodisque sont très importantes, une face permettant de stocker quarante mille images. Si l'on met au point un programme logique d'accès à ces images, on a une merveilleuse machine à enseigner. Thomson-C.S.F. accorde beaucoup d'importance à ce marché institutionnel qui pourrait intéresser certains clients habituels de la firme, notamment les militaires. Dans ce cadre, elle a signé un accord de coopération avec 3M., fin 1979. Ainsi la société française pourrait produire des séries limitées et parfaire sa technologie pour pouvoir éventuellement atteindre un jour le grand public.

2/ Le vidéodisque peut également être le support d'une nouvelle technologie d'enregistrement des sons, le système numérique [14]. La qualité du son ainsi obtenue est très élevée et très nettement supérieure à la qualité de la haute fidélité actuelle. Cette « super-haute fidélité » a très probablement un marché qui est celui des acheteurs des chaînes les plus sophistiquées. Par ailleurs, il n'y a pas de problème particulier de software, il suffirait simplement de sortir des disques sonores adaptés à ce nouveau standard. Pour toutes ces raisons, plusieurs constructeurs pensent que le vidéodisque est plus facile à lancer dans le cadre de son utilisation audio que de son utilisation vidéo, le premier usage pouvant permettre petit à petit de lancer le second. Plusieurs fabricants japonais semblent vouloir adopter cette stratégie. C'est ainsi que Sony développe un lecteur bivalent (audio + vidéo). Au contraire une firme comme Philips met au point deux machines différentes, une pour le son (compact-disk), et l'autre pour la vidéo.

3/ Le lancement d'un disque purement vidéo dans le grand public est également étudié par d'autres constructeurs que Philips, R.C.A. et J.V.C. (dont le lecteur peut être bivalent et a été retenu

---

14. Il s'agit d'enregistrer, de traiter et de mémoriser les sons sous forme d'informations numériques qui sont retransformées au moment de la lecture.

par le groupe Matsushita). Ces firmes semblent vouloir tirer les conclusions des expériences d'édition de vidéocassettes, pour développer le vidéodisque.

Ainsi, en dépit des apparences, le vidéodisque ne semble pas mort. De nouvelles stratégies industrielles se mettent en place [15] qui montrent, qu'en tout état de cause, forger un marché pour l'édition vidéo est plus complexe qu'on ne l'imaginait il y a dix ans.

La télévision active là où on ne l'attendait pas : les jeux vidéo aujourd'hui, le vidéotex demain

« Les jeux électroniques sur le petit écran, *écrivait récemment un journal parisien,* préfigurent une véritable révolution dans le domaine des communications aux États-Unis». Ainsi l'histoire de l'industrie électronique audiovisuelle ne serait qu'une suite de révolutions qui se succèderaient à un rythme de plus en plus accéléré : télévision noir et blanc, télévision couleur, télévision par câble, vidéocassette, vidéodisque, jeux vidéo... Un seul point distinguerait la révolution du jeu télévisuel de celle du vidéodisque : elle a été moins célébrée mais, jusqu'à maintenant, plus réussie commercialement ! Ce nouveau gadget permet à l'aide d'une tablette de commande branchée sur l'appareil de jouer avec son téléviseur au ping-pong ou au tir au pigeon à moins que ce ne soit à la bataille navale ou à la pelote basque, au 421 ou au poker... Ces systèmes, qui se sont d'abord développés aux États-Unis, ont atteint l'Europe depuis 1976 [16]. Le taux de croissance du marché est extrêmement rapide. En France, environ seize mille appareils ont été commercialisés en 1976 : les ventes ont été de quatre cent soixante mille exemplaires en 1977 et de cinq cent cinquante mille en 1978. Tout comme dans le cas des calculatrices électroniques de poche, les prix ont considérablement baissé au fur et à mesure que la production se développait [17]. L'appareil est en effet réalisé à partir de quelques circuits intégrés. Les fabricants américains de composants électroniques (General Instrument, Fairchild, Texas Instrument, Motorola,

---

15. On a appris en septembre 1979 qu'I.B.M. préparait également un vidéodisque et qu'il avait négocié une association avec M.C.A. à travers une filiale commune : Discovision.
16. Il a fallu en effet les adapter aux standards européens.
17. En France, les prix ont baissé en un an d'environ 50 %.

National semi-conductors...) ont donc été les premiers à voir les possibilités de ce nouveau marché.

En France où l'industrie des composants est particulièrement peu développée, environ les deux tiers des appareils sont importés ; le principal constructeur est une petite société « Occitane d'électronique » qui a été fondée par un homme qui connaissait bien les composants puisqu'il fut directeur de Motorola-France. Cette entreprise a adopté la stratégie du petit capital national dans l'électronique audiovisuelle : créer des produits dans des créneaux spécifiques, tout en restant dans la dépendance technologique du capital international qui, en l'occurrence, fournit l'essentiel des composants puisqu'il fut directeur de Motorola-France. Cette grand public se sont trouvés dans la même situation que pour la hi-fi. Ils ont laissé les petits fabricants français et les importateurs créer le marché et ils commencent aujourd'hui à s'y implanter.

Le succès du jeu vidéo vient probablement du fait que de tous les appareils qui peuvent utiliser la télévision comme terminal (magnétoscope à cassette, vidéodisque, etc.) il est incontestablement le moins cher [18]. Ce système offre également un intérêt pour les constructeurs de l'industrie électronique, il se suffit à lui-même et ne nécessite pas que soient simultanément mis en vente des programmes [19]. Malgré tout, le jeu vidéo à cause de son faible prix ne représente pas un marché qui permettra à l'industrie de l'électronique audiovisuelle de compenser la saturation de celui de la télévision. Ce marché est moins important en lui-même que par ce qu'il prépare. Il habitue le consommateur à un autre usage de son téléviseur. Celui-ci n'est plus ce récepteur d'images animées qui trône au milieu du salon et que l'on regarde de façon plus ou moins passive, mais un appareil avec lequel s'instaure un rapport ludique et qui génère sur son écran des figures géométriques. Le jeu vidéo introduit un autre rapport à un objet technique, il ouvre la voie à une utilisation du téléviseur comme terminal alphanumérique. En effet depuis quelques années se préparent aux frontières de

---

18. Le prix d'un jeu vidéo représente 10 à 20 % de celui d'un téléviseur couleur tandis que celui d'un magnétoscope à cassette est à peu près identique.

19. Le jeu vidéo permet également aux constructeurs de téléviseurs de se différencier de leurs concurrents en intégrant des jeux dans l'appareil pour un supplément de prix modique. En France, le plus petit des grands constructeurs, I.T.T.-Océanic, a notamment adopté cette stratégie commerciale.

l'audiovisuel, des télécommunications et de l'informatique, de nouveaux systèmes grand public qui ont la caractéristique commune d'utiliser le téléviseur comme terminal. Le télétexte [20] permet de transporter sur un canal de télévision de l'information alphanumérique qui s'affiche sur un écran sous forme de pages de texte. L'ensemble de ces pages peut constituer un journal. Un sommaire apparaît d'abord sur l'écran. Grâce à un clavier à touches, relié au téléviseur, le consommateur peut ensuite appeler les pages qu'il désire regarder. En couplant le téléviseur au téléphone, on obtient un autre système : le vidéotex qui permet à l'abonné d'interroger une banque de données par l'intermédiaire du réseau de télécommunications [21]. La demande d'information s'effectue à l'aide du clavier à touches de l'appareil téléphonique, la réponse s'affiche sur le téléviseur. Enfin le développement de la micro-informatique permet la construction de micro-ordinateurs domestiques qui pourront également utiliser le téléviseur comme terminal.

Ainsi aux frontières de l'audiovisuel, se préparent des technologies qui vont proposer des pratiques sociales nouvelles, introduire de nouvelles médiations entre l'homme et son environnement. L'une des conditions pour que ces systèmes se développent est que le consommateur fasse l'apprentissage d'une autre utilisation de son téléviseur : c'est le rôle des jeux vidéo. Le problème de la formation de l'usage de ces nouvelles technologies restera, néanmoins, complexe. En France, on semble vouloir adopter pour le vidéotex une stratégie de substitution d'usage qui rappelle celles que nous avons vues pour l'audiovisuel. Les P.T.T. ont en effet décidé de remplacer l'annuaire téléphonique traditionnel par un « annuaire électronique » qui n'est autre qu'un système simplifié de vidéotex. Cette substitution d'un medium à un autre devrait se faire sans trop de difficulté puisqu'on est dans un cadre où les mécanismes de marché ne jouent pas : l'annuaire est livré gratuitement à l'abonné au réseau téléphonique. Une fois acquise la pratique de l'annuaire électronique, on pourra proposer aux consommateurs d'autres utilisations du vidéotex. Si donc le vidéotex, tout comme le vidéodisque, est susceptible d'offrir de nouvelles pratiques de

---

20. Le système français Antiope est développé par le C.C.E.T.T., laboratoire de recherche commun à la télévision (T.D.F.) et aux télécommunications.
21. Le système britannique Prestel est expérimenté depuis 1978 ; le système français le sera en 1980.

communication, l'apprentissage de ces nouveaux usages passe par des étapes intermédiaires, qui dans un cas sont le jeu vidéo et l'annuaire électronique, dans l'autre la vidéocassette enregistrée et le vidéodisque sonore. Pas plus que l'édition vidéo il y a huit ans, la télématique ne pourra trouver un marché grand public de façon immédiate. La genèse d'un nouveau système de communication est longue, non seulement au niveau technique mais également au niveau des usages sociaux.

III

*structures industrielles
et stratégies des entreprises*

Pour chacun des différents secteurs de l'audiovisuel présentés dans les deux premières parties, nous nous sommes efforcés d'analyser la formation des usages sociaux de ces technologies, d'étudier leurs structures productives et notamment la rentabilité de chacun de ces secteurs. Il convient maintenant d'adopter un point de vue plus général et d'examiner la façon dont les industries de l'audiovisuel se sont développées, compte tenu des caractéristiques dominantes du capitalisme contemporain. Nous étudierons successivement la concentration au sein de chaque branche, la structure financière du capital intervenant dans ces industries, les liaisons financières entre les branches et l'internationalisation. Nous serons amenés par le fait même à préciser la stratégie des firmes intervenant dans le domaine de l'audiovisuel.

7. une concentration multiforme

Les années soixante et le début des années soixante-dix ont été marquées dans la plupart des pays occidentaux par une forte concentration industrielle. Bien entendu ce phénomène n'a pas eu la même intensité dans les différentes branches industrielles. Quelques travaux récents [1] ont permis d'analyser cette évolution. Ces études qui analysent le taux de concentration (c'est-à-dire le pourcentage du chiffre d'affaires d'une branche réalisé par quatre, cinq ou huit firmes selon les cas) posent deux problèmes. D'une part, leurs résultats dépendent du degré d'agrégation des branches retenues (ceci est fondamental si on veut obtenir un ratio moyen pour l'ensemble d'une économie) ; d'autre part ces études sont basées sur le concept juridique d'entreprise et non sur la notion de groupe qu'il nous paraît indispensable d'utiliser dès qu'on travaille sur des problèmes de concentration. Pour ces deux raisons, nous n'utiliserons pas, à titre d'élément comparatif, les taux de concentration calculés dans ces études. Nous privilégierons au contraire dans nos analyses la notion de groupe. Compte-tenu de la grande hétérogénéité de l'audiovisuel, il est normal que la concentration soit très différente selon les secteurs. On peut en distinguer trois types principaux.

— Passage durant ces vingt dernières années d'un marché assez largement concurrentiel à un marché oligopolistique dominé par un tout petit nombre de firmes. Ce cas, que l'on peut dire classique, de concentration se rencontre dans l'industrie électronique et photochimique.

---

1. Voir notamment F. Jenny et A.P. Weber, « Concentration économique et fonctionnement des marchés », *Économie et statistique,* nº 65, mars 1975.

– Formation dès le démarrage d'une branche assez concentrée dont le niveau de concentration évoluera peu par la suite. Une place non négligeable est laissée aux petites firmes. Les marchandises culturelles correspondent assez bien à ce deuxième type.

– Forte tendance monopolistique contrecarrée par l'État qui fixe les limites de la concentration ou bien étatise le secteur. Les télécommunications et la culture de flot rentrent dans ce troisième cas de figure.

L'inexorable montée des monopoles : le cas de l'industrie électronique audiovisuelle

La fabrication des récepteurs de radio a commencé en France à la fin de l'année 1920, de façon artisanale [2] et en très petite série. La production était assurée par un grand nombre de petites entreprises indépendantes. Seule l'une d'entre elles, Radiotechnique, appartenait à un groupe industriel important : la S.F.R. [3]. A la faveur de la crise de 1929, une première concentration s'opère. Philips qui possédait un réseau commercial assez important en France est gêné par la hausse des droits de douane et cherche un outil de production. En 1931, Radiotechnique devient filiale commune (50 % / 50 %) de la S.F.R. et de Philips. A la même époque, la Thomson-Houston [4], un des plus importants holdings de l'industrie électrique française, rachète les établissements Ducretet. Ainsi, à la veille de la guerre, le capital monopoliste contrôle, par l'intermédiaire de Radiotechnique, Ducretet-Thomson et Pathé-Marconi, un peu moins de la moitié de la production, le reste étant assuré par de petites entreprises. A la Libération, la S.F.R. décide de se consacrer exclusivement aux matériels professionnels (il fallait en effet à l'époque reconstruire tous les émetteurs). En 1951, elle vend en bourse ses actions de Radiotechnique et Philips contrôle seul la société [5]. Les difficultés de l'après-guerre ont fait apparaître

---

2. En effet, seule la fabrication des lampes nécessitait un outil de production plus sophistiqué.

3. Radiotechnique a été créée en 1919. Rachetée très vite par la S.F.R., la société s'est spécialisée dans les tubes électroniques à vide. Vers 1927-28, la S.F.R. a confié à sa filiale la fabrication des récepteurs, car elle préférait se spécialiser dans le matériel professionnel.

4. Thomson-Houston avait été créée à la fin du dix-neuvième siècle pour exploiter en France les brevets de la General Electric. La firme américaine a gardé jusqu'en 1952 une part importante du capital qu'on pouvait évaluer après la guerre à environ 18 %.

5. Le fait que la moitié du capital de Radiotechnique soit possédé par de

une multitude de fabricants artisanaux (trois mille en 1948) dont la majorité disparaît au cours de la décennie cinquante.

Le mouvement de concentration s'est effectué en deux temps [6]. On a d'abord vu émerger un certain nombre d'entreprises moyennes (Sonora, Grammont, Schneider, Sonneclair, Ribert-Desjardins, etc.) dont la part de marché dépasse rarement 5 % [7]. La croissance du marché de la radio, le démarrage de celui de la télévision et la nécessité corrélative de posséder des capacités de production importantes [8] ont posé à ces entreprises des problèmes de financement complexes. Par ailleurs, de grandes firmes spécialisées dans le matériel électrique ou de télécommunications ont souhaité, à partir de 1956, s'implanter sur le marché grand public de la radio et de la télévision. Le rachat d'entreprises en situation financière difficile s'est souvent révélé la meilleure façon de pénétrer sur un marché où il est indispensable de posséder un réseau de distribution important. La C.S.F. qui avait une position clé dans l'industrie française du transistor a acheté successivement les sociétés Arel en 1955 et Clarville en 1957. Parallèlement, elle lançait en 1956 le premier poste français à transistor : le Solistor. La C.G.E. a eu une politique voisine, en rachetant Sonora-radio en 1956, et en créant l'année suivante sa propre affaire : Continental Edison. La société L.M.T. (du groupe I.T.T.) spécialisée dans l'équipement des centrales téléphoniques a cru pouvoir développer par elle-même une fabrication de récepteurs. Ne bénéficiant pas au démarrage d'un réseau commercial, elle n'a jamais réussi à s'implanter réellement sur le marché. Il a fallu attendre 1965 avec le rachat d'Océanic par I.T.T.

---

petits porteurs français a longtemps fait illusion. La société portant un nom français, ayant des activités diversifiées (audiovisuel grand public, composants) et un important centre de recherche (un des quatre centres de recherche important du groupe Philips), fut assez souvent considérée comme presque française et disposant d'une large autonomie au sein du groupe Philips. Nous verrons que le système d'organisation de la production au sein du groupe a pu confirmer cette impression jusque dans les années soixante. Aujourd'hui, où la production est organisée mondialement, il n'en est plus de même.

6. Sur le mouvement de concentration avant 1960, voir notamment in P. Bleton, *Le Capitalisme en pratique,* Éditions ouvrières, Paris, 1962, le chapitre IV sur l'industrie des appareils électroménagers.

7. Jusqu'en 1957, aucun constructeur, à l'exception de Philips qui contrôlait le quart du marché, n'assurait plus de 7 % de la production nationale de radio et de télévision.

8. Pour la télévision, le seuil de la série rentable se situait au début des années soixante à 40 ou 50.000 unités par an.

puis celui de Sonolor en 1970, pour que le groupe américain pénètre effectivement le marché français de la radio et de la télévision. Ce marché a également intéressé des groupes industriels situés dans d'autres secteurs. La Société alsacienne de construction mécanique, la Lyonnaise des eaux et le Gaz Lebon ont acquis en commun de 1953 à 1959 Grammont, Sonneclair et Ribet-Desjardins. Ces trois groupes qui étaient déjà actionnaires d'une affaire de tubes électroniques — Radio-Belvu — ont ainsi constitué une entité industrielle nouvelle, le « pool Belvu ». Cette restructuration industrielle a touché toutes les firmes moyennes de la profession. Celles qui n'ont pas été absorbées ont dû s'allier à d'autres groupes. En 1954, 50 % du capital de Grandin a été souscrit par Sadir-Carpentier [9] et Brandt ; quelques années plus tard Schneider offrait une participation minoritaire à un groupe financier très proche du groupe américain Philco.

Ce mouvement de concentration s'est vite révélé insuffisant. En effet, on était passé d'un marché segmenté entre un nombre assez important de firmes moyennes à une situation où s'opposaient sept grands groupes industriels (Philips, Thomson-Houston, Pathé-Marconi, pool Belvu, C.G.E., C.S.F., I.T.T.) dont aucun, à l'exception de Philips, ne possédait une part très importante du marché. La constitution d'unités de production permettant de très grandes séries a imposé dès 1958 [10] un premier accord entre deux de ces grands groupes industriels. Thomson-Houston et Pathé-Marconi ont en effet décidé à cette époque de concentrer leur production d'appareils de radio-télévision et de disques. Les récepteurs communs aux deux firmes ont été fabriqués par Thomson-Houston à Angers, tandis que les disques ont été pressés par Pathé-Marconi. Thomson-Houston assurait ainsi 15 % de la production française. D'autres opérations de restructuration du capital industriel ont suivi. Elles se sont intégrées dans des mouvements d'une plus grande ampleur, portant sur l'ensemble de l'industrie électrique et électronique, menés en liaison étroite avec le capital bancaire. En 1965, Thomson-Houston fusionne avec Hotchkiss-Brandt, groupe d'une plus faible dimension qui résulte lui-même de la fusion de plusieurs entreprises spécialisées dans l'armement et dans

---

9. Sadir-Carpentier a été absorbée en 1957 par la C.S.F.
10. Le processus de rachat des firmes petites ou moyennes par des grands groupes industriels est globalement antérieur aux accords qui ont été signés entre ces groupes. Néanmoins, les deux phénomènes se sont partiellement chevauchés.

l'électroménager. La nouvelle société, Thomson-Brandt, va absorber la C.S.F. [11] deux ans plus tard. Cette opération menée sous l'égide de Paribas a permis de constituer un groupe électronique français de taille européenne. Le mode de constitution de Thomson-Brandt et de la C.G.E. rendait ces deux groupes, de taille sensiblement égale, partiellement concurrents quoique ayant chacun des dominantes bien spécifiques (électronique dans un cas, électrotechnique dans l'autre). Pour éviter une concurrence entre deux sociétés françaises, à un moment où l'État favorisait la constitution dans chaque secteur de grands groupes nationaux capables d'affronter la concurrence internationale, celui-ci fit pression pour qu'un « traité de non-belligérance » soit passé entre les deux sociétés. Les incitations de Paribas allèrent également dans le même sens [12]. En 1969, un accord que certains journalistes baptisèrent le « Yalta de l'électronique » était signé entre les deux groupes [13]. La prééminence de la C.G.E. se trouve confirmée dans l'électrotechnique et les télécommunications, tandis que Thomson contrôle l'électronique professionnelle et grand public. Quant à l'informatique, les deux sociétés y seront présentes avec néanmoins un certain leadership de Thomson [14]. C'est à la suite de ces accords que Continental Edison sera intégré au groupe Thomson. Ainsi, en 1969, la concentration du secteur était presque totalement achevée [15]. La dernière firme moyenne Schneider Radio-Télévision a cédé à Radiotechnique 51 % de sa filiale de production Celmans ; son intégration totale au groupe Philips s'est réalisée en 1975.

---

11. Thomson-Brandt apporte à la nouvelle société Thomson-C.S.F. (qui reprend les actifs de la C.S.F.) ses activités d'électronique professionnelle. Il contrôle la majorité (50,06 %) du capital de sa filiale. La C.S.F. apporte à Thomson-Brandt son activité grand public (marque Clarville).

12. C'est également avec l'aide des pouvoirs publics et de Paribas que Thomson a pu pénétrer en 1976 sur le marché du téléphone.

13. Voir le chapitre consacré à ces accords in J. Jublin et J.M. Quatrepoint, *French ordinateurs*, Alain Moreau, Paris, 1976, 330 p.

14. Ces accords ont été assez largement respectés. Néanmoins, les rapports entre les deux groupes furent très difficiles dans le secteur de l'informatique (cf. J. Jublin et J.M. Quatrepoint, *op. cit.*). Les accords furent définitivement rompus entre les deux groupes quand Thomson accéda en 1976 au marché du téléphone, en rachetant la majorité de L.M.T. et de la filiale française d'Ericsson.

15. Si on mesure la concentration en termes d'établissements en 1973, neuf établissements de plus de mille personnes comprenaient 63 % des effectifs et les cinquante-six de plus de cinquante personnes 80 % des effectifs (source : Enquête annuelle d'entreprise, ministère de l'Industrie).

Certaines petites firmes ont réussi malgré tout à survivre, soit en faisant de la sous-traitance, soit en se spécialisant dans un créneau de marché particulier. Elles étaient de toute façon à la merci des firmes monopolistes. Ainsi, Thomson cessait de confier à Grandin la sous-traitance de postes de télévision en 1971 et d'autoradios en 1974. En février 1975, Grandin déposait son bilan. Les faillites se sont d'ailleurs précipitées à partir de 1974 : Teppaz (électrophones), Teissier (téléviseurs), Essart (chaînes électro-acoustiques), Artelec (nouvelle entreprise issue de Grandin à la suite d'une longue occupation de l'usine par le personnel). En janvier 1977, le dernier indépendant du secteur, Pizon-Bros, était mis en règlement judiciaire. L'emprise du capital monopoliste semble donc avoir atteint son maximum puisque trois firmes (Philips, Thomson et I.T.T.) assurent actuellement 80 à 90 % de la production de radio et de télévision. Il est peu probable que des capitaux français puissent s'investir dans cette branche et modifier la situation présente. Par contre, de grandes firmes étrangères peuvent très bien prendre une part de la production française. C'est notamment le cas de Grundig qui a installé il y a quelques années en France une usine de téléviseurs ; ce pourrait être également un jour celui de Sony [16].

Classement des producteurs français de matériel électronique audiovisuel grand public

	Téléviseurs couleur		Téléviseurs noir et blanc		Radio	Élec-troph.
	Rang	Part de marché	Rang	Part de marché	Rang	Rang
Philips	1o	(40 à 45 %)	2o	(35 à 40 %)	1o	1o
Thomson	2o	(30 à 35 %)	1o	(35 à 40 %)	2o	2o
I.T.T.	3o	(8 à 10 %)	3o	(9 à 15 %)	3o	

16. Sony, lorsqu'il a créé sa filiale Sony-France en 1973, avait envisagé la construction d'une usine de téléviseurs à Reims. Ce projet a été abandonné mais le groupe japonais envisage la construction d'une usine de bandes audio.

Pour dissimuler cette concentration de la production et donner l'impression à l'acheteur qu'il dispose d'un choix assez large, Philips, Thomson et I.T.T. ont conservé une partie des marques qu'elles ont achetées, de façon à constituer trois à quatre sociétés commerciales vendant chacune sous sa propre marque. En matière de téléviseurs, la différenciation des marques est uniquement d'ordre esthétique et ne concerne que le châssis. Philips commercialise ses produits sous les trois marques Philips, Radiola et Schneider. Thomson qui s'est constitué par de multiples fusions a gardé quatre marques importantes (Thomson, Brandt, Continental-Edison, Pathé-Marconi). I.T.T. possède deux réseaux commerciaux gérés par Océanic et par L.M.T.

L'histoire de la concentration de la branche radio-télévision paraît assez exemplaire des grands mouvements de restructuration industrielle des années soixante. En une dizaine d'années, on est passé d'une industrie éclatée en une vingtaine de firmes à une branche concentrée dans trois grands groupes industriels. La logique de cette concentration est à la fois technique et financière. Il est certain que l'évolution technologique a imposé une production en grande série, et donc une augmentation très importante du capital fixe. Une telle structure industrielle n'a été accessible qu'à de grandes firmes et nous voyons effectivement au cours de la période la constitution de deux grands groupes, Philips et Thomson. Le premier s'est développé essentiellement par croissance interne, tandis que le second procédait au contraire par une série d'absorptions. Mais la logique financière est également importante à étudier. Si des grands groupes de l'industrie électronique, spécialisés plutôt dans les biens d'équipement comme I.T.T., la C.S.F. et la C.G.E., ou même des firmes de l'industrie mécanique, se sont lancés dans la radio-télévision, c'est bien sûr pour des motifs financiers. Ils espéraient par une diversification dans un marché en plein développement augmenter leur taux de profit. En définitive tous ces groupes, à l'exception d'I.T.T. qui a dû se contenter d'une petite part du marché français, ont abandonné cette activité. Les difficultés rencontrées, semble-t-il, n'ont pas été de nature technique (ces groupes pour la plupart avaient une expérience de l'industrie électronique) ni de l'ordre des capacités d'investissement, mais plutôt de nature commerciale. Ces firmes n'ont pas réussi à se constituer un réseau commercial suffisant [17] pour obtenir une part importante du

---

17. Le réseau français comprend 25 000 points de vente.

marché. Dans ces conditions, la rentabilité de cette activité baissant, elles avaient intérêt à s'en séparer. Le caractère fortement oligopolistique de l'industrie des radiorécepteurs et des téléviseurs n'est bien sûr pas propre à la France. On trouve dans les autres pays occidentaux des niveaux de concentration voisins.

Concentration de la production de téléviseurs dans les pays capitalistes industrialisés (1975)

Pays	Firmes	Taux de concentration
Japon	Matsushita, Sony, Hitachi Toshiba et Sanyo	80 à 90 %
U.S.A.	Zénith, R.C.A., Matsushita Philips	70 à 80 %
Allemagne	Grundig, Philips, A.E.G. Telefunken Nordmende	60 %
Angleterre	Thorn Electrical, Philips, Rank	75 %
Pays-Bas	Philips	100 %

La concentration de la production que nous venons d'observer reste pourtant modeste par rapport à celle qui existe dans la fabrication du composant principal du téléviseur couleur : le tube. Alors que Philips assure déjà 20 % de la production européenne de téléviseurs, il produit environ 60 % des tubes couleur fabriqués en Europe continentale. Le deuxième constructeur Vidéocolor possédait, en 1978, environ 20 % du marché, le reste étant réparti entre les usines d'I.T.T. et d'A.E.G.-Telefunken. Ce dernier a fusionné ses activités dans ce domaine avec Vidéocolor en 1979 [18]. Vidéocolor était une association entre Thomson (51 %) et R.C.A. (49 %) dans laquelle la firme américaine était très nettement en

18. *Le Monde*, 24 août 1979.

position de force puisqu'elle apportait sa technologie. A la suite de cette fusion, le capital de Vidéocolor est détenu à raison de 58 % par une société française (dont Thomson possède 51 % du capital et A.E.G.-Telefunken 49 %) et de 42 % par R.C.A. Vidéocolor élargit ainsi son marché captatif. A Thomson s'est ajouté, en 1977, Nordmende (racheté à cette époque par le groupe français), et A.E.G. en 1979. Cette très grande concentration de la fabrication des tubes couleur provoque la constitution d'alliances privilégiées entre grands groupes de l'électronique. Blaupunkt se fournit exclusivement en tubes chez Vidéocolor. De même, Grundig utilise principalement les tubes Philips. Comme par ailleurs la société allemande achète plus des trois quarts de ses composants à la firme d'Eindhoven et a adopté les systèmes Philips en matière de cassettes son et vidéo jusqu'en 1978, on peut considérer qu'il existe une situation d'alliance privilégiée mais inégale entre Philips et Grundig. Cette situation semble avoir débouché en 1979 sur une participation de 20 à 25 % du groupe hollandais dans le capital de Grundig [19].

Nous avons vu qu'une autre industrie du hardware (celle des surfaces sensibles) avait une structure monopolistique encore plus affirmée puisque la quasi-totalité de la production mondiale est assurée par huit firmes.

Les créneaux des P.M.E. de l'audiovisuel

Le caractère fortement monopolistique des industries du hardware ne fait pas disparaître pour autant les petites firmes. Celles-ci ne peuvent pas mettre en œuvre une stratégie globale qui intègre les principaux éléments d'une branche et permet de jouer un rôle dans son évolution ; elles doivent se contenter au contraire de stratégies partielles, ou défensives pour les moins bien placées. Ces firmes peuvent soit jouer un rôle fortement innovateur, soit se limiter à la sous-traitance ou à certains créneaux de marché spécifiques. Dans tous les cas et particulièrement dans les deux derniers, ces petites entreprises sont dans une situation de forte dépendance vis-à-vis des grands groupes. La société française Aaton qui a mis au point une caméra vidéo qu'on peut tenir dans la main, la « paluche », est un bon exemple de ces petites entreprises qui, grâce à une activité de recherche importante, sont fortement innovatrices et ne produisent que de toutes petites séries. Il existe de même aux États-Unis dans le domaine de l'électronique professionnelle des sociétés très spécialisées qui, sur tel ou tel matériel très précis,

---

19. *Le Monde*, 19 et 24 août 1979.

peuvent jouer un rôle de leader mondial : dès que les fabrications deviennent importantes, elles les sous-traitent à des grandes firmes. Bien que la haute fidélité ait démarré en Europe dans le cadre de petites entreprises, il semble qu'aujourd'hui cette fonction innovatrice des P.M.E. puisse mieux se réaliser dans l'électronique professionnelle que dans le secteur du grand public. La deuxième stratégie possible pour le petit capital est celle de la sous-traitance. C'est dans cette voie qué s'est orientée Angenieux, firme spécialisée dans l'objectif à focale variable, de renommée internationale. Il s'agit là d'une industrie de main-d'œuvre (la valeur ajoutée sur les matières premières correspond à 90 % du chiffre d'affaires) hautement spécialisée. Cette situation de sous-traitance met Angenieux en situation de dépendance vis-à-vis des entreprises-clients, ce qui fait, comme le remarque A. Lefebvre, que la firme n'a pu « toujours profiter de sa supériorité technique. Dans certains cas, elle a dû attendre que la technique des entreprises-clients ait rejoint la sienne ; dans d'autres cas, la sortie du matériel nouveau a dû être retardée » [20]. La stratégie du créneau peut être pratiquée de plusieurs façons. C'est d'abord dans le matériel grand public, le haut de gamme ; ainsi dans le super 8, cette politique est menée par les constructeurs français Movie-Sonics et Beaulieu ou par le fabricant allemand Braun. En se définissant, comme « les grands couturiers de la haute fidélité », les P.M.E. françaises de la hi-fi adoptent une même position. Pour des matériels qui sont intermédiaires entre le grand public et le professionnel — comme les moniteurs de studio — et qui nécessitent des séries moyennes, des firmes comme Velec-Sefat ou Barco ont réussi à s'implanter sur le marché. Le domaine des accessoires a toujours été un terrain de prédilection des petites firmes : pieds cinéma et télévision (Gitzo), écrans de projection (Oray et Procolor)... Ces accessoires peuvent aussi permettre de transformer un matériel grand public en un matériel semi-professionnel. Ainsi Sofretec, en France, avait mis au point un régénérateur de synchro qui permettait d'améliorer la qualité du signal de la première génération des magnétoscopes demi-pouce et par là-même améliorait la fiabilité de ce matériel et le rendait utilisable pour l'animation vidéo ou d'autres usages institutionnels. De même il existe toute une variété d'accessoires qui permettent de faire avec le projecteur de diapositives Carrousel Kodak de la diapositive sonorisée, du fondu-enchaîné ou des murs d'images. Une

---

20. *Capitalisme et industries culturelles, op. cit.*

stratégie de ce type offre un inconvénient majeur : quand le marché de l'accessoire devient suffisamment important, le constructeur du matériel de base modifie son appareil pour intégrer l'accessoire ou sort lui-même cette pièce. Ainsi, Kodak qui avait pendant longtemps délaissé le marché des accessoires, les séries étant beaucoup trop petites pour une firme de cette ampleur, produit depuis quelques années un fondu-programmateur, adaptable sur son carrousel, et pourrait ainsi s'implanter sur le marché des accessoires les moins sophistiqués. Dans la vidéo, les fabricants d'accessoires font également de l'installation de systèmes (studio vidéo, circuit fermé de télévision...). Ces deux activités sont bien sûr très liées, la fabrication d'accessoires ne prenant son sens que par rapport à la seconde. En effet , c'est en installant des systèmes avec des matériels souvent de marques différentes qu'apparaît la nécessité d'accessoires qui vont du bricolage astucieux à l'appareil le plus sophistiqué. Les grands constructeurs ne semblent pas chercher à éliminer ces petits fabricants qui peuvent répondre plus facilement à tel ou tel besoin précis de la clientèle et y adapter les matériels existants ; par ailleurs, les améliorations apportées sont souvent reprises à leur compte par les grandes firmes.

La coexistence inégale :
la concentration dans les marchandises culturelles

La concentration industrielle dans le domaine de la marchandise culturelle a souvent été dénoncée, notamment par des organisations d'artistes. Ces derniers considèrent parfois que la culture est un domaine totalement à part, qui serait en quelque sorte en dehors des rapports sociaux. Or nous l'avons montré précédemment, la marchandise culturelle, en dépit de ses spécificités, ne peut pas se soustraire aux lois imposées par le mode de production dominant. G. Murdock et P. Golding estiment, chiffres à l'appui, que la concentration est plus forte dans les industries culturelles que dans le restant de l'économie britannique [21] . Sans que nous nous risquions à une comparaison chiffrée en France, pour les raisons que nous avons indiquées plus haut, il nous semble qu'on peut dire que pour le livre et le disque, il en est très probablement de même en France.

21. G. Murdock et P. Golding, « Capitalism, communication and class relation » in *Mass Communication and Society*, E. Arnold, Londres, 1977.

Contrairement à l'édition littéraire, dont la concentration croît depuis la fin du dix-neuvième siècle et a fortement augmenté dans les années soixante, le disque et le cinéma se sont créés dès l'origine dans un cadre oligopolistique. Nous avons vu que la structure actuelle de l'industrie cinématographique américaine datait pour l'essentiel des années 1925. Certes une major ou l'autre a pu disparaître alors qu'une firme moyenne rentrait dans le peloton des majors, mais au niveau de la structure d'ensemble il y a eu peu de changement, notamment pas d'augmentation de la concentration. A la veille de la guerre, Hollywood était dominée par huit majors, cinq grandes firmes (Paramount, 20th Century Fox, Metro Goldwyn Mayer, Warner Bros, R.K.O.) et trois autres de taille moyenne (Columbia, Universal et United Artists). Dans les années cinquante, R.K.O. a abandonné la production ; de même au début des années soixante-dix, la M.G.M. a dû réduire son activité à la suite de difficultés financières. Aujourd'hui le cinéma américain est donc dominé par six firmes auxquelles on peut ajouter cinq entreprises moyennes (Disney, M.G.M., Avco Embassy, American International et Allied Artists). Ces onze firmes assurent 93 % [22] de l'activité de la profession dans le cinéma et la télévision. Pour préciser l'évolution de la concentration, nous pouvons prendre la. part du chiffre d'affaires des cinq plus grandes firmes. Ce ratio de concentration est resté pratiquement constant : il était de 66 % en 1970 et de 68 % en 1976. La structure de l'édition phonographique est également restée assez stable. En France, il n'y a pas eu de changement notable depuis les années cinquante. Les cinq premières firmes sont pratiquement restées les mêmes, le ratio de concentration est de 59 % [23]. En Angleterre, le duopole E.M.I. / Decca a dominé la profession de 1930 à 1965. Par la suite, Decca s'est mal adapté aux succès de la musique pop et les grandes multinationales du disque ont amélioré leur implantation outre-Manche. De 1967 à 1977, le ratio de concentration est passé de 87 % à 58 % [24]. En Allemagne et aux États-Unis, la concentration mesurée avec le même ratio est

---

22. Source : Th. Guback, *Film Échange, op. cit.* Les données statistiques que nous utilisons pour mesurer la concentration ont été enregistrées au niveau de la distribution et non de la production. Elles surévaluent donc un peu la part des grandes firmes puisque celles-ci distribuent également des entreprises indépendantes.

23. Source : Hennion et Vignolle, *op. cit.*

24. Source : Murdock et Golding, *op. cit.* Les cinq premières firmes de disques en Angleterre en 1977 étaient E.M.I., C.B.S., Warner, Polydor et Phonogram.

respectivement de 65 % et 60 % [25]. Dans ce dernier pays, l'événement important a été la rapide ascension de Warner durant ces quinze dernières années. A travers ces informations, nous voyons mieux se dessiner les caractéristiques de la concentration dans le domaine de la marchandise culturelle. Si la concentration du disque et du cinéma est ancienne et très forte, elle semble stabilisée autour d'un ratio de 60 à 70 %. Quand elle dépasse très largement ce niveau, comme en Angleterre dans le disque, l'innovation risque d'échapper aux firmes monopolistiques, et à ce moment-là on assiste à une baisse de la concentration.

En dehors de ces accidents historiques qui semblent ne pas durer, on peut distinguer dans le cinéma et le disque trois types d'entreprises : les groupes oligopolistiques, les firmes moyennes et les indépendants. Cette structure, qui se rencontre également dans l'édition littéraire, nous paraît caractéristique de la marchandise culturelle. Les grands groupes sont, sur un marché national, rarement plus de cinq ou six, ils sont ordinairement multinationaux, et sont intégrés verticalement, les deux fonctions de production et de distribution se renforçant l'une l'autre. Parfois deux de ces groupes s'associent pour la distribution. Ainsi Phonogram (Philips) et Polydor (Siemens) créèrent en 1962 une filiale commune, Polygram, qui assure un certain nombre de tâches pour les deux maisons mères. En France, une filiale de Polygram (C.I.D.I.S.) assure le pressage et les messageries des disques de Phonogram et de Polydor. De même, dans le cinéma, Paramount et Universal ont fusionné leurs circuits de distribution à l'étranger dans Cinema International Corporation. Face aux groupes monopolistes, on trouve un grand nombre d'indépendants. Ceux-ci sont particulièrement nombreux dans le disque, dans la mesure où il n'y a pratiquement pas de barrière économique à l'entrée dans la profession : nous avons en effet vu que les investissements étaient réduits. En France, alors que dix firmes font 85 % du marché, il existe deux cent cinquante éditeurs dont beaucoup travaillent de façon éphémère ; une petite centaine a une production régulière. Certes la mortalité de ce type d'entreprises est forte, mais de nouvelles maisons d'édition remplacent celles qui disparaissent. Ces petits éditeurs sous-traitent le pressage, la distribution (promotion et représentants) et les messageries ; ils ne

25. Source : M. Soramaki et J. Haarma, « The international Film industry », Finnish Broadcasting Company, ronéo., juin 1979, 31 p. Les cinq premières firmes allemandes sont E.M.I., Bertelsmann, Polydor, Phonogram et C.B.S. Aux États-Unis il s'agit de Warner, C.B.S., E.M.I., R.C.A. et A & M.

conservent que l'activité spécifiquement artistique. Par contre, ils se mettent sous la dépendance des grandes firmes. Mais celles-ci, contrairement à ce que nous avons vu précédemment dans le hardware, n'abusent pas de leur position dominante. Les travaux déjà cités d'A. Hennion et J.P. Vignolle donnent des indications précises sur les rapports contractuels qui s'établissent entre l'oligopole et les petits éditeurs. Autant au niveau des studios d'enregistrement qu'à celui du pressage, les productions internes aux firmes intégrées ne sont pas prioritaires dans les plannings. Par ailleurs, les prix pratiqués vis-à-vis des éditeurs extérieurs ne sont que légèrement supérieurs aux tarifs internes. Le remplacement des contrats de production par des contrats de distribution [26] est aussi un autre indice de la force relative des petits éditeurs face aux grandes firmes intégrées [27]. En définitive, on peut considérer qu'il y a un certain équilibre entre les éditeurs indépendants et les firmes oligopolistiques. Les premiers ont besoin des secondes puisqu'ils ne peuvent assurer seuls l'ensemble du cycle de production-distribution. Mais la réciproque est également vraie : les petits éditeurs acceptant de prendre plus de risques, ils jouent un rôle de découvreur de talents essentiel à la reproduction de l'ensemble de la profession. Les grandes firmes savent d'ailleurs profiter des découvertes des indépendants en rachetant au besoin telle ou telle vedette. De même quand Warner a voulu s'implanter en France, il s'est associé à Filipacchi. L'équilibre précédent est malgré tout instable et joue davantage en faveur des firmes de l'oligopole qui contrôlent la distribution. Dans le cinéma américain, on retrouve un équilibre analogue entre les majors et les producteurs indépendants. A côté de leurs propres productions, les majors « patronnent » certains films d'indépendants. Dans ce cas, ils prennent en charge la distribution, et avancent une partie des coûts de production ; par contre le contrôle de la réalisation est assuré par le producteur. Un tel système permet de drainer de nouveaux talents à moindres frais. Parallèlement à cette collaboration avec les indépendants, les grands groupes de la

---

26. Dans un contrat de production le petit éditeur indépendant cède son produit à une autre firme qui assure le pressage et/ou la distribution moyennant une rétribution du travail de l'éditeur. Au contraire, dans le contrat de distribution, le produit appartient toujours à l'éditeur, la firme prestataire de services étant considérée comme un sous-traitant. Ce deuxième type de contrat est bien sûr plus avantageux pour l'éditeur indépendant.

27. Notons également que pour diminuer leur dépendance vis-à-vis des firmes oligopolistiques, les éditeurs indépendants essaient quand ils le peuvent de faire appel simultanément à plusieurs firmes.

marchandise culturelle ont trouvé une autre façon d'éviter la sclérose en décentralisant les fonctions d'édition ou de production. Dans le livre, un groupe comme Hachette a laissé son autonomie aux maisons d'édition qu'il a rachetées (Grasset, Fayard, Stock...) ; de même dans le disque les directeurs artistiques ont une grande autonomie par rapport à la firme. L'incapacité à assurer eux-mêmes leur distribution fait que les producteurs indépendants n'ont pratiquement aucune chance d'accéder au rang de « majors ». Par contre, au sein des majors, des firmes moyennes comme l'a longtemps été United Artists peuvent passer au premier rang. Il faut également constater que seuls les groupes les plus importants possèdent un réseau de distribution internationale. Ainsi quand M.G.M. a diminué ses activités cinématographiques, elle a confié la distribution de ses films à l'étranger à Cinema International Corporation. Dans le disque, où les investissements par produit sont moindres, la mobilité des firmes est un peu plus grande. Certaines petites maisons d'édition ont pu devenir des firmes moyennes ; c'est le cas aux États-Unis d'un certain nombre de firmes qui ont été créées ces vingt dernières années. Certaines se sont spécialisées dans un créneau de marché spécifique comme Motown, qui est le principal éditeur des noirs américains ou K-tel qui fait essentiellement des rééditions (« les Hits des années cinquante, », les « Hits Disco »...) D'autres maisons comme A & M ont joué un rôle innovateur important notamment dans la musique rock et la « middle of the road music ». Les firmes moyennes qui ont eu la croissance la plus rapide sont celles qui ont pu bénéficier des investissements d'autres secteurs des media. Le cas d'Arista est probablement le plus exemplaire. Cette maison d'édition a été créée en 1974 par C. Davis, l'ancien président de la division disque de C.B.S. avec des capitaux de la firme cinématographique Columbia. Grâce à une excellente connaissance du milieu, Davis a fait d'Arista en trois ans la sixième ou la septième firme du marché intérieur américain. Ces firmes ont principalement accès au marché national et ont des réseaux limités à l'étranger. Si exceptionnellement l'une d'entre elles peut accéder, comme Warner, au club des groupes monopolistes, elle prend alors une dimension transnationale. Quand elles n'ont pas une vocation spécifique, les autres firmes finissent souvent par être rachetées. Ainsi en 1979, E.M.I. a racheté le département disque d'United Artists et l'éditeur phonographique américain M.C.A. l'activité disque du réseau de télévision A.B.C. [28].

---

28. Sur la présentation des firmes américaines de disque, voir M. Soramaki, *op. cit.*

Le rôle des firmes moyennes sur le marché français est assez identique. Elles ont un rôle innovateur important. Ainsi Barclay et Vogue, créées à la fin des années quarante, ont lancé en France la chanson yéyé au début des années soixante. Elles sont souvent plus aptes à sentir l'évolution du marché. La maison de disques lancée par l'ancien directeur artistique Carrère, par exemple, a proportionnellement un nombre de tubes supérieur aux grands éditeurs. Par contre ces firmes qui sont à capitaux français, alors que les grands de la branche sont des multinationales à capitaux étrangers, n'ont jamais réussi à accéder à la distribution internationale. Les tentatives dans ce sens réalisées par Barclay et Vogue ont échoué. En définitive, la situation de ces firmes, dont les parts de marché ne dépassent jamais 10 %, est fragile, et certaines d'entre elles finissent par perdre leur indépendance. Fin 1978, Barclay vendait 40 % de son capital à Polygram et 40 % à la Société générale. Tout en gardant une autonomie de gestion, la firme rentrait dans le giron d'un grand groupe. Polygram a également racheté, à la fin de l'année 1979, le département disque du groupe Decca. De même, Erato (le plus gros éditeur spécialisé dans la musique classique) a cédé une part de son capital à R.C.A.

Principaux éditeurs de disques en France

Source, Hennion et Vignolle

		Part de marché en 1977 (au niveau de la distribution)
1	Phonogram	18,5 %
2	Pathé-Marconi (E.M.I.)	14,5 %
3	Polydor	11 %
4	C.B.S.	9 %
5	Barclay	6 %
5	Mudidisc	6 %
5	Vogue	6 %
8	Disc'Az	5 %
8	Warner - Filipacchi	5 %
10	R.C.A.	4 %
11	Carrère	3,5 %
12	Decca	3 %

La dispersion du cinéma français

La coexistence au sein des industries culturelles de grandes firmes monopolistes et d'entreprises petites ou moyennes implique des rapports de dépendance de ces dernières vis-à-vis des grands groupes. Ceux-ci, en contrôlant largement la distribution, occupent une position nettement dominante. Cette prépondérance de la distribution dans l'activité du capital monopoliste est attestée par le fait que celui-ci peut se désengager de la production quand elle apparaît trop risquée. C'est notamment le cas du cinéma français. Pour l'historien économique, le cinéma français constitue probablement un cas assez rare : celui d'une branche dont le niveau de concentration a très fortement diminué. On sait qu'en 1914, ce cinéma était très largement dominé par Pathé et Gaumont. Cinquante ans plus tard, on y trouve un grand nombre de petites entreprises. En 1978, il existait 574 producteurs [29], mais seul un quart d'entre eux a eu une activité dans l'année, et une infime minorité a pris des participations dans plus de trois films. Par ailleurs ces firmes ont une espérance de vie très limitée, puisque parmi les 440 sociétés de production qui ont mis au moins un film en exploitation de 1950 à 1959, seules 18 exerçaient encore une activité en 1976-77 [30]. La distribution est par contre une branche plus concentrée : sur environ 150 entreprises, seules neuf exercent leurs activités sur l'ensemble du territoire national ; elles représentent, avec sept distributeurs de taille moyenne, selon les années, entre 80 % et 85 % du chiffre d'affaires de la profession. La plupart des autres firmes sont spécialisées, soit dans l'art et l'essai (49) soit dans le film Karaté ou le film pornographique.

---

29. Source : C.N.C.
30. Source : étude de P. Cheret sur « La dégradation de l'activité des sociétés de production de films français », citée par *Film Échange*, nᵒ 3, 1978.

Principaux distributeurs cinématographiques en France. Chiffre d'affaires (1978) en millions de francs

1 Gaumont	....	141
2 Cinema International Corporation	....	128
3 Warner-Columbia	....	91
4 A.M.L.F.	....	83
5 C.C.F.C.	....	65
6 Walt Disney	....	59
7 20th Century-Fox	....	50
8 Artistes Associés	....	49
9 Parafrance	....	37

Source : *Le Monde,* 18 mai 1979.

La plus grande concentration de la distribution par rapport à la production met celle-là en position dominante, d'autant plus que, comme nous l'avons vu, le distributeur intervient souvent dans le financement de la production et participe au choix des collaborateurs artistiques et des interprètes. Jusqu'à la fin des années soixante, l'exploitation était, tout comme la production, une profession très dispersée. Puis on a assisté, en quelques années, à quelques grandes opérations de concentration. En 1968, Gaumont et Pathé rapprochaient leurs activités d'exploitation en créant un G.I.E. Un ensemble d'exploitants indépendants rachetait en 1971 à l'État les salles U.G.C. Quant au groupe Parafrance, constitué d'un regroupement des salles parisiennes des frères Sirytski et des intérêts français de Paramount, il s'alliait en 1972 avec un gros circuit de province (Océanic-Film). Ces trois réseaux d'exploitation sont moins importants par le nombre de salles qu'ils possèdent directement que par celles qu'ils programment. Ainsi Gaumont-Pathé est propriétaire d'environ 140 salles et en programme 580, (dont 440 indépendantes). Aujourd'hui les trois grands circuits Gaumont-Pathé, U.G.C. et Parafrance programment environ un tiers des salles mais réalisent les trois quarts des recettes de la branche. Ainsi un nouvel intermédiaire s'est constitué entre la salle et le distributeur. Le réseau peut soit appartenir à une firme partiellement ou totalement intégrée (Gaumont, Parafrance, ou même Pathé qui a des liens avec A.M.L.F.), soit signer un accord préférentiel avec un distributeur, comme l'a fait Gaumont-Pathé avec Fox, soit enfin négocier en position de force avec les distributeurs. Cette récente restructuration, qui s'est accompagnée d'une concurrence sauvage entre les réseaux et souvent de fortes pressions sur les exploitants, est contemporaine du phénomène de rénovation des salles de cinéma (création de salles multi-écrans) qui a drainé vers l'exploitation des capitaux importants. Pour ce qui est des firmes intégrées, ces investissements se sont souvent réalisés au détriment de la production de films. Ainsi, Pathé a arrêté depuis quelques années la production et la distribution cinématographiques pour se consacrer essentiellement à l'exploitation. Le cinéma français fonctionne aujourd'hui selon une structure en entonnoir, la concentration croît quand on descend vers l'aval. Les réseaux sont donc dans une situation largement dominante. Ce phénomène est caractéristique d'un pays offrant un marché cinématographique restreint. En Angleterre, où la production est beaucoup plus faible qu'en France, la constitution des réseaux de salles est plus ancienne (en 1944, ceux-ci contrôlaient un quart de l'exploitation [31]). Aujourd'hui le niveau de concentration est voisin de celui atteint en France, les circuits contrôlent 70 % de l'exploitation, deux d'entre eux (E.M.I. et Rank) qui sont des firmes intégrées, intervenant pour 40 %. Au contraire, aux États-Unis, où le film dispose d'un marché national étendu et d'importantes recettes à l'exportation, la phase de production-distribution est largement dominante. D'une part, elle est beaucoup plus concentrée que l'exploitation : huit major Companies totalisent 82 % des recettes, alors que dans l'exploitation, le plus gros exploitant, General Cinema, n'obtient que 8 % des recettes salles. D'autre part, la diminution de la production hollywoodienne depuis quelques années place les majors dans la situation enviable d'un marché où l'offre est inférieure à la demande, ce qui permet à ces compagnies d'imposer leurs conditions aux exploitants.

La concentration réglementée dans la culture de flot

On a assisté, durant ces dernières années, à l'émergence au sein de la culture de flot, de deux nouvelles industries audiovisuelles : la télédistribution et les radios-télévisions locales. L'évolution de la concentration dans ces deux secteurs semble assez caractéristique des tendances structurelles de la culture de flot.

La télédistribution a démarré en Amérique du Nord au début des années cinquante dans le cadre d'entreprises petites ou moyennes. Dans les agglomérations de faible dimension, c'est

---

31. Source : rapport de l'Association Film Conservation & Utilisation Society.

souvent le petit capital local qui a investi dans cette nouvelle activité. Dans les grandes villes, les capitaux venaient plutôt de firmes moyennes du secteur des media ou des télécommunications. Les réseaux étaient assez peu étendus et on pouvait avoir dans une même agglomération jusqu'à une dizaine de réseaux gérés par des entreprises différentes. On assiste depuis une quinzaine d'années et plus particulièrement à partir des années soixante-dix, à un double mouvement de concentration technique et de centralisation du capital. L'interconnexion des réseaux permet la constitution d'unités de plus grandes dimensions, ce qui entraîne une diminution du coût de fonctionnement par abonné. Parallèlement, les petites entreprises ont été souvent rachetées, par des firmes plus importantes. Ces mouvements de concentration ont eu pour conséquence que dans les villes il reste rarement plus d'un ou deux réseaux de câble, appartenant la plupart du temps à de grandes compagnies. A la campagne, la concentration est moins élevée, le capital monopoliste étant peu intéressé par des réseaux moins denses de rentabilité plus faible. En 1978, la concentration au Canada était très forte puisque les cinq premiers groupes [32] desservaient 49 % des abonnés et que parmi eux, trois avaient noué des liens financiers. A la même date aux États-Unis, la concentration était moins importante, les cinq premiers groupes [33] reliaient 25 % des abonnés et les dix premiers 36 %.

On a beaucoup parlé du développement sauvage des radios et télévisions locales en Italie, ce modèle de « non-organisation » de la radio-télévision devenant l'exemple repoussoir de tous les projets de réforme envisagés en France ces dernières années. Pour l'économiste, le cas italien est intéressant à observer puisqu'on voit s'y développer une concurrence féroce entre les stations et des mouvements de concentration souterrains importants. En matière de concurrence, c'est la loi de la jungle qui règne, les stations puissantes brouillent les plus faibles. La difficile viabilité financière de ces stations entraîne de nombreux rachats et la création de quasi-networks qui, surtout dans la télévision, négocient les achats de programmes et les ventes

---

32. Par ordre d'importance décroissante *Premier Cablevision,* Canadian Cable Systems, *National Cablevision,* Mac Lean Hunter, Cable T.V. et *Rogers Cable T.V.* Les trois groupes soulignés ont des liens financiers entre eux. (Source : *T.V. Factbook.*)
33. Par ordre d'importance décroissante : Teleprompter, American T.V. and Communications, Warner Cable, Cox Cable, Community Telecommunications Inc. (Source : *T.V. Factbook.*)

d'écrans publicitaires. Les deux exemples de la télédistribution et de la radio-télévision privée italienne montrent qu'il y a une forte tendance à la concentration et au développement d'une concurrence sauvage dans le domaine de la culture de flot. Cette tendance « naturelle » présente deux graves inconvénients ; une utilisation anarchique de l'espace hertzien et des réseaux de télécommunications, un risque de monopole de l'information par quelques groupes privés. Face à cette double menace technique et politique, l'État est intervenu soit en réglementant la concurrence, soit en instituant un monopole. Aux États-Unis, la réglementation de la F.C.C. interdit aux entreprises de posséder ou d'exploiter plus de sept stations de radio en modulation d'amplitude et plus de sept stations de télévision dont cinq au maximum peuvent être des stations importantes. Par ailleurs, cette instance gère les fréquences pour arriver à une utilisation optimale de l'espace hertzien. En Angleterre, lors de la création des télévisions puis des radios commerciales, une réglementation très stricte a également été instituée sur la propriété de ces entreprises. Aucune firme ne peut posséder deux stations de télévision ou même la majorité d'une station de radio. Il faut noter que cette réglementation de la concurrence n'est pas propre à la radio-télévision puisqu'on la retrouve pour des motifs techniques dans l'ensemble des systèmes de télécommunications (c'est ainsi qu'A.T.T. s'est assuré un quasi-monopole du téléphone aux États-Unis) et pour des raisons politiques dans la presse (en France, l'ordonnance d'août 1944 réglemente, en théorie, l'organisation des quotidiens).

Cette régulation de la concurrence par l'État offre l'inconvénient d'officialiser des situations de monopole. Dans les télécommunications, certaines innovations technologiques sont freinées, pour ne pas menacer les situations acquises. Ainsi, aux États-Unis où le système national de satellite est contrôlé par les firmes présentes dans les télécommunications par câble et par micro-ondes, celles-ci privilégient leurs réseaux terrestres par rapport à un système plus efficient comme le satellite qui concurrencerait leurs installations actuelles [34]. Nous avons vu que cette situation est fortement critiquée et que le problème des relations entre l'innovation technologique et les quasi-monopoles des télécommunications est au centre du débat actuel sur la

---

34. Sur la sous-utilisation des satellites, voir W. Melody, « Satellites : on a runaway course of logical development », communication au Symposium de Burgos, juin 1979.

« dérégulation ». En Europe où existe un monopole public de la radio-télévision, celui-ci est de plus en plus mis en question dans de nombreux pays. Cette remise en cause du modèle de la radio-télévision publique correspond à l'importation en Europe du modèle américain, repris par un certain nombre de groupes privés des media. Mais dans le cadre de la réflexion que nous menons dans ce chapitre sur la concentration, l'émergence successive, ces dernières années, des radios commerciales, des radios pirates, des radios libres doit également s'analyser comme la création à l'extérieur du monopole de pôles d'innovation analogues aux firmes indépendantes que nous avons rencontrées dans le cinéma et le disque. En 1955, Europe 1 lançait un nouveau style radiophonique en France ; dix ans plus tard, Radio-Caroline, installée sur un bateau en Manche, faisait une expérience analogue tournée vers l'Angleterre. Les deux stations se sont appuyées sur un nouveau style musical (yéyé en France, musique pop en Grande-Bretagne) qu'elles ont en même temps popularisé ; d'autre part, elles ont composé dans leurs pays un nouveau style radiophonique importé des États-Unis. En France, il a fallu une dizaine d'années pour que le style d'Europe 1 s'impose sur R.T.L. et France-Inter. De l'autre côté de la Manche, la B.B.C. a réagi plus vite devant le défi des stations pirates : elle a modifié largement ses programmes et a lancé les stations locales au moment où le gouvernement mettait fin aux expériences des flibustiers de la radio. Les radios libres qui se sont développées ces dernières années remplissent le même rôle : elles sont les anticorps qu'a suscités un système de radiodiffusion en crise. Ce phénomène a d'ailleurs été particulièrement important en Italie, où il n'existait ni stations commerciales ni stations locales [35].

---

35. Ces quelques réflexions ne constituent bien sûr pas une analyse globale du phénomène des radios libres. Pour plus de détail sur ce problème on pourra se reporter à notre étude : R. Chaniac, P. Flichy et M. Sauvage, *Les Radios locales en Europe,* Documentation française, Paris, 1978.

8. les deux cents familles de l'audiovisuel

Les liaisons financières au sein du capitalisme français

Jusqu'à maintenant nous avons étudié le problème de la concentration au sein de chaque branche, d'un point de vue industriel. Il nous faut maintenant examiner les rapports de concentration entre branches, étudier la logique financière de l'accumulation du capital. L'analyse de la structure financière intervenant dans les industries de l'audiovisuel ne peut être menée que par référence à une étude d'ensemble du capitalisme français. Pour ce faire, nous nous sommes appuyés sur le livre de François Morin [1] qui rend compte d'une des rares recherches menées en France sur ce thème. Nos informations viennent principalement de deux sources : les publications de la D.A.F.S.A. et plus spécifiquement l'annuaire *Liaisons financières 1978*, et le dépouillement des rapports d'activités des sociétés concernées. Nous nous sommes surtout consacrés à l'étude du capital financier. Celui-ci est ordinairement défini comme le résultat du procès de fusion entre le capital industriel et le capital bancaire. Mais il peut également être, comme le signale F. Morin, « le produit de la seule fusion du capital industriel ou de la seule fusion du capital bancaire. Un capital est dans cette situation quand ses opérations de croissance externe sont inscrites fonctionnellement dans une stratégie d'accumulation monopoliste ». Si l'on définit le capital financier comme « l'ensemble des capitaux qui organisent principalement la mobilité fonctionnelle de leurs fractions à travers une structure de

---

1. F. Morin, *La Structure financière du capitalisme français*, Calmann-Lévy, Paris, 1974, 311 p.

161

groupe orientée et ouverte vers les opérations de fusion », on voit bien que l'analyse que nous allons faire n'a pas simplement pour objectif de préciser les liaisons existant entre les différents secteurs de l'audiovisuel mais également d'étudier les principaux mouvements d'accumulation et de mobilité du capital dans les secteurs qui nous intéressent. La branche électricité et électronique est celle qui comporte le plus de groupes importants intervenant dans l'audiovisuel. Quatre groupes peuvent être retenus : deux étrangers, Philips et I.T.T., et deux français, C.G.E. et Thomson-Brandt.

Le contrôle étranger : Philips et I.T.T.

Le groupe Philips contrôle en France trois filiales importantes : Radiotechnique, la compagnie française Philips, et Phonogram (voir organigramme n⁰ 1). La Radiotechnique constitue un sous-groupe industriel spécialisé dans l'électronique audiovisuelle grand public et les composants. Elle a pris ces dernières années le contrôle de Schneider Radio T.V. avec lequel elle avait déjà une filiale commune de production (Celmans). Elle possède également deux autres filiales : l'une spécialisée dans les composants — Radiotechnique Compelec dont la C.G.E. possède également une petite part (6 %) —, l'autre est l'un des quatre grands centres de recherche du groupe Philips en Europe : le laboratoire d'électronique et de physique appliquées. La compagnie française Philips est essentiellement une société commerciale. Elle contrôle également T.R.T. qui est spécialisé dans les faisceaux hertziens et a racheté il y a quelques années Portenseigne, premier fabricant français d'antennes de télévision et installateur de réseaux d'antennes collectives et de télédistribution. Phonogram-France est la première société française de disques et le leader du sous-groupe Phonogram-international ; celui-ci s'est associé au niveau international avec une filiale de Siemens (Polydor) pour créer la compagnie Polygram qui remplit un certain nombre de fonctions (pressage, expédition, ...) des deux sociétés mères. En France, Polygram a trois filiales : C.I.D.I.S., première firme française de pressage et de routage de disques ; Telecip ², qui produit des programmes de télévision et Polymedia, spécialisée dans les programmes audiovisuels de formation. Ces deux dernières filiales correspondent à la volonté du groupe Philips d'être présent dans les programmes audiovisuels afin d'acquérir une

---

2. Telecip a été créée en 1963. En 1970, la société s'est associée à Gaumont et depuis les deux sociétés réalisent l'essentiel de leurs programmes en coproduction.

compétence qui pourra être utilisée par la suite dans le vidéodisque. Mais en elles-mêmes ces deux sociétés sont d'une très faible rentabilité. Jusqu'en 1976, le groupe I.T.T. était le premier constructeur français de matériel téléphonique avec ses deux filiales C.G.C.T. et L.M.T. Depuis, cette seconde entreprise a été vendue à la Thomson (voir *infra*), mais la technologie I.T.T. reste largement dominante sur le marché français. Le groupe américain possède également deux filiales dans l'électronique audiovisuelle grand public (Océanic et Sonolor) ainsi que la troisième entreprise française de location de télévision : Telebank. Les autres activités du groupe en France sont multiples. On peut noter particulièrement un investissement dans la formation professionnelle avec la prise de contrôle de Pigier en 1970 [3].

La C.G.E. et Suez ou l'alliance entre deux fractions du capital financier

La Compagnie générale d'électricité (C.G.E.), avec 36 milliards de chiffre d'affaires en 1978, se situe au cinquième rang des groupes industriels français et au premier rang de l'industrie électrique et électronique. Son capital est très largement réparti dans le public. Les actionnaires les plus importants n'ont que des participations relativement faibles. Il s'agit d'abord du groupe C.G.E. lui-même qui, par l'intermédiaire de ses filiales, contrôle 13,2 % de son capital. Le groupe Suez, par l'intermédiaire de l'A.L.S.P.I. dont il a pris le contrôle en 1972, arrive en seconde position avec 4,4 %, mais c'est ainsi le principal actionnaire extérieur de la C.G.E. Les liens entre les deux sociétés sont assez nombreux et constituent la base d'une alliance réciproque entre deux fractions différentes du capital financier [4]. La C.G.E. et Suez participent tous deux au capital de la banque Vernes (voir organigramme n° 2) [5]. Mais c'est surtout en matière audiovisuelle, et plus spécifiquement dans la télédistribution, que la collaboration entre Suez et la C.G.E. apparaît le plus clairement. Au début des années soixante-dix, les deux groupes avaient constitué avec Philips et d'autres entreprises une société

---

3. I.T.T. a revendu l'essentiel de sa participation (66 %) au groupe B.I.S. en 1977.
4. Le mouvement de centralisation du capital financier peut être conduit soit sous l'égide du capital industriel, soit sous celle du capital bancaire.
5. Étant donné la complexité des liaisons financières, notamment dans un groupe financier comme Suez, certaines liaisons ont dû être simplifiées dans la présentation de l'organigramme.

Organigramme 1 : Le groupe Philips

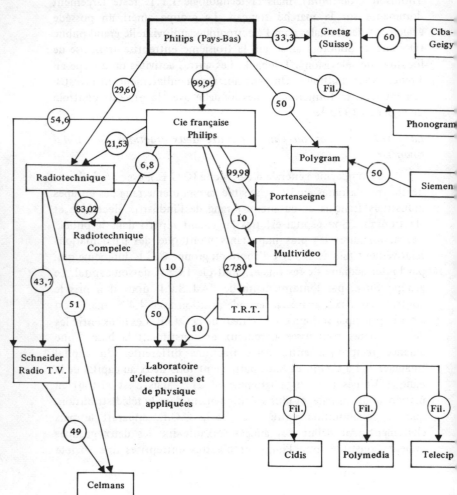

* Philips contrôle également 20,2 % de T.R.T. par l'intermédiaire de la S.D.I.R.E.

d'études sur le sujet : Multividéo. Par la suite Suez a créé avec la B.N.P. une société de financement des réseaux de télédistribution : Codecables. En 1973, la C.G.E., Suez, la Lyonnaise des Eaux (qui est dans la mouvance de Suez) et Coditel, premier câblodistributeur belge, créaient Vidéo-Cités, société de services chargée d'assurer l'ingénierie et la gestion des réseaux de télédistribution. Par ailleurs, le capital de Visiodis, société chargée de l'installation des réseaux, était partagé entre la C.G.E. (51 %), la Lyonnaise des Eaux et Coditel. Ces accords qui n'auront eu qu'un faible impact industriel [6], étant donné le non-développement de la télédistribution, devaient permettre à la C.G.E. (premier groupe français en matière de câbles téléphoniques avec sa filiale les Câbles de Lyon et deuxième en matière de commutation téléphonique avec C.I.T.-Alcatel) de jouer un rôle de premier plan en matière de télédistribution. En dehors de ces participations communes avec la C.G.E., Suez a d'autres participations dans l'audiovisuel. Elle est actionnaire de Pathé et avait une participation dans V.D.M. Promaman (voir *infra*) et dans une société de financement des équipements de télévision, la Sodete (société pour le développement de la télévision). Enfin Suez a facilité à Sony son implantation en France en possédant pendant quelques années 49 % du capital de la filiale française du groupe.

Thomson et la politique d'alliances internationales du capital financier

Nous avons montré précédemment (voir chapitre III) que l'industrie électrique et électronique française était actuellement dominée par deux groupes rivaux, la C.G.E. et Thomson-Brandt. Ces deux sociétés ont noué des liens particuliers avec les deux grandes compagnies financières antagonistes qui dominent le capital bancaire. La compagnie financière de Paris et des Pays-Bas est le premier actionnaire de Thomson-Brandt avec 9,3 % du capital. Les autres actionnaires [7] possédant une fraction beaucoup plus faible du capital, Paribas a une position prépondérante. Ce qui fait que l'alliance entre Thomson-Brandt et Paribas est beaucoup plus

---

6. Les sociétés intervenant dans la télédistribution ayant été mises en veilleuse ces dernières années, les liaisons financières que nous indiquons dans l'organigramme 2 datent ordinairement de 1974 et n'ont pu être mises à jour depuis.

7. Caisse des dépôts 6,5 %, Groupe Suez 2,3 %, U.A.P. 3,5 %, Crédit lyonnais 3,4 %, B.N.P. 2,7 %.

Organigramme 2 : Suez - C.G.E.

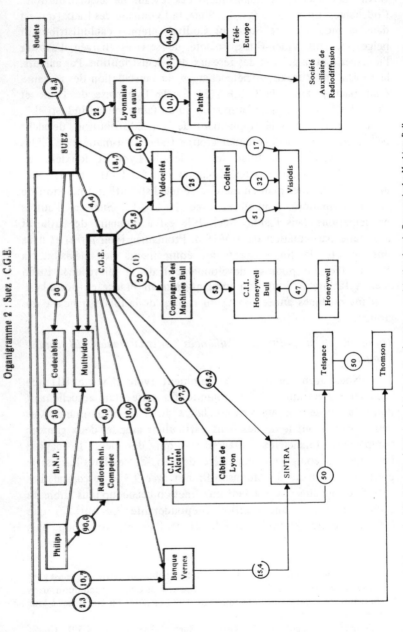

(1) La C.G.E. a vendu, à St-Gobain-Pont-à-Mousson, à la fin de l'année 1979, sa participation dans la Compagnie des Machines Bull.

inégalitaire que celle entre Suez et la C.G.E. Paribas [8], dont deux administrateurs siègent au conseil de Thomson-Brandt [9] comme à celui de Thomson-C.S.F. [10], a été l'artisan de la fusion entre Thomson et C.S.F. et a semble-t-il joué un rôle important dans le rachat de la compagnie de téléphone L.M.T. au groupe I.T.T. et de la Française des téléphones Ericsson à sa maison-mère. Le groupe Thomson comprend deux entités principales (voir organigramme n° 3) : la société mère Thomson-Brandt est spécialisée dans l'électronique grand public. Nous avons vu précédemment qu'elle avait une place importante sur le marché de l'électronique audiovisuelle ; dans l'électroménager, sa part de marché est encore un peu plus élevée. Elle a acquis en 1977 la majorité du capital du fabricant allemand de téléviseurs Nordmende. Thomson-C.S.F. (contrôlé à un peu moins de 50 %) regroupe l'ensemble de l'activité électronique professionnelle et constitue de très loin la première société française dans ce secteur. Jusqu'en 1976, la principale activité du groupe était la construction d'équipements militaires [11], l'activité audiovisuelle (matériel professionnel de radio et de télévision) ne représentant qu'environ 10 % du chiffre d'affaires. La croissance de ces deux activités s'étant fortement ralentie ces dernières années, il devenait important pour Thomson-C.S.F. de développer de nouvelles activités. Le téléphone était un marché particulièrement prometteur puisque les pouvoirs publics avaient décidé d'accorder une priorité à l'équipement téléphonique de la France. Par ailleurs, l'évolution technologique fait que l'électronique va progressivement remplacer l'électromécanique au niveau des standards téléphoniques : Thomson était donc particulièrement bien outillé pour assurer cette mutation technologique. La volonté de diversification de Thomson a rencontré celle des pouvoirs publics de

---

8. L'organisation du groupe de la Compagnie financière de Paris et des Pays-Bas est assez complexe et sa description dépasserait largement le cadre de cette étude. Aussi désignerons-nous par Paribas la Compagnie financière et ses principales filiales : O.P.B. qui gère les participations bancaires du groupe, l'O.P.F.I. spécialisée dans la détention des participations industrielles, etc.
9. Pierre Moussa, président de la compagnie financière de Paris et des Pays-Bas et François Morin, président de l'Omnium des participations financières et industrielles (holding industriel de Paribas).
10. Dickran Indjoudjian, directeur de la Banque de Paris et des Pays-Bas et Michel Jaugey, directeur adjoint de la Banque de Paris et des Pays-Bas.
11. Dans un article paru en avril 1973 dans *Économie et politique*, Jean Desmaison estimait que les activités militaires de Thomson-C.S.F. représentaient entre 45 % et 55 % de son chiffre d'affaires.

franciser l'industrie du téléphone. Avec l'appui du secrétariat d'État aux P.T.T., Thomson a racheté à I.T.T. sa participation dans L.M.T. et a également pris le contrôle de la Française des téléphones Ericsson. Thomson a acquis ainsi environ 30 % du marché français du téléphone et se situe dans ce secteur à égalité avec la C.G.E. Cette politique de francisation de l'industrie du téléphone ne s'est pas faite sans contrepartie. I.T.T. a obtenu que la part de marché de la C.G.C.T. (filiale conservée par I.T.T.) soit augmentée de 14 % à 20 %, mais surtout les P.T.T. ont retenu pour l'équipement immédiat le central téléphonique « Métaconda » développé par L.M.T. dont I.T.T. garde les brevets et le système « Axe » (brevets Ericsson) [12].

Ainsi l'arrivée de Thomson sur le marché du téléphone se réalise dans le cadre d'une coopération technologique avec un grand groupe américain. Cette politique correspond exactement à celle que Thomson avait mise en place dans le secteur du tube couleur en s'alliant à R.C.A. (voir *supra*), ou dans l'électronique médicale où la Compagnie générale de Radiologie (C.G.R.), autre filiale de Thomson-Brandt, a racheté les activités médicales de Westinghouse aux États-Unis et de General Electric en Europe. En contrepartie Westinghouse a acquis un tiers du capital de la C.G.R. Plus généralement, cette politique d'alliance avec des multinationales américaines correspond à la stratégie actuelle du capital financier en France ; J. Jublin et J.M. Quatrepoint [13] ont bien montré les grandes lignes de cette politique qu'ils ont pu repérer dans quatre secteurs industriels (informatique, nucléaire, télécommunication, aéronautique) :

« 1°/ privilégier les accords de coopération avec les multinationales américaines (Honeywell, Westinghouse, I.T.T., Douglas), de préférence aux entreprises européennes ;

2°/ abandon sinon immédiat, du moins à terme, de certains créneaux technologiques au profit des techniques américaines jugées plus rentables. En contrepartie, les entreprises privées françaises obtiennent une part du marché international, comme représentantes exclusives du groupe américain dans certains pays ;

3°/ toutes ces opérations sont fort habilement présentées. Pour désarmer les critiques, on les présente souvent comme une ″ francisation ″ ;

4°/ en contrepartie de leur ″ perte d'influence financière ″, les

---

12. Pour l'avenir, les systèmes « tout électronique » sont retenus.
13. J. Jublin et J.M. Quatrepoint, *op. cit.*, p. 281-282.

groupes américains obtiennent de nombreux avantages. Leurs techniques sont adoptées en France et ils deviennent les fournisseurs privilégiés de l'État. »

On oppose souvent à cette stratégie pro-américaine la politique d'indépendance nationale menée pendant les années soixante. En fait, il s'agit moins d'un choix entre deux politiques que du passage d'une phase à une autre dans le mouvement de centralisation du capital financier en France. On a assisté à partir du milieu des années soixante à une série de grandes opérations de restructuration industrielle ou bancaire menées souvent sous l'égide de Suez ou de Paribas, mais également sous forme de prise de contrôle du capital étranger notamment américain. La plupart des grands groupes français qui se sont ainsi constitués ont gardé l'essentiel de leurs activités, notamment au niveau de la production dans l'hexagone. Les impératifs de la reproduction du capital obligent aujourd'hui ces firmes à envisager de s'internationaliser. Dans la situation de dépendance où se situe le capitalisme français par rapport au capitalisme américain, l'alliance avec une firme d'outre-Atlantique est souvent la voie la plus rapide pour accéder à l'internationalisation, d'autant plus que cette stratégie peut parfois être payante, comme le prouvent la Compagnie générale de Radiologie qui est devenue le troisième producteur mondial dans sa spécialité, ou le rachat de C.B.S. – laboratories (département d'électronique professionnelle) par Thomson-C.S.F. en 1975. Cette acquisition qui reste malgré tout modeste (le chiffre d'affaires de la nouvelle filiale est d'environ 5 % de celui de la division radio-télévision du groupe) devrait permettre à la firme française de suivre l'évolution de la technologie américaine et d'entretenir des relations légèrement privilégiées avec la première chaîne de télévision des États-Unis. La volonté de Thomson de privilégier des partenaires largement internationalisés plutôt que de coopérer avec d'autres firmes européennes ayant plutôt une dimension nationale, s'est également manifestée dans l'accord que Thomson a signé au début de l'année 1977 avec Sony à propos des magnétoscopes trois quarts de pouce professionnel. Le groupe français a en effet refusé les offres de collaboration du constructeur de magnétoscopes allemand Fernseh pour distribuer au contraire le matériel de la firme japonaise.

Paribas et ses partenaires industriels

Une fois présentée la stratégie d'internationalisation de Thomson, il convient de revenir à ses activités audiovisuelles. Bien

169

Organigramme 3 : Groupe Thomson

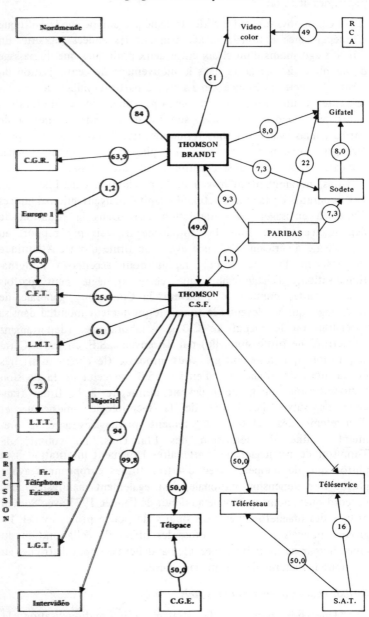

que le groupe travaille essentiellement dans le secteur du hardware et qu'il ait abandonné en 1958 son activité phonographique, puis par la suite l'impression du disque souple, Thomson-C.S.F. a créé, pour acquérir une petite expérience en software, une filiale spécialisée dans la réalisation vidéo professionnelle : Intervidéo. Dans le domaine de la télédistribution, Thomson s'est allié à Paribas pour créer une série de sociétés concurrentes de celles lancées par Suez et la C.G.E. Au début des années soixante-dix, Paribas créait avec Hachette et d'autres groupes industriels une société pour l'étude de la télédistribution : Télé-études (voir organigramme n° 4). En 1974, la compagnie financière montait avec le Crédit lyonnais et différents autres partenaires (dont Thomson et la S.A.T.) une société de financement des réseaux de télédistribution : Gifatel. La même année Paribas créait avec Thomson-C.S.F. et la S.A.T. deux autres entreprises : Téléservice et Téléréseau. La S.A.T. est une société spécialisée dans le matériel de transmission téléphonique dans laquelle Paribas a une assez grande influence [14]. Téléservice est une société d'ingénierie et de gestion de câbles comprenant en dehors des trois sociétés déjà citées, la Compagnie générale des Eaux et différentes banques. Téléréseau est au contraire une société industrielle chargée de l'installation des réseaux, et constituée à part égale entre Thomson-C.S.F. et la S.A.T. [15]. Ce bel échafaudage financier, rigoureusement identique à celui monté par Suez et la C.G.E., a essentiellement aujourd'hui un intérêt historique, l'activité de ces sociétés ayant toujours été très réduite. Néanmoins, il illustre les espoirs mis par les deux plus grands groupes financiers français dans un marché qui n'a jamais été constitué. La profonde rivalité qui oppose Suez à Paribas et la C.G.E. à Thomson avait trouvé dans la télédistribution un nouveau terrain pour se manifester.

La Compagnie financière de Paris et des Pays-Bas exerce également une influence sur un deuxième groupe industriel qui a des

14. La S.A.T. constitue un exemple classique d'autocontrôle triangulaire. Elle appartient à un groupe de trois sociétés (S.A.G.E.M., compagnie des Signaux et S.A.T.) dont chacune possède environ 40 % du capital d'une autre selon le schéma suivant : A contrôle B, B contrôle C, C contrôle A. Le principal actionnaire extérieur est Paribas qui possède 5,9 % de la S.A.G.E.M., 2 % de la S.A.T. et 1,4 % de la Compagnie des Signaux. Par ailleurs, la Banque de Paris et des Pays-Bas assure le service financier des trois sociétés. Ainsi, avec une participation faible, Paribas exerce une influence importante sur le groupe.
15. Thomson-C.S.F. et Paribas ont en partie abandonné leurs participations dans Téléréseau et Téléservice. Nous avons toutefois gardé dans l'organigramme n° 3 les liaisons financières antérieures dans ce domaine.

intérêts dans l'audiovisuel : Hachette. Paribas possède 4,2 % du capital du grand éditeur, ce qui le place nettement après la famille Hachette [16] et à peu près à égalité avec deux autres organismes bancaires : l'Union des banques suisses (5 %) et l'U.A.P. (5,3 %).

De plus, sur les douze membres du conseil d'administration, deux appartiennent à la Compagnie financière de Paris et des Pays-Bas [17]. Les liens de Paribas avec Thomson et Hachette ont produit — à l'époque de l'enthousiasme pour les vidéocassettes et la télédistribution — une ébauche de collaboration entre les deux firmes. Ce rapprochement entre le premier groupe électronique français et le premier éditeur de l'hexagone paraissait à l'époque plein d'avenir. Les difficultés des nouveaux media audiovisuels ont fait que cette alliance ne s'est jamais réalisée. La coopération que Paribas a établie avec Schlumberger [18], autre groupe industriel ayant des activités dans l'audiovisuel, est de nature différente. En effet les liens noués entre les deux sociétés le sont sur une base égalitaire : le président de chacun des deux groupes est administrateur de l'autre [19]. Paribas a cédé en 1970 le contrôle de la Compagnie des Compteurs à Schlumberger [20]. Par ses relations avec Hachette et Schlumberger, Paribas contrôlait R.T.L. conjointement avec Havas jusqu'en février 1974. A cette date, les principaux actionnaires de la

---

16. Selon F. Morin, la famille Hachette détiendrait environ 40 % du capital de la librairie. Par contre, le *Dictionnaire des groupes industriels et financiers en France* (Le Seuil, janvier 1978) indique un pourcentage de 8 à 10 %.

17. Jacques de Fouchier et Pierre Moussa.

18. Schlumberger Ltd. est un groupe franco-américain dont le siège se trouve, pour des raisons fiscales, aux Antilles néerlandaises. Ses deux activités essentielles sont la recherche pétrolière d'une part, le comptage et l'électronique d'autre part.

19. Jacques de Fouchier, président d'honneur de la compagnie financière de Paris et des Pays-Bas est administrateur de Schlumberger Ltd. Jean Riboud, président de Schlumberger, est administrateur de Paribas.

20. Parallèlement à ces alliances industrielles, Paribas a établi des contacts privilégiés avec des groupes bancaires. Deux d'entre eux nous intéressent ici plus particulièrement : l'U.A.P. et Lazard. Paribas et le groupe public d'assurance U.A.P. possèdent chacun un peu plus de 20 % du capital de la F.N.A.C. Nous avons également signalé les liens qui existaient entre ces deux groupes à propos de Hachette.

L'alliance de Paribas et de Lazard se manifeste notamment dans les Chargeurs réunis dont les deux groupes ont acquis en même temps une part du capital. Lazard et les Chargeurs réunis contrôlaient Locatel, première société française de location de téléviseurs jusqu'à l'été 1979 ; à cette date la société anglaise Thorn, premier groupe mondial de location de téléviseurs, a acquis la majorité du capital de Locatel.

Compagnie luxembourgeoise de Télédiffusion qui exploite R.T.L. étaient les suivants : Paribas 10 %, Hachette 1 %, *Télé sept jours* (possédé conjointement par Hachette et le groupe Prouvost) 14 %, Compagnie des Compteurs 12 %, Havas 15 %, le groupe belge Bruxelles-Lambert 35 %, Baron Empain 3 % (voir organigramme n° 5). On a assisté en 1974 à un renversement des alliances. L'agence Havas s'est associée au groupe Bruxelles-Lambert et au Baron Empain pour former la société de portefeuille Audiofina qui contrôle 53 % du capital de C.L.T. Dans cette nouvelle combinaison, Havas, et donc l'État français qui le contrôle, a obtenu la possibilité de choisir l'administrateur délégué et par conséquent possède un certain contrôle politique sur la station. Depuis, la structure d'Audiofina a été un peu modifiée. Cet holding contrôle, conjointement avec sa filiale Fratel, 54,6 % de la Compagnie luxembourgeoise de Télédiffusion. Son capital est réparti entre la banque Bruxelles-Lambert (49 %), le groupe Havas 28,5 %, Electrorail Grands Lacs 4,8 % [21]. En 1976, Hachette a racheté la part du groupe Prouvost dans *Télé sept jours* et possédait ainsi 16 % du capital de C.L.T. L'année suivante le groupe éditorial a réduit sa participation à 8 %.

Les grandes firmes cinématographiques

R.T.L. n'est pas la seule participation que le groupe Schlumberger possède dans l'audiovisuel. En 1970, la Compagnie des Compteurs avait une participation de 24 % dans le capital de Gaumont. Les années suivantes elle a acquis d'autres parts pour arriver à 39 % en 1973. Cette participation avait été confiée à une filiale : Cinépar. En 1974 la compagnie a cédé 51 % du capital de Cinépar à Nicolas Seydoux [22], puis l'année suivante 91,8 %. Aujourd'hui, Cinépar possède 48 % du capital de Gaumont et Nicolas Seydoux, qui en possède également 5,6 %, contrôle donc la première entreprise cinématographique française [23] (voir

---

21. Pour simplifier la lecture de l'organigramme 5, nous n'avons pas porté le holding Audiofina et avons considéré que ses actionnaires possédaient directement des parts du capital de R.T.L.
22. En dépit de ce désinvestissement, Schlumberger garde des liens personnels avec Gaumont, puisque Nicolas Seydoux (P.D.G. de Gaumont) et Jérôme Seydoux (ancien P.D.G. de la Compagnie des Compteurs) sont frères : ils sont les petits-fils de Marcel Schlumberger fondateur du groupe Schlumberger.
23. Les autres actionnaires importants sont R.T.L. (11,5 %), Dassault (10 %), Jean Le Duc (5,5 %), Havas (3 %). Paramount possédait jusqu'en 1973 8 % du capital.

Organigramme 4 : PARIBAS

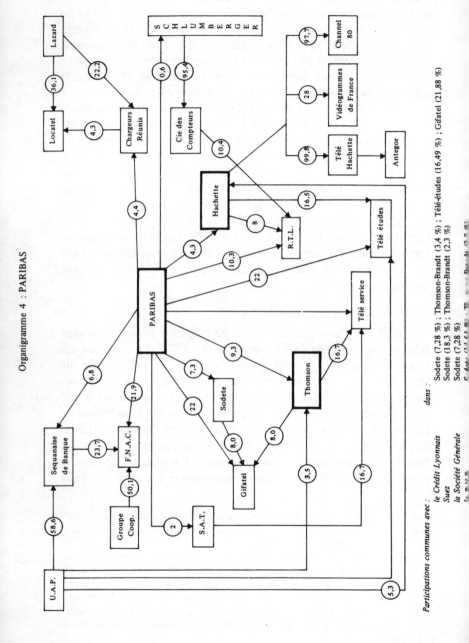

Participations communes avec :   *dans :*

le Crédit Lyonnais   Sodete (7,28 %) ; Thomson-Brandt (3,4 %) ; Télé-études (16,49 %) ; Gifatel (21,88 %)
Suez   Sodete (18,3 %) ; Thomson-Brandt (2,3 %)
la Société Générale   Sodete (7,28 %)

organigramme n° 5). Cette évolution illustre bien la politique du groupe Schlumberger qui, après s'être intéressé à l'audiovisuel, semble avoir décidé de se retirer de ce secteur pour se consacrer à ses deux activités principales. La Compagnie des Compteurs a réduit ces dernières années sa part dans R.T.L. de 16 % à 12 %. Elle a vendu à Thomson le département télévision de sa filiale Compteurs Schlumberger. La deuxième société cinématographique française Pathé est contrôlée par le groupe financier Rivaud qui possède 50,9 % du capital. Les autres actionnaires importants sont le groupe Suez (10 %, par l'intermédiaire de la Lyonnaise des Eaux), Havas (10 %) et Gaumont (7 %). Gaumont et Pathé ont plusieurs filiales communes : la Société générale de travaux cinématographiques (développement et tirage de films) qui a également une participation dans la Société industrielle de Joinville (tirage 16) [24], et le Groupement d'intérêt économique Gaumont/Pathé qui programme le plus grand réseau français de salles. Cette alliance entre les deux groupes paraît toutefois inégale puisque Gaumont est actionnaire de Pathé, fait un chiffre d'affaires plus importants, et reste la seule firme cinématographique intégrée alors que Pathé a abandonné la production et en bonne partie la distribution.

Les radios périphériques

On a présenté plus haut la répartition du capital de R.T.L. Son principal concurrent Europe 1, est contrôlé d'une part par la Sofirad (holding à capitaux publics) − 35,6 % des parts et 46,9 % des voix (du fait d'actions à vote double) − et d'autre part par le groupe Floirat − 32,2 % du capital et 26,8 % des voix. Cette répartition des voix permet à l'État d'exercer un contrôle sur la station au niveau de l'information [25] tandis que la gestion courante est assurée par le groupe Floirat [26]. Europe 1 constitue un groupe industriel présent dans l'ensemble du software audiovisuel (voir organigramme n° 6). La société Disc'Az est un éditeur moyen de disques surtout spécialisé dans la variété. Une autre filiale du groupe

---

24. **Gaumont** et Pathé ont revendu récemment leurs participations dans la Société générale de travaux cinématographiques au laboratoire cinéma C.T.M.
25. L'État français, avec le « renfort » des compagnies d'assurances nationalisées et de la principauté de Monaco, possède la majorité des voix.
26. Le président délégué, le vice-président délégué et l'administrateur directeur général technique appartiennent au groupe Floirat. La Sofirad, elle, est représentée de façon permanente par un administrateur délégué.

Organigramme 5 : Pathé-Gaumont, R.T.L.

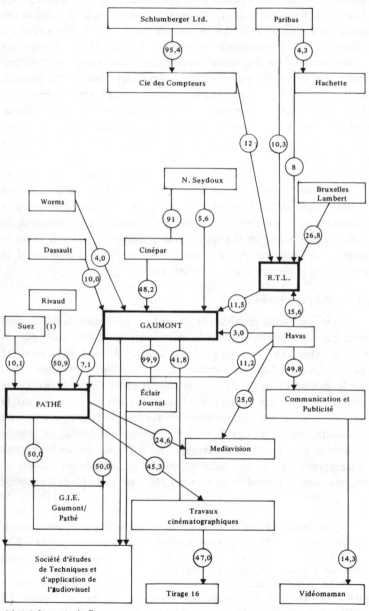

(1) via la Lyonnaise des Eaux.

assure la distribution de ses produits. La régie publicitaire de la station est assurée par la société Régie nº 1 qui est une filiale à 50 % du groupe Europe 1 — images et son et de Publicis. Le groupe Floirat qui a également d'autres activités industrielles notamment dans le secteur militaire et spatial (Matra) s'est également intéressé à la télévision : Floirat et Europe 1 sont actionnaires de la Compagnie française de Télévision, gestionnaire des brevets S.E.C.A.M. [27]. A travers E.M.O., le groupe a essayé, il y a quelques années, de s'implanter dans la télévision couleur. Mais Floirat qui est ainsi le seul groupe français à être présent simultanément dans le hardware et le software s'est toujours très vivement intéressé à la création d'une chaîne privée de télévision. En attendant cette ouverture, tant désirée, du monopole, Europe 1 a fait quelques expériences à Monte-Carlo et au Liban. La Société spéciale d'entreprises qui a construit et exploite Télé Monte-Carlo a pour principal actionnaire Europe 1. Le groupe radiophonique détenait, jusqu'en 1976, 32 % du capital ; il en possède aujourd'hui la majorité avec 54 % des parts. Les autres actionnaires sont Publicis (20 %) et la principauté de Monaco (18,5 %) [28]. Le rayon de diffusion en France de la station est très limité. Par contre, la société a commencé en 1974 à émettre un deuxième programme en italien diffusé en direction du golfe de Gênes et repris par une chaîne de petits réémetteurs. Ce programme italien a permis à Télé Monte-Carlo de devenir bénéficiaire à partir de 1977. Au Liban, Europe 1 possédait 20 % de la société Advision qui assurait la gestion de la Compagnie libanaise de Télévision et contrôlait 50 % de la station commerciale Télé-Orient. La société française s'est dégagée de ces participations en 1975 [29]. Europe 1 a enfin quelques activités de production de programmes de télévision par l'intermédiaire de ses filiales Télé-compagnie et Télé-union. La diversification d'Europe 1 vers le disque et la télévision n'a pas pour l'instant été un succès financier. L'activité disque est à peine rentable, tandis que la télévision — ce qui est normal pour une activité expérimentale — a longtemps été déficitaire. Au contraire, l'ensemble du groupe dégage une marge de profit élevée [30]. Parallèlement à sa participation dans le capital d'Europe 1, la

---

27. Les actionnaires sont : Thomson-C.S.F. (25 %), St. Gobain (25 %), l'État (25 %), Europe 1 (20 %), Floirat (2 %).

28. Jusqu'en 1976, Dassault possédait 22 % du capital.

29. La Sofirad détient aujourd'hui la majorité (54 %) de la Compagnie libanaise de Télévision.

30. Elle a varié de 12 % à 19 % de 1971-72 à 1974-75.

Sofirad contrôle deux autres stations périphériques : Radio Monte-Carlo à 83 % et Sud-Radio à 99 %. Radio Monte-Carlo [31], qui diffuse deux programmes, l'un en France et l'autre en Italie, contrôle également à 55 % Somera [32] qui, avec des émissions réalisées à 80 % en arabe et à 20 % en français, constitue l'une des premières radios commerciales du Moyen-Orient (voir organigramme n° 7). Une autre société du groupe, Transtélé [33] produit des séries pour la télévision.

La publicité

Après avoir étudié le rôle du capital financier dans l'électronique, l'édition, le cinéma, les stations de radio, il reste à analyser une dernière branche qui touche à l'audiovisuel : la publicité. Les deux groupes les plus importants [34], Havas et Publicis (voir organigramme n° 8), offrent la particularité d'être à la fois des agences et de contrôler la régie publicitaire de différents media. Par ailleurs, Publicis a développé une activité de distribution (drugstore) et Havas contrôle la première agence de voyages française et a acquis récemment des intérêts dans l'édition [35] et dans le cinéma. Dans le secteur audiovisuel, Havas, dont l'État contrôle 56 % du capital, assure la régie publicitaire de R.T.L. [36] dont par ailleurs elle contrôle 15 % du capital (voir *supra*). Publicis, dont M. Bleustein-Blanchet possède 79 % des actions, assure quant à elle la régie d'Europe 1 par l'intermédiaire d'une filiale commune Régie n°1. Les deux grands groupes publicitaires, qui sont largement concurrents, le sont donc également en matière de radio puisque chacun d'entre eux a des rapports privilégiés avec une radio périphérique. Par contre, Havas et Publicis collaborent dans d'autres domaines de l'audiovisuel. Mediavision, qui est le premier circuit publicitaire en matière de cinéma, est contrôlé en commun par les

---

31. Radio Monte-Carlo, qui n'avait à l'origine qu'une audience régionale, a conquis, depuis la récente installation d'un émetteur à grande puissance à Roumoules (Alpes de Haute-Provence), une audience nationale.

32. L'autre actionnaire est T.D.F. (45 %). L'émetteur est installé à Chypre.

33. Le capital est réparti entre Radio Monte-Carlo (66,5 %), la S.F.P. (10 %), Radio-France (5,5 %) et les trois chaînes de télévision (6 % chacune).

34. La plupart des autres agences de publicité exerçant en France sont des filiales d'agences américaines.

35. Havas possède 45 % du capital de la Compagnie européenne de Publication qui édite différentes publications techniques et qui détient 50 % du *Nouvel Économiste*.

36. Par l'intermédiaire d'Information et Publicité, filiale à 94,4 % de Havas et à 5 % de R.T.L.

Organigramme 6 : Le Groupe Floirat et Europe 1

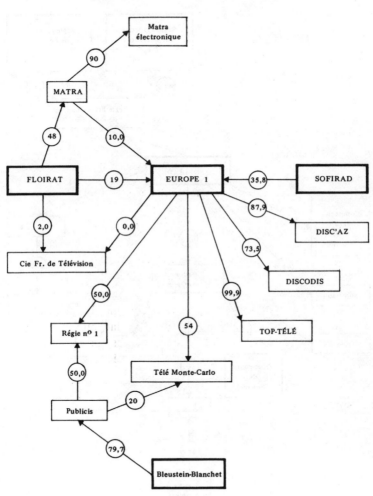

Organigramme 7 : SOFIRAD

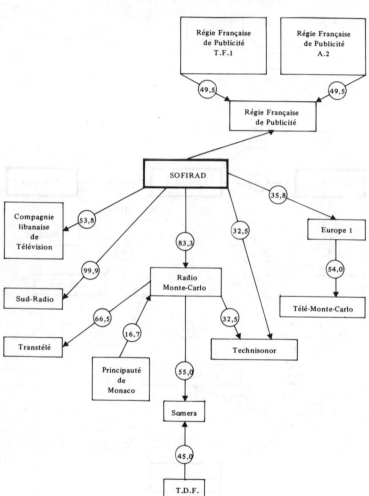

deux groupes et Pathé (25 % chacun). Communications et Publicité, qui est également une filiale commune, regroupe certaines participations dans des sociétés ayant une activité d'étude ou de production audiovisuelle (Multivideo, Télé-union, Francevision...), ainsi que dans le réseau de vidéocassettes destinées à de jeunes accouchées, Vidéomaman [37].

Des conglomérats multi-media

La structure financière du capital évolue constamment. Nous avons essayé dans les pages précédentes d'indiquer quelques unes des évolutions les plus importantes intervenues ces dernières années. Néanmoins, il convient d'analyser plus en détail les mouvements de capitaux à l'intérieur du champ de l'audiovisuel. En effet, ces mouvements sont un des éléments constitutifs d'une certaine homogénéité des industries de l'audiovisuel et plus généralement des media. Par ailleurs, nous avons vu, en étudiant la naissance des systèmes de communication, que l'origine des capitaux qui s'investissent dans une nouvelle technologie détermine en partie la façon dont va se constituer l'usage social du nouveau système. Les chapitres précédents ont souvent présenté branche par branche la stratégie du capital, mais le mouvement d'accumulation n'est pas interne à chaque branche. En analysant les déplacements de capitaux d'un secteur à l'autre, nous serons donc mieux à même de présenter la stratégie des groupes aux activités multiples. Cette analyse ne sera pas limitée à la France et portera notamment sur les firmes américaines et britanniques.

La radio-télévision, un secteur contrôlé par la presse et les autres media

S.W. Head donne pour l'année 1923 l'origine des capitaux investis à l'époque dans des stations de radio [38] aux États-Unis.

---

37. A l'origine, cette société s'appelait V.D.M. Promaman et son capital était réparti ainsi : Havas (33 %), Publicis (24 %), Suez (5 %), Hachette (5 %), Pathé-Cinéma (indéterminé).

38. *Op. cit.*, p. 137.

Organigramme 8 : Publicis/Havas

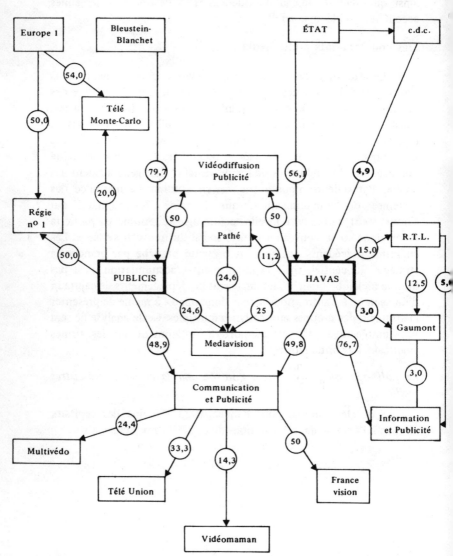

Origine des propriétaires des stations de radio
au 1er février 1923

— Fabricants et distributeurs de matériel de communication	39 %
— Institutions éducatives	12 %
— Éditeurs	12 %
— Grands magasins	5 %
— Institutions religieuses	2 %
— Autres	30 %

Depuis cinquante ans, la situation a largement évolué. Le développement de la télévision, qui a été globalement assuré par les mêmes firmes, a nécessité des investissements importants. Par ailleurs, la réglementation de la F.F.C. a fortement limité la concentration. Aujourd'hui les entreprises du secteur des media possèdent environ 40 % [39] des stations de télévision américaines. La presse qui en contrôle 28 % est de très loin la première branche à avoir investi dans ce secteur. Il s'agit aussi bien de grands groupes de presse comme le groupe Hearst, le groupe Cox, le New-York Times ou le Washington Post qui possèdent des stations sur les grands marchés américains, que de journaux régionaux qui ont investi dans des stations de plus faible dimension. Les éditeurs de livres sont propriétaires d'environ 3 % des stations de télévision : il s'agit notamment des grands éditeurs comme Mc Graw-Hill. L'industrie cinématographique s'est également intéressée à ce marché dont elle en contrôle 5 %. On trouve parmi les propriétaires quelques majors (20th Century Fox, Columbia [40], United Artists) mais surtout des exploitants de salles importants (comme General Cinema ou R.K.O.), ou beaucoup plus modestes. Les trois grands réseaux (C.B.S., N.B.C. et A.B.C.) possèdent également chacun cinq stations de télévision. Si donc les différents media ont investi largement dans les stations de radio-télévision depuis cinquante ans, par contre les firmes électroniques ont pour la plupart abandonné cette activité, puisqu'elles contrôlent 1 % des stations de télévision alors qu'en

---

39. Source : *Television Factbook*, nº 46, édition 1977.
40. Columbia a vendu en 1976 une partie de ses actifs dans ce domaine. United Artists en a fait autant en 1977.

1923 elles possédaient 39 % des stations de radio. General Electric et Westinghouse ont toutefois maintenu cette activité. Bien qu'elle puisse paraître un peu marginale dans l'ensemble de la production de ces groupes, elle assure, puisqu'il s'agit de stations bien placées, un profit important. Ainsi, alors que l'activité « broadcast » a représenté, de 1970 à 1978, 2 % à 3 % du chiffre d'affaires de Westinghouse, sa part dans le profit net du groupe était, selon les années, de 10 % à 18 %. D'autres firmes de hardware, comme A.V.C.O., ont acheté plus récemment des stations de radio-télévision [41], mais ce type d'investissement est resté exceptionnel et ne correspond pas à un renversement de la tendance, que nous signalions précédemment, de séparation entre le hardware et le software. Au Japon, la télévision privée est comme aux États-Unis largement liée à la presse ; les trois plus importants journaux nippons contrôlent les trois principaux réseaux de télévision commerciale. En Europe, l'existence d'un monopole public a beaucoup réduit les possibilités d'investissement dans la radio-télévision. Néanmoins les capitaux qui se sont investis dans les quelques stations privées existantes ont souvent la même provenance qu'aux États-Unis. En Grande-Bretagne, deux des principales stations de télévision privée (qui assurent globalement les deux tiers de l'audience) appartiennent à des firmes des media : l'éditeur de disques E.M.I. et la société de location de téléviseurs Granada [42]. Par ailleurs, la société de cinéma Rank Organisation possède une participation dans une station de télévision de moyenne importance (Southern Television). Dans les plus importantes radios-locales commerciales, on trouve des participations minoritaires non négligeables de la presse [43].

En France, la C.S.F. possédait, jusqu'en 1966, 16 % de R.T.L. [44] et Thomson-Brandt a une petite participation (1,2 %) et un administrateur à Europe 1. Par ailleurs nous avons déjà signalé les parts que Schlumberger, Floirat et Hachette possédaient respectivement dans le capital des stations périphériques. Bien

---

41. A.V.C.O., à la suite de ses difficultés avec les vidéocassettes, a largement réduit ses activités audiovisuelles et s'est petit à petit séparé de ses stations de radio et de télévision.

42. Source : G. Murdok et P. Golding, *op. cit.*

43. Le groupe Associated Newspapers détient 16 % des actions de la première radio de Londres (L.B.C.). La seconde st⸳ꞏ (Capital Radio) a également pour actionnaire *The Observer* et le *Lond⸳n Lvening*.

44. Cette part a été vendue à l'époque à *Télé sept jours*. Le capital de R.T.L., comme on peut le voir, est passé entre de nombreuses mains !

qu'absente de la radio-télévision, la presse s'y intéresse. Les récentes propositions de J.C. Servan-Schreiber [45] indiquent un statut possible d'association entre l'État et la presse dans ce domaine. Par ailleurs, on assiste depuis quelques années à des investissements des stations périphériques dans la presse. Europe 1 a créé la société Top-Régie pour assurer la régie de l'hebdomadaire *Top-Télé* qui a été racheté en septembre 1977 par Hachette et a fusionné avec *Télé sept jours*. Aujourd'hui Top Régie s'est transformé en Numéro I et regroupe les participations d'Europe 1 dans la presse : 50 % de la société d'édition de périodiques sportifs *(France-Football)*, 50 % des publications Groupe Media *(Jacinthe, Enfants-Magazine, Vingt ans)*, 48 % du *Journal du Dimanche* [46] et 15 % de *F. Magazine*. R.T.L. est également en train d'investir dans la presse à travers un cheminement assez identique. La Compagnie luxembourgeoise de Télédiffusion possède 51 % du capital du magazine de télévision *Télé-Star*. Elle a racheté, en janvier 1978, 42 % du quotidien dijonnais *Le Bien public*.

En Amérique latine, on trouve également des situations analogues d'investissements de la télévision dans la presse : c'est le cas au Mexique du groupe Azcarraga [47] et au Brésil des deux premières firmes de télévision : le groupe Globo et « Diàros e Emissoras Associados » [48].

En définitive, la radio-télévision apparaît comme un domaine de l'audiovisuel largement contrôlé par les autres media. La presse est de loin le premier propriétaire des stations de radio-télévision. Dans certains cas moins fréquents, notamment dans les pays où les media les plus récents (radio-télévision) ont une structure plus moderne et plus monopoliste que la presse, le contrôle s'inverse entre l'audiovisuel et l'écrit. Mais, quoi qu'il en soit, la structure du capital manifeste la cohérence industrielle des deux grands domaines de la culture de flot. Les capitaux qui se sont investis dans la fabrication des programmes de télévision ont, à l'exception des

45. *Le Monde,* 21 et 22 août 1979.

46. Cette participation a été revendue au début de l'année 1979 au groupe Hachette, ce qui met fin à une ébauche de collaboration entre Europe 1 et le groupe du boulevard Saint-Germain qui s'était également manifestée par la création en commun des « Éditions n⁰ 1 ».

47. H.J. Muraro, *op. cit.*

48. José S.D. Amorim, « The Cultural industry within Dependant and Monopolistic capitalism : The Brazilian experience », communication au colloque de Burgos, juillet 1979.

télévisions publiques européennes, une tout autre origine. Aux États-Unis, Hollywood a d'abord été très largement concurrencée par le développement de la télévision, puis petit à petit les majors se sont reconverties et ont commencé à produire pour le petit écran. Elles sont aujourd'hui les principaux fournisseurs d'émissions, à l'exception du direct. En France, les sociétés privées de production ont commencé à se développer au moment du démarrage de la seconde chaîne. Les investisseurs étaient issus de l'édition littéraire (Télé-Hachette créé en 1964) ou phonographique (Télécip lancé par Phonogram en 1963), de l'électronique (Intervideo créé par Thomson-C.S.F. autour de 1967). Les sociétés cinématographiques se sont également intéressées à ce secteur : Gaumont, mais surtout Pathé qui a abandonné toute activité de production cinématographique pour se consacrer à la coproduction de séries pour la télévision [49].

Le disque : la domination de la radio-télévision et du cinéma

Les mouvements de capitaux ont été particulièrement importants dans le disque. Cette branche offre la particularité d'avoir été largement rachetée par des firmes issues d'autres media. Aujourd'hui, il n'existe plus qu'une grande multinationale du disque (E.M.I.) qui effectue la majorité de son chiffre d'affaires dans cette activité. La première phase de participation dans l'industrie du disque date d'avant la Seconde Guerre mondiale. Les deux grandes chaînes de radio américaines ont décidé assez rapidement d'investir dans ce secteur largement complémentaire de leur activité : R.C.A. a racheté Victor Records en 1929, C.B.S. Columbia en 1937. L'industrie électronique (déjà présente dans R.C.A.) s'est également intéressée à cette branche puisque à la faveur de la Seconde Guerre mondiale, Siemens et Philips se sont partagés les dépouilles de la Deutsche Grammophon. La grande période d'expansion qui caractérise l'édition phonographique depuis la fin des années cinquante a évidemment attiré des capitaux dans ce secteur. Le troisième network américain, A.B.C., s'est doté d'un département disque en 1956. De même, en France, Europe 1 fondait au début des années soixante la maison d'édition Disc'Az et le distributeur Discodis. Mais c'est principalement l'industrie cinématographique américaine qui a investi dans ce secteur. Warner est devenu avec la

---

49. En 1975, cette activité, jointe à la production de films de formation, représentait plus de 20 % du chiffre d'affaires du groupe (source : note d'information de la société pour son augmentation de capital en 1976).

musique rock l'un des grands de la profession. Columbia, United Artists et Fox possèdent également des départements phonographiques de taille moyenne. Si l'on ajoute le fait que la firme de disque M.C.A. a racheté Universal à la fin des années soixante, on a une idée de l'imbrication de ces deux activités. En 1974, le disque représentait d'ailleurs 18 % du chiffre d'affaires des huit majors d'Hollywood, soit plus que la production d'émissions de télévision [50]. Cette emprise d'Hollywood sur le marché du disque a failli se renforcer en 1979 avec le rachat envisagé par Paramount de 50 % de la division musique d'E.M.I. Aujourd'hui Hollywood contrôle environ 35 % du marché américain du disque, alors que les networks en contrôlent environ 20 %. Les éditeurs de livre se sont intéressés de façon plus exceptionnelle au disque. Hachette a fait une tentative avec sa filiale Sonopresse, qui s'est soldée par un échec et a amené le groupe à s'en dessaisir en 1976. Par contre, l'éditeur allemand Bertelsmann a réussi à faire de sa filiale Ariola-Eurodisc la deuxième maison de disques en R.F.A. Enfin l'industrie électronique s'est intéressée de façon un peu marginale à ce domaine. Thomson-Houston, qui possédait un département disque, l'a abandonné en 1958 [51]. Ampex, spécialiste de l'enregistrement magnétique, a lancé à la fin des années soixante un département de bandes magnétiques pré-enregistrées (stéréo et quadriphonie) qu'il devait fermer quelques années après. Les constructeurs japonais ont eux aussi investi dans la distribution de disques. En 1968, Sony créait une filiale commune avec C.B.S., chargée de la distribution au Japon des produits du grand éditeur américain. Quelques années plus tard, Toshiba et Pioneer Electronic passaient des accords analogues, l'un avec E.M.I. et l'autre avec Warner.

Le cinéma, un secteur indépendant des autres media

Contrairement à la radio-télévision et au disque, le cinéma n'est qu'exceptionnellement contrôlé par les autres media. Parmi les grandes firmes américaines, françaises et britanniques, il n'y a qu'un seul exemple d'un tel contrôle : l'Associated British Pictures, l'une

---

50. D'après Martti Soramaki (étude à paraître à l'Institute of Journalism and Mass Communication, Université de Tampere, Finlande), les recettes des huits majors se décomposent ainsi en 1974 : cinéma 39,1 %, télévision 13,3 %, musique et disque 18,4 %, autres 29 %.
51. La C.S.F. a aussi fait une tentative d'investissements dans le disque en achetant en 1960 Vega.

des deux grandes firmes intégrées du cinéma britannique, qui a été rachetée en 1969 par E.M.I. Par contre, certaines petites entreprises peuvent appartenir à des firmes présentes dans d'autres media : c'est ainsi que le groupe Associated Communications Corporation, qui contrôle l'une des principales stations de télévision commerciale anglaise, a des intérêts dans le cinéma. De même, le grand éditeur littéraire américain Mc Graw Hill a acheté récemment la Pathé Contemporary Films... Cette indépendance du cinéma par rapport aux autres media ne veut pas dire que d'autres secteurs du capital industriel ou le capital bancaire ne contrôlent pas les sociétés cinématographiques. Aux États-Unis, à la suite de la crise qu'a vécue Hollywood à la fin des années soixante, toutes les majors, à l'exception de Columbia et de Fox, ont été rachetées par des conglomérats aux activités souvent hétéroclites. En 1966, Gulf and Western étend ses activités (dans la canne à sucre, les accessoires automobiles, la pâte à papier...) à la production cinématographique par le rachat de Paramount. En 1967, la Transamerica Corp. ajoute United Artists à ses lignes aériennes, ses banques et ses compagnies d'assurances. Quant à Warner, elle a été rachetée en 1969 par Kinney Services, firme longtemps spécialisée dans les pompes funèbres. Enfin en 1978, K. Kerkorian, propriétaire de la MGM, a racheté 25 % du capital de Columbia. En France, nous avons vu que la banque Rivaud possède la majorité du capital de Pathé et que le groupe Schlumberger possédait, en 1973, 39 % du capital de Gaumont. Cette intégration du cinéma dans les groupes industriels diversifiés s'est réalisée d'une autre façon avec la Rank. Cette firme, qui fut l'un des pionniers du cinéma britannique, constitue aujourd'hui un ensemble dans lequel le cinéma ne représente plus que 16 % du chiffre d'affaires alors que l'activité électronique et photo-chimique (alliance avec Xerox) en constitue la part la plus importante.

La télédistribution : un secteur largement intégré aux autres media

Contrairement au cinéma où l'on assiste principalement à des changements dans le contrôle du capital alors que l'investissement net y est assez faible, on trouve dans la télédistribution des investissements élevés : il est donc particulièrement important de connaître leur origine. Aux États-Unis, le câble a d'abord été installé dans de petites villes et cette activité a souvent été assurée par l'électronicien local. Dès que le nouveau medium a pris une certaine ampleur, des capitaux venant d'autres media se sont investis massivement dans ce nouveau secteur. En 1978, 87 % des réseaux étaient contrôlés par des capitaux issus des mass media [52]. Cette proportion a beaucoup augmenté ces dernières années, puisqu'en 1972 elle n'était que de 58 % [53]. Les réseaux et les stations de télévision possédaient 32 % des installations de télédistribution. Les sociétés de programmes de cinéma et de télévision possèdent 18 % des réseaux (contre 8 % en 1972) : Warner et United Artists ont tout particulièrement investi dans cette activité et sont propriétaires de quatre des dix premières firmes de la branche. La presse contrôle 13 % des systèmes de câble (contre 6 % en 1972) : on peut y noter particulièrement la présence de Cox et du groupe Time. Les entreprises d'édition sont propriétaires de 11 % des réseaux (contre 3 % en 1972). Enfin, l'exploitation cinématographique a des intérêts dans 4 % des entreprises de câble.

Un autre secteur industriel, l'électronique, s'est également intéressé à la télédistribution. Il contrôlait 5 % des réseaux. Westinghouse et General Electric avaient des filiales de moyenne importance dans ce secteur. En 1979, cette dernière firme, en rachetant les intérêts du groupe de presse Cox dans la radio-télévision et le câble, est devenue le deuxième câblodistributeur américain. En Europe ce sont souvent des firmes électroniques, et plus particulièrement celles qui produisent (ou envisagent de produire) le matériel de télédistribution [54], qui ont investi dans ce nouveau medium. En France, nous avons vu que la C.G.E., Thomson et la S.A.T. avaient constitué des sociétés pour intervenir dans ce secteur. En Belgique, la plus grosse entreprise de câblodistribution, Coditel, est une filiale du groupe Electrobel, groupe spécialisé dans la construction électrique. Par contre, en Suisse, les capitaux issus de la presse semblent occuper une place importante dans les réseaux.

Les grandes manœuvres de l'édition vidéo

Les éditeurs, que les prévisions de Mc Luhan sur le déclin de l'écrit, avaient, semble-t-il, largement inquiétés ont été parmi les premiers à s'intéresser à l'édition audiovisuelle. Plusieurs éditeurs

---

52. *Television Factbook*, n⁰ 48, 1979.

53. Source : Television Digest, *T.V. Factbook*, n⁰ 42.

54. Aux États-Unis, les constructeurs de matériel de télédistribution (et surtout le premier d'entre eux, Jerrold, du groupe General Instrument) n'ont pas d'intérêts dans les réseaux.

européens avaient envisagé de produire des programmes pour le système E.V.R. Ces firmes avaient créé à l'époque des groupements internationaux pour coordonner leurs activités dans l'édition audiovisuelle : I.P.A.A., Cassettes International... En examinant la liste des membres de ces associations, on a une première idée des éditeurs qui ont investi (ou envisagé d'investir) dans ce secteur : Hachette (France), Bertelsmann, Springer (R.F.A.), Smith & Sons (Grande-Bretagne), Mondadori (Italie), V.N.U. (Pays-Bas)... En France, d'autres éditeurs ont manifesté ces dernières années un intérêt pour ce nouveau marché : Le Seuil a créé en 1973 Seuil Audiovisuel, Larousse s'intéresse au vidéodisque et a fait plusieurs projets d'investissements dans ce domaine. On a vu que les profits tirés de ce nouveau secteur de l'audiovisuel n'ont pas été à la hauteur des espérances de certaines firmes. Aussi, la plupart des entreprises qui s'étaient constituées autour d'un projet d'édition se sont reconverties dans la réalisation. C'est-à-dire qu'elles ne souhaitent plus assumer le risque de la reproduction d'un programme en un grand nombre d'exemplaires qu'il convient par la suite de commercialiser. L'activité de Polymedia est assez significative de cette évolution. Cette filiale du grand groupe de disques Polygram avait été constituée pour faire de l'édition audiovisuelle grand public, ce qui correspond tout à fait au marché de sa maison-mère. Tout en gardant cet objectif et en préparant au niveau software l'avènement du vidéodisque, Polymedia a dû se trouver une autre activité : elle réalise des films de formation et d'information pour les entreprises.

La reconversion de certaines entreprises de l'édition vidéo dans la réalisation des programmes de formation et d'information n'est malgré tout qu'un pis-aller, le chiffre d'affaires de cette activité restant dérisoire. On peut estimer qu'il n'a pas dépassé, en France, toutes techniques confondues (vidéo, film, diapo), la centaine de millions de francs en 1975 [55], soit environ 6 % du chiffre d'affaires de la télévision (diffusion exclue). En attendant le vidéodisque, il n'y avait donc plus qu'une issue pour les entreprises qui avaient fait des investissements importants : prendre pied sur le marché des programmes de télévision. La réforme de l'O.R.T.F. offrait en effet des possibilités pour pouvoir prendre une place sur ce marché (voir *supra*). Le Seuil Audiovisuel fut un des premiers [56] à mettre en

---

55. Sur ce total, la vidéo a dû représenter une trentaine de millions.

56. On a vu que les premières sociétés privées de production de programmes de télévision avaient été créées à l'époque de la création de la seconde chaîne. Par contre, le Seuil Audiovisuel a été une des premières

œuvre cette politique de pénétration du marché de la télévision avant même la réforme de l'O.R.T.F. La société s'est spécialisée dans le moyen métrage documentaire. L'intérêt de Hachette pour la télévision est plus ancien. Pour en comprendre toute la signification, il convient de faire l'historique des investissements de la librairie du Boulevard St-Germain dans l'audiovisuel. Avant les années soixante-dix, celle-ci avait effectué deux investissements importants dans l'audiovisuel : Télé-Hachette qui produit des longs métrages et des films publicitaires, et Sonopresse (voir *supra*). En 1972, Hachette constituait avec l'O.R.T.F. la société Vidéogramme de France qui avait pour principal objectif l'édition vidéo du stock de l'O.R.T.F. Cet accord entre l'Office et le premier éditeur de livre européen a fait couler beaucoup d'encre. Il correspondait pourtant à la politique industrielle du VIe Plan : créer des groupes industriels de grande dimension capables de rivaliser avec les grandes firmes américaines ou européennes. Sur ce nouveau marché des vidéocassettes, Vidéogramme de France apparaissait ainsi bien placé face à la concurrence d'Hollywood. En fournissant en dot le stock de l'O.R.T.F., l'État apportait ainsi son appui à cette nouvelle activité qui apparaissait alors pleine d'avenir. Malheureusement, le marché du siècle s'est vite révélé inexistant ! Il y avait en effet à l'origine de ce projet plusieurs erreurs d'évaluation. Premièrement, les archives de l'O.R.T.F. ne correspondent pas à un fonds éditorial ; leur valorisation reste très aléatoire principalement dans le domaine de la fiction. Deuxièmement, aucune technologie d'édition vidéo capable d'atteindre le grand public ne s'était à l'époque clairement imposée. Enfin, la complexité des problèmes juridiques concernant les droits d'auteurs avait été largement sous-évaluée, quand elle n'avait pas été purement et simplement ignorée. Ce grand projet a donc dû être abandonné d'autant plus que lors de la réforme de l'O.R.T.F., la gestion des archives est revenue à l'Institut national de l'audiovisuel. A la suite de cet échec la librairie Hachette a cherché à se dégager en partie de Vidéogramme de France en diminuant largement sa participation au capital de l'entreprise [57]. Parallèlement à la création de Vidéogramme de France, Hachette créa une deuxième filiale : Hachette-Formation-Conseil qui souhaitait exploiter le marché de la formation permanente ouvert notamment par la loi de 1971. La

---

sociétés, créées pour préparer le marché vidéocassette/vidéodisque, à se lancer dans la production télévisuelle.

57. En 1976, Hachette ne possédait plus que 28 % du capital de Vidéogramme de France. Cette société a arrêté son activité depuis.

société comptait fournir des programmes audiovisuels et des « package » multi-media. Afin de constituer une unité intégrée, Hachette prit également en 1974 une participation dans Channel 80, petite société spécialisée dans la fabrication de programmes vidéo hors antenne. Cette deuxième tentative d'Hachette pour pénétrer dans le marché de l'audiovisuel n'a pas mieux réussi que la précédente. Des produits édités, donc reproductibles, semblent en effet mal adaptés au besoin de formation des entreprises qui sont au contraire bien individualisées. A la suite de cet échec, la librairie du boulevard St-Germain décidait de fermer Hachette-Formation-Conseil alors que d'autres sociétés dont nous avons parlé précédemment se tournaient au contraire vers la réalisation à la demande. Par contre, de nouveaux investissements étaient réalisés dans Channel 80 dont Hachette prenait le contrôle total, afin de pouvoir produire en standard broadcast (deux pouces). Channel 80 s'orientait alors vers la production vidéo pour la publicité ou vers la fourniture de prestations techniques aux télévisions françaises et étrangères. Cette nouvelle orientation semble à l'heure actuelle plus rentable.

Les difficultés rencontrées par Hachette n'ont pas été spécifiques au groupe français. La plupart des investisseurs qui se sont lancés dans l'audiovisuel au début des années soixante-dix ont été aux prises avec des difficultés analogues. Les firmes qui ont réussi sont des groupes puissants qui ont pu supporter, au démarrage, des pertes importantes. Ils n'ont pas hésité à fermer un département créé quelques années auparavant dans un secteur qui se révélait peu rentable ou même à liquider une activité moyennement rentable pour dégager des capitaux à investir sur un nouveau marché plus prometteur. Cette méthode par essai et erreur est la seule qui permette de forger un marché qui s'avère difficile à constituer. Les investissements du groupe Time dans l'audiovisuel constituent un bon exemple de cette stratégie [58]. En 1971, Time-Life, qui possède déjà un département de production-distribution de programmes de télévision, crée une petite société de diffusion de films sous forme de télévision payante dans les hôtels : Computer Television. L'année suivante, le groupe prend une participation importante dans Sterling Communications qui possède le premier réseau de câble de New-York à Manhattan. Les réseaux de télédistribution dans lequel Time-Life a des intérêts passent ainsi de dix mille à cent seize mille

---

58. Source : rapport d'activités de 1971 à 1975.

abonnés. Pour faire cet investissement, Time vend la plupart de ses stations de radio et de télévision. En 1973, le grand groupe éditorial américain concentre son activité de télédistribution sur le réseau de Manhattan : il vend ses autres réseaux et acquiert la majorité (puis la totalité) du capital de Sterling Communication. De ce fait, il contrôle la société Home Box Office qui constitue alors un des premiers réseaux de télévision à péage. Pour augmenter la taille du réseau de Computer Television, Time-Life rachète une société concurrente, Transworld Communications. Malgré sa taille (soixante-huit hôtels) ce réseau se révèle non rentable et le groupe décide de s'en séparer en 1975, ce qui lui permet de concentrer ses investissements sur Home Box Office dont le développement est alors très rapide. De même, la firme vend en 1974 sa participation dans la société d'audiovisuel éducatif General Learning Corp. qu'elle avait créée, quelques années auparavant, en joint venture avec General Electric.

Les grands groupes éditoriaux ont voulu se lancer trop tôt dans l'édition de vidéo-cassettes ; ainsi leur volonté de se diversifier dans l'audiovisuel les a amenés dans d'autres domaines, la prestation de service de télévision dans un cas, la télévision à péage dans l'autre. Aujourd'hui où l'édition vidéo commence effectivement à se développer aux États-Unis, les capitaux qui s'y investissent ont d'autres origines. Hollywood est un investisseur important dans ce domaine ; Fox a ainsi racheté en 1978 Magnetic Vidéo, la première firme du secteur, alors qu'Allied Artists créait une filiale spécialisée dans ce domaine. En Europe, l'édition vidéo semble intéresser R.T.L., qui a racheté récemment la société française V.C.I., premier laboratoire d'Europe continentale de duplication de cassettes.

L'enseignement : un marché ?

Parmi les usages possibles des nouvelles technologies audiovisuelles, la formation a souvent été considérée comme un domaine particulièrement prometteur. Au début des années soixante-dix, Time-Life est loin d'avoir été la seule firme américaine à investir dans l'audiovisuel éducatif. Ce nouveau marché a attiré d'autres maisons d'édition comme Mc Graw-Hill, Harcourt, Prentice-Hall, Scott-Foresman... mais aussi des sociétés électroniques : General Electric – déjà citée – Westinghouse, qui a racheté en 1972 la firme anglaise Linguaphone Institute qui possédait le premier réseau au monde d'enseignement des langues par l'audiovisuel, R.C.A., Xerox... et enfin des chaînes de télévision

193

comme C.B.S. Certaines firmes, notamment de l'industrie électronique, ont estimé qu'à travers l'audiovisuel, le capital pouvait enfin s'investir dans un domaine essentiellement pris en charge par le secteur public : l'éducation. La C.B.S. a créé « des écoles de qualité supérieure, car l'éducation publique ne remplit pas ce besoin » [59], R.C.A. et I.T.T. ont également investi dans ce secteur, y compris en Europe, où I.T.T. a racheté Pigier.

Une compagnie comme Bell & Howell, qui a eu huit écoles avec 8 500 étudiants plus 125 000 autres par correspondance, espérait ainsi réorganiser son activité puisqu'elle affirme dans son rapport annuel de 1973 : « Aujourd'hui Bell et Howell a deux activités différentes : la fabrication et la vente de produits et de services de communication, et une opération scolaire engagée dans la formation professionnelle.» Deux ans après, la firme constatait l'échec de cette nouvelle ambition : « Avec la cessation de l'enseignement à domicile, Bell et Howell est redevenu essentiellement un fabricant de produits photographiques [60].» L'échec de la pénétration des firmes électroniques sur le marché éducatif s'explique probablement par le fait que ces firmes ont mal évalué le rôle du système éducatif qui n'est pas uniquement de diffuser des connaissances mais également d'inculquer l'idéologie dominante ; or l'appareil d'État délègue cette seconde tâche beaucoup plus difficilement. Ceci est encore plus manifeste dans le cas des projets de satellites éducatifs. Certaines firmes électroniques américaines, en liaison avec des fondations et des universités, ont proposé à des pays du Tiers monde une sorte de « package » comprenant à la fois le satellite, les programmes et par conséquent l'ensemble d'un système éducatif. De telles propositions furent bien sûr unanimement rejetées par tous les pays du Tiers monde. Car, même pour le pays le plus inféodé à l'impérialisme américain, accepter un tel projet revenait à abandonner toute souveraineté culturelle nationale.

Quoi qu'il en soit, la volonté des firmes audiovisuelles de pénétrer sur le marché éducatif et la nécessité de présenter des produits multi-media a amené plusieurs de ces firmes à investir dans le secteur du livre. En 1967, C.B.S. rachetait la maison d'édition Holt, Rinehart & Winston, l'année suivante Warner prenait le contrôle d'une maison spécialisée dans les « comics » : National Periodical Publications. A la même époque, R.C.A. faisait

---

59. Cité par A. Mattelart.
60. Rapport d'activités de 1975.

l'acquisition de Random House, Xerox de R.R. Bowker Co. et I.T.T. de Bobbs-Menill et de Howard-Sams. En 1975, Paramount rachetait Simon & Schuster. Plus récemment A.B.C. a pris le contrôle de Chilton, un des principaux éditeurs de magazines techniques, et C.B.S. de Fawcett, un des géants du livre de poche. On trouve un courant d'investissement analogue en Angleterre où Granada (location de téléviseurs et télévision privée) a investi dans le livre de poche (Panther, Paladin...).

Les media dominants

Les liaisons financières entre les différents secteurs de l'audiovisuel et des media sont complexes, les flux d'investissements ont des origines variées et peuvent fonctionner dans les deux sens. Faut-il se limiter à cette constatation, et conclure ce chapitre en disant qu'on assiste de plus en plus à l'émergence de conglomérats multi-media ? Les analyses précédentes nous permettent de préciser cette remarque et d'indiquer les liaisons entre les secteurs qui sont les plus fréquents. Certains auteurs ont estimé qu'une des caractéristiques essentielles de la phase actuelle de développement de l'audiovisuel était l'intégration du hardware et du software. En fait, nous avons montré à plusieurs reprises que cette liaison correspondait à la phase de développement des systèmes audiovisuels et que, par la suite, on assistait à un désinvestissement des firmes électroniques dans l'industrie du software. Il subsiste, néanmoins, certains « témoins » de l'intégration originelle. C'est notamment le cas, dans le disque, de R.C.A. ou de Philips. Les récents investissements des grandes multinationales de l'électronique dans le software éducatif doivent s'analyser de la même façon. Il s'agissait d'une tentative pour créer un nouveau marché. A la suite des difficultés rencontrées, beaucoup d'investissements réalisés ont été revendus. Si on revient aux relations entre les media, il faut d'abord constater une très forte liaison au sein de la culture de flot entre la presse et la radio-télévision. Le contrôle financier est plutôt exercé par le premier medium mais au fur et à mesure que l'emprise sociale du second s'accroît, on assiste parfois à la création de liaisons inversées. Dans le domaine de la marchandise culturelle, les liaisons les plus importantes se sont établies entre le cinéma et le disque. Par ailleurs, les grandes stations radio-télévision ou les networks ont également investi dans le disque. La place de l'édition littéraire apparaît moins nettement. Si certaines grandes maisons d'édition ont investi dans d'autres marchandises culturelles, d'autres maisons, ordinairement moins importantes, ont été rachetées par des firmes cinématographiques et des networks. Les nouveaux media ont attiré des capitaux d'origines variées. Pour la télédistribution, la télévision et le cinéma ont été les investisseurs principaux. Le livre et le cinéma se sont intéressés à l'édition vidéo. Toutefois ce dernier medium y tient aujourd'hui une place prépondérante. Ces différentes formes de concentration horizontale entre les media ne correspondent pas uniquement à une logique financière de type conglomérat. L'objectif est également de lancer des opérations multi-media, comme le montre par exemple la sortie simultanée d'un film, d'un livre et d'un disque intitulés *La Guerre des étoiles*. Ces produits culturels dérivés d'un film ou d'une émission obtiennent souvent des audiences considérables, dans la mesure où ils bénéficient de la notoriété du premier produit. Ainsi le livre qui a suivi la diffusion de la série « Holocauste » aux États-Unis s'est vendu à plus d'un million et demi d'exemplaires, tandis que le disque tiré du film « La Fièvre du samedi soir » a pulvérisé tous les records de l'édition phonographique avec une vente mondiale de trente millions d'exemplaires. Le lancement multi-media des produits culturels permet de constituer un phénomène de synergie [61] dont bénéficie chaque medium particulier.

---

61. Il faudrait également ajouter la vente de jouets, gadgets... dont Walt Disney s'était fait longtemps une spécialité et qui a pris aujourd'hui une ampleur accrue avec Superman ou Goldorak.

9. la communication planétaire

Le capital monopoliste, dont nous venons de mesurer la place qu'il occupe dans les industries de l'audiovisuel, est souvent largement internationalisé. Il ne s'agit pas d'une simple juxtaposition entre centralisation et internationalisation du capital, mais bien d'un même phénomène, caractéristique de la phase actuelle du capitalisme. En d'autres termes, les grands conglomérats multi-media sont également multinationaux.

Les sociétés transnationales ont donné naissance depuis une dizaine d'années à de très nombreux ouvrages. Pour décrire ces firmes, certains auteurs utilisent un bestiaire étendu, où le requin et la pieuvre sont incontestablement les deux espèces les plus représentées. L'intérêt de cette littérature est indéniable au niveau symbolique, mais sa valeur explicative limitée. Dans le cadre d'une approche économique plus rigoureuse, les premiers travaux réalisés à propos de la culture et de la communication ont porté sur l'étude des flux culturels entre pays. Il s'agissait en quelque sorte d'établir une balance commerciale culturelle et d'en mesurer l'éventuel déséquilibre. Si ces premières recherches ont permis de réunir des informations statistiques intéressantes, elles se situent dans un cadre théorique qui est aujourd'hui largement dépassé par l'évolution de l'internationalisation dans le capitalisme contemporain. La conception classique des échanges commerciaux entre des économies nationales n'est plus adéquate quand la valeur de la production effectuée hors des frontières par des filiales de grandes firmes excède largement le montant de leurs exportations. En matière de disque, par exemple, l'analyse traditionnelle amalgame au sein de la production nationale des chansons françaises éditées par des sociétés françaises ou par des firmes étrangères installées en France, et des

197

chansons américaines pressées en France. Il convient donc de s'intéresser simultanément aux échanges commerciaux et à l'internationalisation de la production. Les approches les plus courantes de cette question s'orientent soit vers l'étude d'une firme particulière et de ses implantations à l'étranger, soit vers l'analyse de l'investissement international et du contrôle ainsi exercé sur certains secteurs d'activités. Comme le dit justement Christian Palloix [1], une telle approche se contente de désigner le phénomène et « interdit de concevoir le mouvement même de l'internationalisation comme phase dynamique en différenciant les étapes de ce mouvement », elle ne recherche jamais « le pourquoi, qui a fait éclater la structure nationale de la firme en une structure internationale ». En réalité l'analyse du procès d'internationalisation doit être faite à la fois dans le temps et en distinguant les différents niveaux du phénomène. L'internationalisation des normes rend identiques les caractéristiques des produits dans tous les pays. L'internationalisation du procès de circulation des marchandises qui correspond au développement du commerce extérieur doit être bien distinguée de celle du procès de production qui a amené la création des firmes multinationales (F.M.N.). Il faut enfin parler de l'internationalisation des contenus culturels, c'est-à-dire examiner l'influence du procès d'internationalisation sur les contenus culturels eux-mêmes. Seules les nécessités de l'analyse amènent à distinguer chacun de ces niveaux qui sont en fait étroitement imbriqués.

Des usages et des normes unifiés sur l'ensemble du globe

Nous avons vu précédemment qu'une technologie pouvait avoir des usages multiples et nous avons analysé comment s'étaient constitués les usages principaux des différents systèmes audiovisuels. Rien n'implique que ce processus se déroule de façon identique dans des pays différents et qu'en définitive un même usage soit retenu dans l'ensemble du monde. Ainsi, alors que le téléphone a été développé aux États-Unis comme une technologie bi-directionnelle, il a connu en France marginalement une utilisation de diffusion (le réseau du théâtrophone). Par contre, en Hongrie, un réseau analogue a rencontré une audience non négligeable. L'internationalisation des usages des systèmes de communication s'est réalisée rapidement dans

---

1. C. Palloix, *Les Firmes multinationales et le procès d'internationalisation*, F. Maspero, Paris, 1973, p. 10.

les pays occidentaux, pour les technologies audiovisuelles. Dans les pays du Tiers monde, en dépit de quelques tentatives d'utilisation différente (par exemple la réception collective de la radiotélévision) le schéma occidental d'un medium uni-directionnel à réception familiale s'est petit à petit imposé [2]. A cette unification des usages correspond une internationalisation des caractéristiques des produits. C'est la politique qu'explicite Philips, notamment dans son rapport d'activités de 1975 : « Nous visons à mettre au point des appareils de présentation attrayante destinés à un marché international aussi étendu que possible. Cette internationalisation ne s'est pas limitée à l'Europe occidentale. A présent, dans un certain nombre de pays, de nombreux appareils sont fabriqués selon une conception et une présentation spécialement adaptées aux besoins internationaux permettant de rationaliser le développement et la fabrication.» Cette internationalisation du produit influence la ligne et l'apparence extérieure des appareils. Ainsi, toutes les inscriptions (marche, arrêt...) des radios et des magnétophones sont portées en anglais [3] sur les appareils. Mais de façon beaucoup plus fondamentale, ceci pose le problème des normes techniques.

Nous avons vu qu'en matière de télévision, cette normalisation n'existait pas. Néanmoins, derrière l'écran nationaliste du S.E.C.A.M. se cache un tube couleur presque totalement internationalisé [4] qui consacre la domination technologique de R.C.A. Le problème des normes ne se pose pas uniquement au moment de l'invention d'une nouvelle technologie mais également pour des améliorations mineures qui facilitent la diffusion du produit à un large public. Il en fut notamment ainsi pour la cassette sonore. Le magnétophone à bande fut commercialisé auprès du grand public dans les années 1950-51 (par Grundig en Allemagne, par Sony au Japon...). Le démarrage fut très lent. Les progrès de la miniaturisation permirent à Philips de présenter à Berlin en 1963 un appareil à cassette de maniement beaucoup plus aisé. Plutôt que de garder l'exclusivité de ce système et d'avoir du mal à forger la demande, Philips préféra concéder gratuitement le brevet de ce procédé aux firmes électroniques qui le souhaitaient, à la condition expresse que les

---

2. Il est évident que la phase d'exportation des matériels de production et de réception a joué un rôle essentiel dans l'internationalisation des usages.

3. Alors que les modes d'emploi sont rédigés en quatre ou cinq langues.

4. On sait qu'il n'existe qu'un seul tube dont la technologie est radicalement différente de celle du « shadow mask » de R.C.A. : le trinitron de Sony.

autres fabricants observent scrupuleusement les standards des différents éléments de la cassette. Il réussissait ainsi à éviter que d'autres constructeurs mettent au point un standard différent du sien. Seul Grundig, leader du magnétophone à bande en Allemagne, refusa le procédé Philips et sortit un autre modèle de cassette qu'il a dû retirer du marché au bout d'un an. Le succès de la cassette fut très grand. Philips bénéficiant de l'avance technologique qu'il avait sur ses concurrents, a réussi à se tailler la part du lion sur ce marché, et il est de très loin le premier constructeur européen. Aux États-Unis, R.C.A. réussit à imposer un système différent : la cartouche. Ce procédé n'a jamais réellement réussi à s'implanter sur le marché européen. Au contraire, il semble que la cassette (brevet Philips) prenne une part croissante du marché américain. En définitive, on s'oriente donc vers une unification totale des normes de cassettes [5].

En matière de vidéocassette, Philips a adopté la même stratégie : pour imposer son système et forger plus facilement un nouveau marché, il a proposé en 1972 son V.C.R. (cassette couleur un demi-pouce) aux autres constructeurs européens. L'avance technologique de Philips et son poids commercial ont conduit seize ou dix-sept de ces entreprises à adopter la licence V.C.R. Mais la vraie bataille de la vidéo s'était déjà livrée ailleurs... au Japon. Le premier magnétoscope non professionnel fut commercialisé par Sony en 1965. Il utilisait des bandes demi-pouce, tout comme le premier magnétoscope portable sorti deux ans après. Les autres fabricants japonais (Matsushita, Sanyo...) sortirent également du matériel demi-pouce qui n'était pas compatible avec celui mis au point par Sony [6]. Un standard commun, baptisé par certains E.I.A.J., fut néanmoins réalisé en 1969 dans le cadre de l'Electronic Industries Association of Japan [7]. Cet accord correspondait à un rapport de forces où aucun constructeur n'était capable d'imposer

---

5. Néanmoins, des constructeurs japonais viennent de commercialiser un nouveau standard E.L. cassette qui ne vise toutefois que le marché de la haute fidélité.

6. Il faut signaler que les tout premiers magnétoscopes non professionnels n'étaient même pas compatibles entre eux.

7. Les premiers magnétoscopes conformes à ce standard sont apparus au Japon et aux États-Unis en 1970. Par contre, l'adaptation de la norme E.I.A.J. au système de télévision européen (625 lignes - 50 hz) a été réalisée différemment par les constructeurs. Ce qui explique que, pendant plusieurs années, les magnétoscopes norme E.I.A.J. n'aient pas été compatibles entre eux en Europe.

son propre système. Avec l'U-Matic (cassette couleur trois quarts de pouce commercialisée par Sony en 1971), on retrouve une situation analogue à celle de la cassette sonore. L'avance technologique de Sony lui a permis d'imposer son standard [8] comme matériel destiné à une clientèle dite institutionnelle. Sur ce marché, l'U-Matic a nettement devancé le V.C.R. Fort de cette première victoire, Sony a lancé en 1975 un magnétoscope à cassette demi-pouce destiné à concurrencer le V.C.R. sur son deuxième marché, le grand public. En dépit d'une diffusion importante (cent mille Betamax ont été produits en 1976 au Japon), Sony n'a pas réussi à imposer son standard. Les autres firmes électroniques japonaises avaient déjà développé des systèmes concurrents. Sanyo avec son V. Cord (sorti dès 1974) a été le principal challenger de Sony. Toshiba s'étant rallié au système de Sanyo, Sony a préféré composer avec ses deux principaux concurrents plutôt que de se lancer dans une guerre des standards dont l'issue était aléatoire. Au début de l'année 1977, un accord a été signé entre les trois firmes. Il prévoyait la mise sur pied d'un nouveau standard, le Beta-format. Celui-ci combine les systèmes V. Cord et Betamax dans un cadre largement favorable à Sony. Cet accord a permis à Sanyo et Toshiba de gagner du temps et d'arrêter provisoirement (le temps de remettre en route la nouvelle série) l'avance de Sony. Quant à cette dernière firme, elle pouvait enfin espérer avoir le standard qui l'emporterait, à moins qu'un troisième format ne s'impose... En effet, les autres firmes électroniques japonaises qui essayaient chacune de développer leur propre système (au point que le groupe Matsushita étudiait deux standards différents, l'un dans la société-mère, l'autre dans sa filiale Victor Company of Japan [9]), aiguillonnées par l'accord sur le Betaformat, ont décidé d'adopter le V.H.S. de Victor. Ce format a donc été choisi par les groupes Matsushita, Sharp, Hitachi, Mitsubishi et Akaï. La bataille commerciale Betaformat/V.H.S. s'est étendue, au cours du deuxième semestre 1977, aux États-Unis. Zenith a opté pour le Betaformat tandis que R.C.A., G.T.E. – Sylvania, General Electric et

---

8. En 1976, neuf sociétés ont pris la licence U-Matic : six japonaises (Teac, Victor Company of Japan, Matsushita, Sanyo...) et trois américaines (Ampex, R.C.A. et Zenith). Néanmoins, Sony avait fabriqué 80 % du parc U-Matic existant (250 000 unités) le reste ayant été construit essentiellement par Teac et Victor Company of Japan.

9. Matsushita a développé deux séries de magnétoscopes : ceux de la société mère, vendus sous la marque Panasonic en Amérique du Nord et National dans les autres pays, ceux de sa filiale Victor Company of Japan (marque Nivico et J.V.C.).

Magnavox (filiale de Philips) choisissaient le V.H.S. Au printemps 1979, ce second standard représentait 55 % du parc américain [10]. Les péripéties des rivalités de normalisation entre les différentes firmes électroniques importent peu en elles-mêmes. Que les firmes gardent jalousement leur monopole technologique, au risque de ne jamais l'imposer, ou qu'elles le partagent plus ou moins volontiers avec d'autres firmes, seul un élément important s'en dégage : ces marchés audiovisuels ne peuvent prendre une grande ampleur tant qu'un ou deux systèmes ne se sont pas imposés. Contrairement à la télévision où les différents États avaient imposé un espace national homogène, les magnétophones, magnétoscopes et vidéodisques ne peuvent se développer que dans un marché mondial relativement unifié. Aussi, les constructeurs japonais de vidéo légère ont-ils essayé de commercialiser leur matériel dans l'ensemble des pays développés et prioritairement aux États-Unis. De même, les fabricants européens de vidéodisque (Thomson et Philips) envisagent de s'implanter en priorité sur le marché américain. L'internationalisation du produit renvoie donc à l'internationalisation du procès de production et du procès de circulation. Cette unification des normes comme condition de l'internationalisation n'est pas propre au hardware ; on la trouve également dans le software. Dans le disque de variétés, la chanson de trois minutes s'est universellement imposée, alors que les séries de télévision européennes ont adopté les standards de durée nord-américains.

De l'exportation à la délocalisation de la production : le cas des industries de matériels

Beaucoup d'ouvrages sur les multinationales considèrent que l'internationalisation de la production est assez récente, et qu'elle date du début des années soixante. W. Andreff [11] a bien montré dans sa thèse l'inexactitude de cette idée reçue. Le fait multinational a en effet démarré à la fin du siècle dernier. Il était aussi important avant la Première Guerre mondiale qu'en 1965 (la Seconde Guerre mondiale correspondant à une importante régression). Le développement de l'audiovisuel corrobore largement cette analyse ; nous avons montré précédemment que les industries naissantes du

---

10. Source : *Fortune*, 16 juillet 1979.
11. *Op. cit.*

disque et du cinéma avaient pris très rapidement une dimension multinationale.

La permanence du fait multinational depuis trois quarts de siècle ne signifie pas pour autant que les modes d'internationalisation n'ont pas changé. Schématiquement, on peut distinguer trois phases dans le développement de l'internationalisation. Celle-ci a commencé avec la croissance du commerce international. Ce n'est que dans une deuxième phase, à partir de la fin du dix-neuvième siècle, que le procès de production a commencé à s'internationaliser. Les grandes firmes occidentales ont alors créé des filiales de production à l'étranger pour exploiter des matières premières ou des sources d'énergie qu'elles ne possédaient pas dans leur propre pays, ou au contraire pour alimenter par une production sur place des marchés particulièrement importants. Dans ce dernier cas, il s'agissait également d'éviter certaines réglementations douanières contraignantes et d'adapter la production aux diverses spécificités nationales. C'est ce que l'on peut appeler avec C.A. Michalet [12] les « filiales-relais ». A partir du milieu des années soixante, un nouveau mode d'internationalisation du procès de production, qui correspond à une nouvelle division internationale du travail, apparaît. A l'ancienne division qui opposait métropoles et colonies, les unes fournissant les matières premières, les autres les transformant, se substitue petit à petit une autre division qui intègre dans un même système économique mondial les économies du centre et celles de la périphérie. On assiste ainsi à l'éclatement d'un même cycle de production entre plusieurs « filiales-ateliers », chacune d'entre elles n'assurant qu'une partie du cycle et réexportant l'ensemble de sa production vers d'autres filiales du groupe.

L'évolution de l'industrie de l'électronique audiovisuelle grand public est tout à fait significative de l'articulation de ces différentes phases. Dans les années vingt, Philips, dont la croissance était limitée par l'étroitesse de son marché national (les Pays-Bas), lance un important programme d'exportation, notamment vers la France, et constitue des réseaux de distribution à l'étranger. Devant les mesures protectionnistes adoptées par différents pays lors de la crise de 1929, Philips décide de créer des filiales-relais : ce sera notamment le cas de

---

12. Voir C.A. Michalet, « Les firmes multinationales et le système économique mondial », in *Économie internationale, automatismes et structures,* Mouton 1975, pp. 196-259, et M. Delapierre et C.A. Michalet, *Les Implantations étrangères en France : stratégies et structures,* Calmann-Lévy, 1976, 277 p.

la Radiotechnique en France (voir *supra*). Au lendemain de la guerre, les entraves au commerce international étaient multiples et les filiales-relais permirent au groupe Philips de consolider ses positions. Ainsi, malgré la spécificité du standard de télévision française Noir et Blanc, nous avons vu que Philips était le premier producteur français [13]. L'arrivée de la télévision en couleur a renforcé les divisions de standards. Néanmoins, les multiples implantations industrielles des firmes multinationales leur ont permis de surmonter aisément ce handicap. Ainsi, Philips a été le premier à sortir en France des téléviseurs S.E.C.A.M. et il a occupé pendant plusieurs années une position largement dominante sur ce marché.

La mise en place de filiales-relais a permis aux firmes multinationales (F.M.N.) de développer leur internationalisation dans un contexte économique nationaliste où les exportations étaient freinées par les frontières douanières et l'existence de normes nationales. La création du marché commun a favorisé, au contraire, le développement du commerce intra-européen. Ainsi l'importation des radio-récepteurs [14] qui représentait en France 2 % en quantité du marché intérieur en 1960, était passée, cinq ans plus tard, à 28 % de la consommation. Pendant ce temps les exportations étaient passées de 15 à 24 % de la production. Dans un marché européen qui s'est ainsi unifié, les F.M.N. n'ont plus besoin d'une filiale-relais dans chaque pays important ; elles peuvent au contraire spécialiser telle ou telle de leurs filiales dans certaines productions, afin de mieux exploiter les avantages de l'économie d'échelle. Philips, par exemple, a porté cette spécialisation à son maximum à partir de l'année 1972 et l'a étendue à l'ensemble du globe. Il a beaucoup réduit le nombre des lieux de fabrication pour chaque produit (à l'exception de la télévision où la différence des normes posait un problème spécifique). Pour les électrophones, par exemple, on est passé de huit à trois usines (Flers, Berlin et Sao-Paulo). L'objectif de la réorganisation visait la réalisation de chaque produit dans deux ou trois unités rigoureusement spécialisées. Ce chiffre de deux ou trois usines réparties dans des pays différents paraît optimal puisqu'il empêche qu'une grève nationale bloque l'ensemble de la production du groupe ; par ailleurs, il permet de répartir les pointes de la demande entre différents lieux de fabrication. Ainsi, les autoradios sont fabriqués en France à Rambouillet et en

---

13. Philips a gardé cette place jusqu'au début des années soixante-dix.
14. A l'exception des autoradios.

Allemagne. L'expansion de la production de Radiotechnique à partir de 1972 explique que la France soit passée d'une balance commerciale déficitaire (1971) à une position fortement exportatrice (46 % de la production nationale exportée en 1976). Par contre, la France importe l'ensemble de ses magnétophones, parce que les entreprises françaises ne se sont pas intéressées à cette production et que les firmes étrangères ont localisé leurs usines dans d'autres pays européens. Philips, notamment, fabrique ses magnétophones principalement en Autriche et plus secondairement en Espagne. Ces deux exemples montrent à quel point le cadre des statistiques nationales est tout à fait inadéquat pour rendre compte de productions largement internationalisées. Au début des années soixante-dix, l'excédent ou le déséquilibre de la balance commerciale française, dans les différents matériels son, dépendait des décisions d'implantation industrielle d'une firme étrangère.

Parallèlement à cette phase de concentration de la production dans des unités écoulant leur marchandise sur de larges marchés, on a assisté à un éclatement du cycle de production. Chacune de ces nouvelles usines n'assure qu'une phase particulière du processus productif (souvent le montage des appareils) alors que les autres éléments sont fabriqués dans d'autres usines du groupe, également en très grande série. On peut prendre deux exemples de ce phénomène dans le groupe Philips. La production d'un composant classique comme le ferrite dur, par exemple, est essentiellement assurée par l'usine d'Evreux de Radiotechnique Compelec. Cet élément qui sert pour les bagues de haut-parleurs, mais aussi pour les aimants permanents des moteurs électriques utilisés dans l'électroménager ou dans l'automobile, est consommé pour un quart en France (dans les usines du groupe ou dans d'autres entreprises) et exporté pour les trois quarts (dont une bonne partie à l'intérieur de la firme). Les tubes de télévision couleur sont produits par trois usines du groupe (Dreux, Aix-La-Chapelle et une usine anglaise) qui se répartissent partiellement la production en fonction de la dimension des tubes. Ce mouvement de délocalisation a d'abord été amorcé par les F.M.N. américaines qui ont installé des usines de montage en Amérique latine à partir des années 1965. Ainsi R.C.A. et Zénith ont construit des usines au Mexique. Par la suite les investissements des firmes de l'électronique se sont plutôt orientés vers l'Asie du Sud-Est. Ces implantations d'usines ont également été réalisées par des constructeurs japonais et européens.

Implantation industrielle des grandes firmes
de l'électronique audiovisuelle en Asie du sud-est

	Corée	Singapour	Taiwan	Hong-Kong
Firmes européennes				
Philips		x	x	x
Grundig			x	
Thomson		x		
Firmes américaines				
R.C.A.			x	
Zénith			x	
General Electric		x		x
Rockwell			x	
Firmes japonaises				
Matsushita	x	x	x	...
Sony	x		...	...
Toshiba	x		x	...
Hitachi		x	x	...
Sanyo	x	x	x	x
Pioneer	x			...

Source, D.A.F.S.A.   Légende, x : présence d'une usine
                            ... : information non disponible

Les nouvelles localisations industrielles ont permis aux F.M.N. de diminuer largement leurs prix de revient. Ainsi le prix à la sortie de l'usine d'un appareil de radio était en 1976 de six dollars à Hong-Kong alors qu'il était de quatre-vingt-huit en Allemagne [15]. Cette délocalisation de l'industrie électronique a eu pour conséquence la fermeture d'usines dans les pays développés. Aux États-Unis par exemple, la main-d'œuvre employée dans la branche radio-télévision a diminué de 18,5 % de 1966 à 1972, malgré le « boom » de la télévision couleur [16]. A l'inverse, certains pays d'Asie du Sud-Est sont devenus les principaux producteurs

---

15. *L'Industrie mondiale des appareils de radio-télévision,* D.A.F.S.A., deuxième trimestre 1978.
16. A. Mattelart, *op. cit.,* p. 35-36.

d'appareils audiovisuels ; ainsi Hong-Kong fabrique environ le tiers des appareils de radio vendus dans le monde.

Ces processus de transfert des capacités productives à l'étranger semble à première vue confirmer la théorie de R. Vernon sur le « cycle international du produit » qu'on peut résumer ainsi avec R.B. Stobauch [17] : « Le cycle de vie des produits qui épargnent le travail ou font appel à de hauts revenus peut être divisé en trois moments avec certaines structures spécifiques du commerce international. A l'origine, en vue de minimiser les coûts de communication durant le temps où un produit n'est pas standardisé, le producteur fabrique son produit dans un pays à haut revenu, à marché étendu, typiquement les États-Unis. Ce pays d'origine de production devient un exportateur pour les autres pays de consommation. En second lieu, la production démarre dans les autres principales nations industrielles qui commencent à exporter vers les États-Unis et les marchés des pays tiers. Finalement, durant la troisième étape, quand la concurrence devient aiguë et le produit très standardisé, les pays moins développés, vu leur faible coût du facteur travail, deviennent exportateurs du produit ; les États-Unis deviennent un importateur net du vieux produit et déplacent leurs ressources dans la production des produits plus nouveaux. » Cette analyse qui reste proche des théories traditionnelles du commerce international est fondée sur la transformation des conditions du marché d'accueil et s'intéresse peu au processus productif lui-même. En effet, la théorie de Vernon explique les déplacements des lieux de production. Or, ceci n'est qu'un des éléments d'un phénomène plus vaste que nous avons caractérisé plus haut comme l'éclatement du processus productif en une série de filiales-ateliers situées dans différents pays. Les usines qui sont implantées en Asie du Sud-Est ne sont pas autonomes, elles ne sont qu'un des maillons d'une chaîne de fabrication et dépendent donc pour leurs approvisionnements et leurs débouchés de leurs maisons-mères. Ce qui est donc fondamental, c'est moins la nouvelle spécialisation internationale que nous avons signalée précédemment que l'intégration aux rapports de production capitaliste des économies de la périphérie. L'extension des F.M.N. correspond à l'émergence de ce que C.A. Michalet appelle le « système de l'économie mondiale » [18].

Si donc la filiale-atelier constitue le mode dominant de

---

17. Cité par C. Palloix, *op. cit.*
18. C.A. Michalet, *Le Capitalisme mondial*, P.U.F., Paris, 1976.

l'internationalisation dans l'électronique audiovisuelle grand public, il existe néanmoins un certain nombre d'exceptions. Les constructeurs japonais qui exportent largement leurs téléviseurs (fabriqués dans leurs filiales-ateliers du Japon et d'Asie du Sud-Est) vers l'Europe et les États-Unis, se sont heurtés à des mesures de contingentement prises par certains de ces pays et envisagés par d'autres. Pour éviter (ou prévenir) ces restrictions, les F.M.N. japonaises ont décidé d'installer des filiales-relais spécialisées dans le montage des téléviseurs dans ces pays. Aux États-Unis, Matsushita a racheté en 1974 le département téléviseur de Motorola ; Hitachi a créé en 1977 une filiale commune avec General Electric ; enfin Sony, Toshiba et Sanyo ont créé des usines de montage en Amérique du Nord. En Europe, les industriels japonais se sont principalement installés en Angleterre : ce fut notamment le cas de Sony et de Matsushita. Depuis 1978, les firmes japonaises semblent avoir adopté une stratégie qui correspond peut-être à un nouveau stade de l'internationalisation. Au lieu d'implanter une usine, la F.M.N. s'associe à des industriels nationaux et apporte sa technologie. Une telle stratégie permet de diminuer le montant des capitaux investis, facilite l'implantation sur le marché européen et assure aux constructeurs nippons une domination technologique sur les firmes européennes. Une collaboration de cette nature a été instituée entre Toshiba et Rank. Les deux sociétés ont créé une filiale commune (Toshiba 30 %, Rank 70 %) et la firme anglaise a apporté ses usines. Un accord analogue a été signé entre Hitachi et la General Electric Company anglaise. Dans les autres pays européens, les investissements japonais ont été beaucoup plus faibles. Sony a acheté un petit constructeur allemand (Wega-Radio) et s'est implantée en Irlande. Après avoir créé une filiale commerciale en France, la firme nipponne y prépare la construction d'un usine de bandes magnétiques.

Les principales multinationales
de l'électronique audiovisuelle grand public

		Nationalité	C.A. audio-visuel en 1978 (millions de $)	Part du C.A. audiovisuel dans le groupe
1.	Philips	Pays-Bas	4 530	30 %
2.	Matsushita	Japon	4 300	43 %
3.	Sony	Japon	2 050	85 %
4.	Sanyo	Japon	1 480	49 %
5.	Toshiba	Japon	1 380	24 %
6.	Hitachi	Japon	1 300	env. 14 %
7.	R.C.A.	U.S.A.	1 200	env. 18 %
8.	Grundig	R.F.A.	1 140	92 %
9.	Zenith	U.S.A.	980	100 %
10.	Pioneer	Japon	936	100 %
11.	G.T.E. Sylvania	U.S.A.	870	env. 10 %
12.	General Electric	U.S.A.	780	4 %
13.	A.E.G. Telefunken	R.F.A.	700	env. 12 %
14.	Thomson-Brandt	France	660	13 %
15.	Thorn	G.B.	650	33 %
16.	Blaupunkt (R. Bosch)	R.F.A.	550	11,5 %
17.	Sharp	Japon	460	35 %
18.	I.T.T.	U.S.A.	400	2,5 %
19.	Rockwell	U.S.A.	350	6 %
20.	Rank	G.B.	300	34 %

Source : rapports d'activités

La vidéo grand public a également un mode d'internationalisation spécifique. Contrairement aux autres systèmes audiovisuels, l'innovation technologique a été essentiellement concentrée dans un pays. Par la suite les firmes japonaises ont organisé leur production dans leur propre pays, mais elles ont exporté dans l'ensemble du monde. Ce qui fait que malgré le difficile démarrage de ce produit, elles ont pu atteindre des séries importantes. Pour faciliter la distribution de leur matériel, les constructeurs japonais ont passé des accords avec des firmes européennes qui commercialisent sous leur propre marque des magnétoscopes construits au Japon.

L'électronique professionnelle

L'industrie de la photographie et du cinéma amateur est également très fortement internationalisée (voir chapitre 4), la spécialisation de la production y est aussi la règle. Ainsi, en Europe, Kodak produit les surfaces sensibles en France et les appareils en Allemagne. Par contre, dans le cas du hardware professionnel, le principal mode d'internationalisation reste l'exportation. En effet l'étroitesse du marché oblige les constructeurs à n'avoir qu'un lieu de fabrication qui doit être proche du centre de recherche (ces matériels sont souvent d'une technologie avancée) et de pouvoir disposer d'une main-d'œuvre hautement qualifiée. Par ailleurs, l'internationalisation est récente et a été longtemps freinée par une diversité de normes. Pour toutes ces raisons, les firmes fabriquent dans leur pays d'origine.

La mise en place des équipements de télévision dans les pays industrialisés a été pour l'essentiel réalisée par des firmes nationales (voir chapitre 3). Une fois l'équipement des stations de télévision achevé, les constructeurs ont trouvé la plupart de leurs débouchés à l'étranger. Ainsi dès 1973, Thomson C.S.F. exportait 70 % de sa production ; trois ans plus tard ce chiffre était de 90 %. Ces exportations ont été principalement destinées aux pays du Tiers monde qui installaient alors leurs stations de télévision. Aujourd'hui ce marché commence lui aussi à devenir saturé et les débouchés apparaissent dans le renouvellement des matériels existants. Dans la situation d'un marché qui a terminé sa phase d'expansion, que les normes nationales ne réussissent plus à segmenter comme auparavant, la stratégie des grands groupes est en train de changer. Il ne s'agit plus de fournir une gamme complète de produits mais de se spécialiser dans certains d'entre eux et de chercher à obtenir une part substantielle du marché mondial.

A la fin de ce panorama de la multinationalisation des industries du hardware, la séquence historique exportation/ filiale-relais/filiale-atelier, que nous avons présentée plus haut apparaît comme un schéma tendanciel qui ne se vérifie pas toujours. Mais ce qu'il est important de repérer, c'est le caractère fondamentalement dialectique du procès d'internationalisation. D'une part, il intègre les filiales nationales dans un même cycle de production (centralisation de la production des composants, du montage d'appareils standardisés) et constitue pour certains produits (vidéo légère par exemple) un marché mondial ; d'autre part, et simultanément, les firmes savent s'adapter à chaque marché national pour tenir compte de normes techniques propres, de barrières douanières contraignantes, etc. La firme qui a poussé le plus loin cette dialectique international/national dans un domaine il est vrai un peu différent de l'audiovisuel, est sans aucun doute I.T.T. Cette société avait jusqu'à ces dernières années deux filiales françaises sur le marché du téléphone. L.M.T. développait une stratégie internationale – elle présentait ses choix technologiques comme ceux de l'ensemble du groupe. Celui-ci pouvait mettre à sa disposition toute son infrastructure de recherche. Au contraire, la C.G.C.T. se présentait comme une filiale-relais qui mettait en œuvre des technologies spécifiquement françaises. La stratégie d'I.T.T. était de renforcer les images de marque différentes des deux filiales et en même temps d'assurer la cohésion industrielle de l'ensemble du groupe [19].

La place du capital national

Nous avons vu précédemment que dans les branches très concentrées du hardware audiovisuel, quelques petites firmes avaient réussi à se maintenir en se spécialisant dans un créneau de marché ou en adoptant une politique de sous-traitance. La plupart ont largement accès au marché international. Audax, fabricant de haut-parleurs, exporte 45 % de sa production, Beaulieu vend 70 % de ses caméras à l'étranger, les objectifs français Angenieux équipent 80 % des caméras de télévision couleur aux États-Unis... Ces exemples montrent bien que le mouvement d'internationalisation a des répercussions sur toutes les firmes d'une branche. C'est la raison pour laquelle nous avons retenu dans ce livre une approche par branche plutôt que de nous axer sur l'étude des firmes. Nous rejoignons là une des hypothèses des recherches de C. Palloix sur les multinationales qui nous paraît fondamentale. Rompre avec la démarche axée sur l'étude des firmes, c'est éviter les écueils de l'analyse micro-économique qui, en étudiant les composantes du choix de l'entrepreneur, reste essentiellement descriptive et ne permet pas de saisir les mouvements structurels de transformation du mode de production capitaliste. L'internationalisation ne constitue pas un choix de développement offert à l'entrepreneur, c'est un mouvement imposé par la reproduction du capital.

19. Voir Y. Stourdzé, *Généalogie de l'innovation en matière de commutation*, I.R.I.S., université Paris-Dauphine, 1978.

L'internationalisation des capitaux

Nous avons examiné différents éléments du processus d'internationalisation : internationalisation du produit (au niveau notamment de la fixation des normes), internationalisation de la production (qui peut prendre différents modes), internationalisation de la circulation des marchandises. Il convient enfin de dire quelques mots de l'internationalisation du financement du capital. Les problèmes méthodologiques d'approche de cette question sont trop complexes pour qu'on puisse l'aborder dans toute son ampleur, notamment au niveau de la branche. Certains éléments permettent néanmoins de montrer qu'il existe une forte internationalisation des porteurs d'actions et des financeurs d'emprunt. Le capital de Philips en 1970 était réparti ainsi : Pays-Bas 47 %, U.S.A. 13 % [20], Suisse 19 %, France 11 %, Angleterre 4 %, Allemagne 3 %. Les actionnaires japonais ne possèdent que 55 % du capital de Sony, le reste est réparti entre les États-Unis 38 %, l'Europe et l'Asie du Sud-Est 17 % ; Matsushita est coté sur sept bourses étrangères, etc. Ce financement international des grandes firmes multinationales qu'on retrouve également dans un certain nombre d'emprunts à long terme, revient à ce que dans les pays industrialisés les capitaux nationaux financent en majeure partie les investissements des firmes-étrangères. Les multinationales américaines, profitant de la situation hégémonique du dollar, sont celles qui ont pratiqué le plus systématiquement le financement international de leurs investissements. Ainsi, sur la période 1966-1970, les fonds en provenance des sociétés-mères installées aux États-Unis n'ont formé que 16 % de l'ensemble des ressources financières des filiales des F.M.N. américaines [21].

Les spéficités de l'internationalisation de la culture

La nature particulière des produits culturels entraîne des modalités d'internationalisation différentes de celles rencontrées dans les matériels audiovisuels. Les barrières linguistiques et les spécificités culturelles nationales peuvent constituer des obstacles à l'exportation. Mais surtout, chaque produit culturel doit être à l'origine inscrit dans une culture nationale. Aussi l'éclatement du

---

20. En 1974 la part des Pays-Bas a augmenté (54 %) et celle des U.S.A. a diminué (6 %).
21. Source : rapport du Committee on Finance, sénat américain, 1973, cité par C.A. Michalet.

cycle de production entre plusieurs filiales, qui est aujourd'hui la caractéristique majeure de l'industrie électronique, est, sauf dans quelques cas, impossibles. L'unicité du lieu de production est une des conditions qui permet de garder un aspect unique et original à la valeur d'usage d'un programme audiovisuel.

Une diffusion centralisée à partir d'Hollywood

Dans le cinéma, le coût unitaire très important de la production et la faiblesse relative des coûts de tirage et de transport des copies font que l'exportation est particulièrement bien adaptée à l'internationalisation du film. Nous avons vu qu'avant la guerre de 1914, Pathé distribuait déjà ses films sur l'ensemble du monde. Cette stratégie fut reprise après la guerre par Hollywood. Avec l'arrivée du parlant, le commerce extérieur du film rencontra un obstacle qui fut facilement contourné grâce au doublage. Proportionnellement à l'ensemble, le coût de cette opération est faible contrairement à celui des traductions dans le livre : aussi la langue ne constitue pas une limitation de l'internationalisation du film comme elle en est une pour l'édition littéraire. Le commerce international est donc extrêmement important dans le cinéma. Parmi un échantillon de soixante-dix pays [22], on remarque qu'en 1975 les importations (en nombre de films) représentaient plus de 90 % de la consommation dans quarante-huit pays, de 70 à 90 % dans quatorze autres ; seuls cinq pays (U.S.A., U.R.S.S., Japon, Inde et Corée) regardaient plus de films nationaux que de films étrangers ; enfin pour trois autres (France, Italie et Pakistan), importation et production nationale s'équilibraient. Parmi les exportateurs, les États-Unis arrivent de très loin en tête, avec en moyenne 32 % des films importés [23]. Nous avons montré précédemment que le cinéma américain trouvait la moitié de ses revenus à l'exportation. Pour arriver à un tel résultat, il a mis en place des filiales de distribution sur chacun des principaux marchés. En France, celles-ci contrôlent selon les années entre 35 et 40 % des recettes [24]. En Angleterre, cette part est encore plus importante (84 % en 1970) [25], ainsi qu'au Canada (85 % en

---

22. Tous les pays de l'O.C.D.E., de l'Europe de l'Est et les principaux pays du Tiers monde. Source : annuaire statistique, UNESCO, 1977.
23. Statistique portant sur cinquante-trois pays. Cette moyenne est respectivement de 38 % dans les pays de l'O.C.D.E., 11 % dans les pays de l'Est et à Cuba, 34 % en Afrique, 46 % en Amérique et 24 % en Asie.
24. Source : C.N.C.
25. T. Guback, *Journal of Communications,* hiver 1974.

1973) [26]. Ces filiales des majors ne se contentent pas de distribuer les films américains, elles interviennent également sur les marchés locaux où elles sont implantées. Elles assurent la distribution nationale de films produits localement mais surtout elles jouent un rôle clé dans l'exportation de ces films. Ainsi ces sociétés perçoivent plus de la moitié des recettes du cinéma français à l'étranger. En tout état de cause, elles sont l'intermédiaire obligé pour accéder au marché américain. Les producteurs européens qui comme la Rank Organisation en 1957 ont essayé de créer un réseau de distribution aux États-Unis, ont tous échoué. Mais c'est également, en amont, dans la production que les filiales des majors investissent. En France, une étude du C.N.C. qui sous-évalue la place des capitaux américains [27], estime que ceux-ci ont représenté 14 % des sommes investies dans la production de 1970 à 1975. Parmi les films projetés de 1962 à 1972 dans les deux plus grands circuits britanniques, les deux tiers d'entre eux étaient financés (totalement ou en partie) par Hollywood [28].

Cette intervention des multinationales du cinéma sur le marché européen correspond assez bien au schéma de la filiale-relais. En effet, l'objectif de ces investissements est d'adapter les activités de la F.M.N. aux spécificités culturelles nationales. J.M. Salaun fait justement remarquer que « d'une manière générale les filiales américaines semblent s'intéresser plus particulièrement aux films d'auteurs (reconnus bien sûr) » [29]. Lorsque Paramount produisait avant-guerre *Marius* de Pagnol, elle s'intégrait complètement à la culture française. L'orientation est la même quand les majors financent aujourd'hui Clément ou Costa-Gavras. Dans ce dernier cas, il s'agit de films destinés à une clientèle intellectuelle qui donc ne concurrenceront pas les super-productions réalisées aux États-Unis pour un public plus vaste. En donnant la nationalité française ou italienne à ses filiales, Hollywood bénéficie des avantages réservés aux producteurs nationaux, et notamment des différents fonds de soutien à l'industrie cinématographique. Ainsi ces systèmes d'aide

---

26. Discours du ministre D. Hardy devant l'Assemblée nationale, le 4 avril 1974.

27. Cette étude s'en tient à la nationalité juridique des firmes, aussi Cinema International Corporation est considéré comme hollandais. Source : *Le Cinéma français,* n° 1640, 27 août 1976.

28. T. Guback, *op. cit.*

29. J.M. Salaun, *A qui appartient le cinéma ?*, Thèse de 3e cycle, Université de Grenoble III, 1977, p. 71.

publique, qui avaient été créés dans un objectif protectionniste, bénéficient malgré tout au cinéma américain. Un autre élément a favorisé les investissements américains. Après la Seconde Guerre mondiale, Hollywood a diffusé massivement ses films en Europe et s'est donc trouvé avec des liquidités très importantes qui ont été partiellement bloquées de ce côté-ci de l'Atlantique. Il était donc intéressant de les réinvestir localement. Par la suite, des filiales ont continué à réinvestir leurs disponibilités, tant que la situation financière des sociétés-mères était bonne. Par contre, au moment de la crise d'Hollywood à la fin des années soixante, les rapatriements des profits aux États-Unis ont été largement augmentés, entraînant une forte baisse des nouveaux investissements qui a eu des répercussions importantes en Angleterre et en Italie.

Parallèlement aux investissements dans des films européens, les majors ont pratiqué la « runaway production », c'est-à-dire qu'elles ont tourné un certain nombre de films américains à l'étranger, pour bénéficier des taux de salaires plus faibles des techniciens et éventuellement des figurants pour certaines superproductions. Au cours de la décennie soixante, cette pratique du tournage à l'étranger s'est très largement répandue, passant de 35 à 60 % des films américains [30]. On a assisté depuis à une baisse. Si ce type d'internationalisation rappelle celui de la filiale-atelier, il s'en distingue par la non-permanence des structures de production mises en place. A l'exception des investissements américains dans les studios italiens de Rome, le tournage à l'étranger est une opération ponctuelle dans laquelle le producteur fait appel aux industries techniques locales, mais amène des États-Unis les acteurs (ou au moins les principaux) et certains techniciens : ce n'est donc pas une délocalisation d'Hollywood. Il s'agit d'une pratique fluctuante qui ne constitue pas le noyau du mode d'internationalisation du cinéma. En définitive, l'exportation reste bien l'élément fondamental de la stratégie internationale du cinéma américain.A cause de la taille de son marché, le cinéma américain est le seul au monde à pouvoir réaliser des productions mettant en œuvre autant de moyens techniques, et arrivant à un tel raffinement du spectaculaire. Aussi ces super-productions bénéficient d'une possibilité d'exportation plus grande que bien d'autres films. Mais les investissements réalisés, qui ont toujours tendance à croître par la concurrence sévère qui

---

30. T. Guback, « Le Cinéma U.S., un business international » in *Écran*, n° 24, 1974.

existe entre les majors, ont besoin pour être amortis du marché international. A chaque crise, notamment à la fin des années soixante, Hollywood décide de réduire le budget de ses films, mais rapidement (c'est actuellement le cas avec les films catastrophe) la spirale inflationniste reprend, les budgets se gonflent à nouveau, tant au niveau production que promotion. De tels moyens permettent d'augmenter la diffusion internationale, mais celle-ci devient plus indispensable que jamais. Ainsi, c'est un même mouvement qui assure la domination mondiale du cinéma américain et rend celui-ci dangereusement tributaire de l'extérieur.

A côté d'Hollywood, qui doit exporter chacun de ses films dans le monde entier, d'autres cinématographies ont pu développer des modes différents d'internationalisation, en fonction de leur structure propre. Les studios de Hong-Kong sortent chaque année plus d'une centaine de films qui sont largement exportés, principalement dans le tiers-monde. Mais au lieu de diffuser le même produit sur l'ensemble du globe, comme Hollywood, un film est réalisé en plusieurs versions adaptées à sa clientèle finale. Les faibles coûts de main d'œuvre permettent de réaliser facilement cette opération. A propos des films pornographiques, le directeur de la plus importante firme de production locale, la Shaw Brothers Company, explique : « I shoot in three versions : mild for Singapore ; half-and-half for Hong-Kong ; and all the way for foreign [31].»

En Europe, l'internationalisation s'est au contraire développée selon le principe de la coproduction : un film adopte conjointement plusieurs nationalités. Ce système offre des avantages multiples. Au niveau financier, il permet de réunir des capitaux plus importants, en provenance de plusieurs pays. Par ailleurs, il fait bénéficier le film de plusieurs fonds nationaux de soutien au cinéma. La distribution est également assurée plus facilement puisque chacun des partenaires ouvre des débouchés dans son propre pays. Sur le plan artistique, les coproductions permettent de regrouper un ensemble de vedettes internationales susceptibles de garantir une audience importante. De tels films constituent un bon exemple de produits culturels internationaux, puisqu'il n'existe plus de version originale, chacune des vedettes tournant dans sa propre langue et chaque version comportant donc des voix originales et des voix doublées. La

---

31. M. Jokela, « Book, film, television – an international comparison of national self sufficiency in three media », University on Tampere, 1975, Finlande.

coproduction qui apparaît comme un moyen de renforcer des cinémas nationaux en situation de faiblesse a été favorisée par les États européens. En 1949, la France a signé un accord de ce type avec l'Italie et par la suite une vingtaine d'accords similaires ont été conclus avec d'autres pays. L'Italie est restée malgré tout le premier partenaire de la France dans ce domaine. L'importance des coproductions étrangères a augmenté constamment en France jusqu'en 1963. Cette année-là les films intégralement français ont représenté 12 % des investissements, les coproductions 88 % se répartissant entre l'apport étranger 45 % et la participation française 43 %. Depuis, à la suite notamment de l'augmentation des films à petit budget (voir *supra*), ce phénomène a perdu beaucoup de son importance. En 1978, les chiffres précédents étaient respectivement de 47 % (films entièrement français), 27 % et 26 % (apports

Les grands groupes mondiaux du cinéma

	Ensemble en millions de dollars (1976)	Distribution en salles	Distribution à la T.V.
U.S.A.			
1. Universal	463	213	250
2. Warner	285	221,5	63,5
United Artists	285	229,5	55,5
4. 20th Century Fox	255	206	49
5. Columbia	239	152	87
6. Paramount	217	152	65
7. General Cinema (exploitation)	180	180	—
8. W. Disney	119	100	19
9. M.G.M.	105	47,5	57,5
France et Grande-Bretagne (à titre de comparaison)			
1. Rank Organisation	38		
2. E.M.I.	37		
3. Gaumont	36		
4. Pathé	24		

217

étrangers et français dans les coproductions) [32]. Le dispositif de coproduction, qui avait été conçu comme un mécanisme de défense à l'échelon européen vis-à-vis du cinéma américain, a été, comme beaucoup de systèmes protectionnistes aujourd'hui, contourné par les F.M.N. d'Hollywood. Celles-ci ont utilisé leurs filiales pour investir dans ces films. Ainsi on a pu estimer qu'en 1972 un quart de ces coproductions était contrôlé par des capitaux américains. Parfois même, comme dans *Le Dernier tango à Paris,* derrière une coproduction italo-française se cachent tout simplement deux filiales du même groupe américain, United Artists.

Le disque : des multinationales discrètes

Contrairement au film, le disque se caractérise par une internationalisation assez faible du procès de circulation des marchandises ; en France, par exemple, en 1978, les importations représentaient 8 % de la consommation intérieure et les exportations 11,5 % [33] de la production nationale. Les courants de ce commerce international sont principalement orientés vers les pays limitrophes et les pays francophones. Néanmoins les multinationales jouent un rôle très important dans le marché du disque, puisque parmi les quinze pays capitalistes les plus riches, la part des six grandes firmes mondiales de disques n'est jamais inférieure à 50 % [34]. Le coût unitaire d'un disque étant beaucoup plus faible que celui d'un film, les éditeurs phonographiques multinationaux ont pu facilement internationaliser leur production. Ils ont créé des filiales-relais dans chacun des principaux marchés. Des groupes comme E.M.I. ou Polygram possèdent au moins une trentaine de filiales de ce type [35]. Celles-ci peuvent presser sur place des disques dont elles ont importé les bandes-mères. En effet, les caractéristiques du produit (fragilité mais surtout caractère aléatoire des ventes) font que le disque se prête mal à l'exportation et qu'il est préférable de rapprocher les activités de pressage et de distribution des principaux marchés. Grâce à une telle structure internationale, les F.M.N. du disque ont pu

---

32. Films pornographiques exclus. Source : C.N.C.
33. Statistiques douanières (données en valeur).
34. Source : M. Soramaki, *op. cit.*
35. Selon les rapports d'activités de ces sociétés, Polygram possédait en 1976 trente studios nationaux d'enregistrement et des possibilités de pressage dans une vingtaine de pays. En 1973, E.M.I. avait des usines de pressage dans trente-cinq pays.

commercialiser quelques tubes du disco à plus de vingt millions d'exemplaires dans le monde. Mais les filiales-relais ont également pour fonction de produire des disques avec des chanteurs locaux. L'activité musicale a une forte composante nationale. Dans les pays latins notamment, la très grande majorité des ventes de disques de variétés est réalisée avec des chanteurs locaux. En France, ceux-ci constituent 80 % des ventes ; en Italie, les deux tiers [36]. Dans les pays d'Europe du Nord, ce pourcentage est beaucoup plus faible (35 % en Allemagne, 20 % aux Pays-Bas...). Dans l'ensemble, l'édition de chanteurs locaux par les filiales-relais des F.M.N. est très importante puisqu'en 1973 C.B.S. a réalisé 60 % de ses ventes avec des chanteurs non américains [37]. Ces dernières années, la part des variétés nationales a probablement diminué. En France, elle n'était plus que de 60 % en 1978. La nécessité pour les F.M.N. de donner un caractère national à leur production apparaît également dans le fait que la plupart des chansons étrangères est vendue avec des pochettes nationales correspondant aux goûts particuliers de chaque pays. La segmentation de la production et de la distribution qui est la conséquence de l'activité des filiales-relais, n'empêche pas un certain nombre de courants d'échange entre les filiales. Certains succès nationaux de l'une sont vendus dans une autre, l'exportation se faisant sous forme de bande-mère ou éventuellement sous forme de disque. Nous avons vu précédemment que les F.M.N. contrôlaient cette distribution internationale et que les éditeurs nationaux indépendants devaient faire appel à elles pour trouver des débouchés à l'étranger. Par ailleurs, certaines F.M.N. ne possèdent pas des usines de pressage dans chaque pays et certaines filiales font presser leur disque dans un pays voisin. C.B.S.-France fait ainsi appel à l'usine du groupe en Hollande ou Warner-France à une usine en Allemagne. En cas de saturation d'une usine, la production est répartie entre les autres filiales du groupe.

La production du disque classique est elle très différente de celle des variétés. Il s'agit en effet du type-même de produit qui n'est pas lié à une culture nationale spécifique : la même copie peut donc être diffusée dans l'ensemble des pays industrialisés. Le système de la filiale-atelier est par conséquent bien adapté, d'autant plus qu'il se combine avec un type d'internationalisation de la production

---

36. Source : rapport d'activités 1975 de Warner, ainsi que Hennion et Vignolle, *op. cit.*
37. Rapport d'activités 1973 de C.B.S.

spécifique aux produits culturels : le rassemblement dans une même œuvre de vedettes de nationalités différentes [38].

Les principales multinationales du disque
Source, M. Soramaki et rapport d'activités

	Nationalité	C.A. 1977 dans le disque (en millions de $)	Part du marché occidental
1. C.B.S.	U.S.A.	768	15 %
2. E.M.I.	G.B.	753	15 %
3. Phonogram (Philips)	Pays-Bas	...	
4. Warner	U.S.A.	532	10 %
5. R.C.A.	U.S.A.	400	8 %
6. Polydor (Siemens)	R.F.A.	...	
7. M.C.A.	U.S.A.	100	
8. United Artists	U.S.A.	93	
9. Bertelsmann	R.F.A.	92	
10. A & M	U.S.A.	75 *	
11. A.B.C.	U.S.A.	72	
12. K T.E.L.	U.S.A.	60 *	
13. Columbia	U.S.A.	42	
14. Motown	U.S.A.	35 *	
15. Decca	G.B.	30 *	
Polygram (Phonogram + Polydor)		800 *	15 %

* Estimation.

La télévision : une internationalisation moins développée

D'une façon générale, la culture de flot se prête moins bien à l'internationalisation que la marchandise culturelle. En effet la continuité de la presse ou de la télévision ne peut être assurée

---

38. Il semblerait qu'on assiste dans la musique disco à une division internationale du travail assez voisine.

uniquement avec des programmes importés. Par ailleurs, l'information comporte une composante nationale essentielle et beaucoup d'États ont pris des mesures législatives sur le contrôle par des capitaux étrangers des organes d'information nationaux. Ceci ne veut pas dire que l'internationalisation ne joue pas un rôle important dans ce domaine, comme l'ont bien montré les récents débats à l'UNESCO sur la libre circulation de l'information [39], mais le rôle des multinationales est souvent indirect : ainsi, la presse de la plupart des pays du monde utilise comme matière première les dépêches de quelques agences internationales.

Les émissions de télévision ayant des caractéristiques économiques voisines des films (coût de production élevé, coût de duplication et de transport faible), on y trouve le même type d'internationalisation, à base d'exportation. Une comparaison effectuée sur trente-cinq pays de l'Ouest, de l'Est et du Tiers monde [40], montre qu'en 1970 la part des programmes importés pour la télévision était toujours inférieure à celle rencontrée dans le cinéma. Les deux séries sont assez fortement corrélées, ce qui prouve que les pays les plus dépendants pour un media le sont également pour l'autre, mais les écarts sont beaucoup plus forts en ce qui concerne les émissions de télévision. Les pays qui importent moins de 15 % de leurs programmes sont six grands pays industriels (U.S.A., U.R.S.S., Japon, France, Grande-Bretagne et Italie). Les autres pays européens, de l'Ouest comme de l'Est, ont un taux d'importation autour de 30 %. Dans la plupart des pays du Tiers monde, à quelques exceptions près comme l'Argentine ou les Philippines, ce taux dépasse 50 %, mais il n'est que très rarement supérieur aux deux tiers. L'exportation des programmes qui est assurée en Europe par les chaînes de télévision, est au contraire aux États-Unis, en matière de programmes de fiction, le fait des producteurs qui sont, comme nous l'avons vu, les grandes sociétés hollywoodiennes. On estime ainsi que les majors réalisaient en 1972 80 % des exportations américaines [41] dans ce domaine.

---

39. Voir le rapport de la commission Mac Bride, UNESCO, 1978.

40. Les pays de l'O.C.D.E. (à l'exception de : Autriche, Belgique, Danemark, Espagne, Grèce, Luxembourg, Norvège et Turquie), certains de l'Europe de l'Est (U.R.S.S., R.D.A., Hongrie, Pologne et Roumanie), d'Amérique latine (Mexique, Colombie, Chili, Argentine et Uruguay), d'Asie (Malaisie, Pakistan, Philippines, Singapour, Thaïlande) et du Moyen-Orient (Égypte, Irak, Liban, Israël). Source : M. Jokela, *op. cit.* et K. Nordenstreng et T. Varis, *La Télévision circule-t-elle à sens unique ?*, UNESCO, 1974.

41. T. Guback, *Journal of Communications, op. cit.*

Elles bénéficient pour cela du réseau de distribution déjà mis en place pour le film. Compte tenu des spécificités nationales de chaque télévision, les F.M.N. ont eu également tendance à investir dans des stations étrangères. Il ne s'agissait pas exactement de filiales-relais puisque ces investissements ont été généralement réalisés en association avec des capitaux locaux, la part des F.M.N. étant assez souvent minoritaire. Dans les années soixante, les trois grands networks américains, et plus spécialement A.B.C. et C.B.S., ont investi largement en Amérique latine. A.B.C. voulait ainsi reproduire au sud du Rio Grande l'organisation de la télévision aux États-Unis. Il avait regroupé toutes ses participations dans son « worldvision network ». A l'exception semble-t-il du Brésil, du Chili et de la Colombie, tous les pays du continent américain ont été touchés par ces investissements [42]. Dans certains cas, comme au Venezuela et en Argentine, ces filiales recréaient la situation nord-américaine de concurrence entre les trois grands networks C.B.S./A.B.C./N.B.C. [43]. Au début des années soixante-dix, la plupart de ces participations ont été réduites ou vendues. En effet, la rentabilité de ces stations s'est avérée moins importante que prévue dans la mesure où le marché publicitaire de ces pays est limité ; par ailleurs certains États ont mis en place des politiques protectionnistes, soit de nationalisation, soit de quota pour les capitaux étrangers. Enfin la nouvelle réglementation de la F.C.C. américaine (voir chapitre 3) a réservé la vente des émissions de fiction aux producteurs et non aux networks. Ces filiales perdaient donc une partie de leur intérêt qui était de constituer un marché réservé pour les programmes de la maison-mère américaine.

Parallèlement à ces investissements, les télévisions des pays industrialisés ont assuré une activité de conseil auprès des télévisions naissantes de différents pays. Les networks américains ont d'abord joué ce rôle auprès de certaines télévisions européennes (Italie, Portugal, Suède...) puis des pays du Moyen-Orient et d'Asie du Sud-Est. La B.B.C. et l'O.R.T.F. ont développé des activités analogues principalement auprès des anciennes colonies britanniques et françaises. Le développement de ces stations de radio-télévision a été en plus facilité par des aides des pays industrialisés aux pays en

---

42. Voir T. Varis, « The impact of transnational Corporations on communication », Tampere Peace Research Institute Report n° 10, 1975 et H. Muraro, *op. cit.*
43. En dehors de l'Amérique, les F.M.N. américaines ont investi en Australie, au Japon, aux Philippines, en Iran, au Nigeria.

voie de développement. Pour les télévisions des grands pays occidentaux, cette activité d'assistance a permis de favoriser les constructeurs nationaux d'équipement et d'ouvrir des débouchés à l'exportation pour leurs programmes. En définitive, les investissements comme l'assistance n'ont eu comme principal objectif que de favoriser l'exportation de programmes : il ne s'agit donc pas de filiales-relais mais de la constitution de marchés protégés. Si l'exportation de programmes de fiction fonctionne comme un système de diffusion à sens unique, pour reprendre l'expression de K. Nordenstreng et T. Varis, il existe néanmoins des systèmes plus égalitaires d'échange dans le domaine de l'information et des sports. Ces réseaux d'échange ont été principalement développés en Europe où il en existe trois de ce type ; Eurovision pour l'Europe occidentale, Intervision pour l'Europe orientale et Norvision, coopérative d'échange régional des pays nordiques. En dehors de ces systèmes, les courants d'échanges internationaux en matière d'information télévisuelle restent malgré tout dominés, comme dans la presse écrite, par quelques agences d'information filmée anglo-américaines (Visnews, U.P.I.T.N., C.B.S. News) [44].

Parallèlement à l'exportation des programmes, il existe comme dans le cinéma, une place pour la coproduction d'émissions de télévision. Celle-ci permet aux télévisions européennes d'entreprendre des séries avec des moyens plus importants. Elle permet également à certaines compagnies comme la B.B.C. de pénétrer le marché américain en s'associant avec des producteurs d'outre-Atlantique.

Part des séries américaines dans l'ensemble des programmes diffusés (en %)

Source, rapport Le Tac, 1976, 1978 et 1979

	1974	1975	1976	1977	1978
T.F.1	4,75	0,6	6,6	3,6	5,1
Antenne 2	4,05	7,5	8	5,4	4,3
F.R.3	1	1	—	0,6	—

---

44. Visnews est contrôlé à 37,5 % par la B.B.C. et à 37,5 % par Reuter. U.P.I.T.N. appartient conjointement à l'agence de presse nord-américaine

En conclusion de cette analyse de l'internationalisation de la télévision, il nous paraît utile d'examiner plus attentivement le cas de la France. On a en effet souvent estimé que la réforme de l'O.R.T.F. avait entraîné une forte augmentation des importations de programmes américains. Les éléments statistiques disponibles permettent de tirer des conclusions plus nuancées. La part des séries américaines dans les programmes français a fortement augmenté de 1974 à 1976 [45], puis a diminué par la suite pour retrouver en 1978 un niveau analogue à celui de 1974. Dans la mesure où les importations concernent principalement les programmes de fiction (y compris les films), l'analyse doit porter essentiellement sur ces émissions. On remarque alors que les importations ont représenté respectivement en 1977 et 1978, 51 % et 38 % de ces programmes, les émissions américaines comptant pour 32 % et 30 % [46]. Ainsi la télévision française est dans une situation analogue (pour ses programmes de fiction) au cinéma, dont les recettes se sont réparties ainsi en 1978 : films français 46 %, films américains 33 %, autres films étrangers 21 %. Cette forte part des importations s'explique, comme pour le cinéma, par l'importance des coûts de production. Alors qu'en France, en 1978, une heure de dramatique coûtait environ 230 000 dollars, une série américaine de même durée pouvait être achetée 11 000 dollars. Dans les pays moins peuplés et moins riches, les prix de vente de ces séries sont encore plus bas : 1500 à 1800 dollars en Belgique, 260 dollars au Pérou et 90 dollars au Kenya [47].

L'internationalisation des contenus culturels

Beaucoup de travaux sur l'internationalisation en matière culturelle se sont contentés d'étudier les flux d'importation. Nous avons montré dans les pages précédentes que les mécanismes de l'internationalisation étaient beaucoup plus complexes et que les F.M.N. pouvaient agir de différentes façons, notamment en

---

U.P.I. et au système d'information télévisée I.T.N. de la chaîne de télévision privée britannique I.T.V. Visnews comme U.P.I.T.N. utilisent les réseaux de communication internationale de Reuter et de l'U.P.I.

45. Les travaux de M. Souchon *(op. cit.)* qui ont porté à la fois sur les programmes diffusés et sur l'audience confirment l'augmentation (en temps d'antenne et en audience) des émissions américaines de 1974 à 1977.

46. Source : rapport Cluzel, Sénat, n⁰ 74, 21 novembre 1978. Les chiffres de 1978 ont été calculés sur les six premiers mois.

47. Source : *Variety,* 18 avril 1979. Coût pour deux épisodes d'une demi-heure.

exportant, en créant des filiales-relais ou des filiales-ateliers. Dans chacun de ces cas, les effets de la multinationalisation sur les contenus culturels vont être différents. Les filiales-relais qu'on rencontre principalement dans le disque de variété ne semble pas avoir une influence spécifique sur les contenus culturels. A première vue, il n'y a pas de différences notables entre leurs produits et ceux des producteurs nationaux. Toutefois, les F.M.N. ont tendance à imposer des normes de production, liées à de gros budgets et renforçant les aspects spectaculaires, plus spécialement dans le cinéma. Le réalisateur anglais P. Watkins note qu'« on peut faire un film extrêmement fort pour très peu d'argent, mais on constate qu'Hollywood exerce une répression dans ce sens-là aussi : " On ne veut pas que vous y fassiez un film bon marché. " Ils vous disent : Oh ! non, non, désolés, vous devez dépenser un million de dollars. Et puisque vous dépensez un million de dollars, vous devez avoir Gregory Peck !... [48] ». L'influence des filiales-ateliers est beaucoup plus forte. Ce type d'internationalisation qui s'impose de plus en plus dans le disque classique et qui a pour conséquence de rassembler dans une même œuvre des artistes de nationalités différentes, fait perdre aux interprétations tout caractère spécifique : la manière italienne ou allemande de chanter l'opéra devra céder la place à « la qualité internationale » !

L'exportation impose également ses contraintes aux produits culturels. On a montré qu'aux États-Unis, pour faciliter l'exportation des programmes de télévision, les producteurs avaient abandonné les émissions à tendance fortement psychologique et interpersonnelle pour les remplacer par des programmes où les relations entre les individus sont très simplifiées et où ceux-ci sont typés physiquement. Pour les films européens, l'accès à la distribution internationale impose également de nombreuses contraintes : « Notre film national, *écrit le directeur général de l'un des deux pools bancaires de financement du cinéma français,* ne deviendra un véritable produit d'exportation que dans la mesure où le principe de la double version originale, impliquant le tournage direct en langue américaine, sera passé dans les mœurs et qu'à la condition expresse que nos productions sachent intégrer le concours de scénaristes et surtout de vedettes américaines, seules à posséder pour l'heure, la classe internationale qui justifie des cachets de plusieurs

---

48. *Écran 73,* n° 19, cité par J.M. Salaun.

millions. [49] » Si l'on en croit G. Calderon, cette facture internationale n'enlève rien aux caractéristiques propres du produit.

Ainsi « l'individualité de Visconti est tout entière dans *Le Guépard* dont la distribution fut parfaitement cosmopolite et dont personne n'a jamais su distinguer entre les versions existantes en langues différentes laquelle était la " vraie version " ». Tel n'est pas l'avis de P. Sorlin qui a bien montré à propos du néo-réalisme la double nature du cinéma italien : d'une part enraciné dans la réalité italienne de l'après-guerre, d'autre part, à la faveur de l'internationalisation des vedettes [50] et de la volonté de distribution internationale, largement calqué sur le modèle d'Hollywood. « Les scénarios, au moins dans leurs lignes générales, reprennent des sujets familiers au cinéma américain : *Les Bandits* a les apparences d'un thriller, *Europe 51* et *Voyage en Italie* sont des mélodrames mondains. L'attention prêtée à la clientèle étrangère, le recours à des artistes américains risquent d'aligner le cinéma italien sur le modèle d'Hollywood, c'est-à-dire de le rendre peu compétitif, par absence d'originalité. Le besoin de trouver une marque spécifique, rendant leurs films concurrentiels, conduit les cinéastes à "jouer l'Italie", à citer brièvement une église baroque, une place Renaissance, un marché, une rue populeuse. [51] » De même, à la suite de l'engouement des années soixante-dix pour la musique bretonne, le chanteur qui a obtenu la diffusion nationale (voire internationale) la plus forte est celui qui a intégré dans ses disques le plus d'éléments étrangers (issus de la tradition du folk-song américain). Alan Stivell, celui que certains critiques ont pu surnommer Bécassine-bis [52] définit dans un de ses albums son projet culturel : « La construction d'un monde où les peuples et leurs cultures comme les individus sont égaux, un monde sans frontière où nous pourrons communiquer, grâce à une langue universelle, l'anglais... »

La place de la culture nationale

De même qu'on ne peut étudier la concentration sans parler de la place occupée par le petit capital, qui est particulièrement

---

49. G. Calderon in *Le Film français,* 25 février 1972, cité dans la thèse de J.M. Salaun.

50. N'est-il pas exemplaire que le héros d'un film comme *La Strada,* considéré comme un des chefs d'œuvre du néo-réalisme, soit Anthony Quinn !

51. P. Sorlin, *Sociologie du cinéma,* Aubier-Montaigne, Paris, p. 277-278.

52. Voir R. Abjean, « Du Folklore au folk-song : de Bécassine à Stivell » in *Autrement* n° 19, juin 1979.

importante dans le secteur de la culture, de même on ne peut analyser le processus d'internationalisation sans observer les résistances nationales qui sont également vives. Celles-ci ont une double origine : d'une part, il n'existe pas d'État sans représentation du phénomène national ; d'autre part, les produits culturels étant l'un des principaux véhicules de l'idéologie de la classe dominante, il est essentiel pour cette classe d'assurer la reproduction de son hégémonie sur le plan national. De tous les groupes sociaux, la petite bourgeoisie intellectuelle est celui qui est le plus sensible au développement de la culture nationale. Se considérant en quelque sorte comme à l'extérieur des rapports sociaux de production, ce groupe recherche son identité au sein de l'appareil d'État : la culture nationale constitue le meilleur terrain d'expression de sa spécificité, l'instrument de sa constitution en tant que fraction de classe [53].

Aussi dans les alliances qui se constituent généralement entre la classe dominante et les intellectuels, le développement de la culture nationale constitue souvent un gage que la première donne aux seconds. Comme l'a bien montré A. Mattelart, il n'est pas possible de définir le concept d'impérialisme culturel indépendamment de celui de « culture nationale ». « Cette dernière notion ne peut être elle-même précisée que si l'on considère le rapport des bourgeoisies nationales avec l'ensemble de l'empire américain. La culture nationale, à l'ère des multinationales, doit assurer la reproduction de la dépendance de ces bourgeoisies à l'égard des États-Unis en même temps que celle de leur hégémonie en tant que classe dominante dans une nation déterminée, c'est-à-dire continuer à les consacrer comme bourgeoisies intérieures. [54] »

Dans tous les pays exposés à l'impérialisme, cette contradiction existe et l'équilibre entre dépendance et nationalisme culturel s'établit différemment, mais dans tous les cas les deux termes de la contradiction sont présents, comme le montre l'exemple du Canada. Le ministre chargé des problèmes culturels dans ce pays déclarait aux éditeurs américains en 1975 : « Nous n'érigeons aucune barrière d'aucun genre à l'entrée au Canada de tout produit culturel et nous ne le ferons jamais (...) Les livres et films américains, anglais et français constitueront pour longtemps une partie du régime principal des canadiens. [55] » Simultanément, le gouvernement

53. Sur les rapports entre la petite bourgeoisie et le culturel en France, voir notamment J. Ion, B. Miège et A.N. Roux, *op. cit.*

54. A. Mattelart, *op. cit.*, p. 296.

55. Allocution de J. Hugh Faulkner pour la réunion annuelle de l'Association of American publishers, 29 avril 1975.

d'Ottawa favorise le développement d'un cinéma national par l'intermédiaire de l'Office national du film et de la Société de développement de l'industrie cinématographique canadienne, multiplie les crédits, spécialement au Québec, pour des expériences culturelles marginales comme les télévisions et les radios communautaires. Si la politique culturelle canadienne présente donc, comme Janus, deux faces différentes, c'est que le gouvernement est à la fois dépendant des États-Unis et a longtemps souhaité récupérer le nationalisme québécois à son profit.

La plupart des F.M.N. a implicitement pris conscience de cet indispensable équilibre entre internationalisation de la culture et culture nationale. En règle générale, celles-ci n'ont pas cherché à contrôler l'ensemble du marché du software. Quand elles l'ont fait, comme avec le cinéma anglais, le marché s'est souvent réduit comme une peau de chagrin. En effet, si la fréquentation cinématographique est plus grande en Italie ou en France qu'en Grande-Bretagne, cela vient en bonne partie du maintien d'une production nationale dans ces deux premiers pays ; les F.M.N. ont souvent laissé une place aux producteurs nationaux, et elles ont investi directement (dans le cas du disque) et indirectement (dans le cas du cinéma et de la télévision) dans des produits à contenu culturel national. Par contre elles ont une place dominante dans la distribution : elles en ont le quasi-monopole au niveau international et jouent souvent un rôle de premier plan dans la distribution nationale. Ainsi le nationalisme culturel ne constitue pas plus un obstacle à l'internationalisation que le nationalisme technique du procédé S.E.C.A.M. Les F.M.N. sont particulièrement bien outillées pour surmonter la contradiction entre nationalisme culturel et internationalisation. Nous avons vu, en effet, qu'en matière de production, elles pouvaient jouer l'une de ces deux cartes selon la situation. Le caractère dialectique du procès d'internationalisation apparaît de nouveau. D'une part, les F.M.N. intègrent les différentes filiales nationales dans un même cycle de production et constituent pour leurs produits un marché unifié sur l'ensemble du globe ; d'autre part, elles savent s'adapter à chaque marché national pour tenir compte de ses spécificités culturelles ou linguistiques. Néanmoins, en matière de programmes, la capacité des F.M.N. à jouer sur la contradiction nationalisme/internationalisation est moins forte que dans le secteur du hardware. Si les multinationales du disque peuvent à la fois éditer de la musique classique de « qualité internationale » et de la musique de variétés spécifiquement française (comme Brassens), le bât blesse dès qu'elles veulent exporter largement des produits à contenu culturel national.

En effet, le film doit à la fois garder son inscription dans sa culture d'origine et en même temps répondre aux normes culturelles dominantes imposées par les États-Unis. La synthèse est difficile à faire et l'exemple du cinéma anglais qui, trop dominé par les États-Unis, a perdu une bonne partie de son audience, montre qu'à trop jouer la conformité au modèle hollywoodien, on risque de perdre le marché local. Ainsi dans le software, la marge de manœuvre des multinationales est plus réduite qu'on pourrait le croire mais symétriquement les obstacles qu'elles rencontrent délimitent le champ d'activité des producteurs nationaux : l'exportation est très difficile d'autant plus qu'eux ne peuvent se permettre le risque de perdre leur marché national.

Les deux centres du monde : Hollywood et Sony-City

De nombreux auteurs utilisent le terme de transnationale de préférence à celui de multinationale. Cette différence de vocabulaire peut sembler secondaire ; elle signale néanmoins un type d'analyse particulier des phénomènes de l'internationalisation. Pour ces auteurs, les firmes transnationales dominent largement les États-nations, elles deviennent aujourd'hui les entités économiques fondamentales qui n'ont plus aucune base nationale ; elles sont autonomes vis-à-vis de leur pays d'origine et de leur pays d'implantation. Les partisans de cette théorie se recrutent aussi bien parmi ceux qui dénoncent les F.M.N. comme les nouveaux empereurs du monde moderne, que parmi les apologistes d'un système qui reposerait sur une plus grande rationalité économique et déboucherait sur une meilleure allocation des ressources. En définitive ces deux courants reposent sur une analyse erronée des rapports entre le politique et l'économique. Dans un cas le politique est complètement absorbé par l'économique, les F.M.N. étant presque considérées comme des États ; dans l'autre, ces deux sphères sont radicalement séparées, l'économique étant livré aux transnationales, le politique aux États-nations. Nous pensons au contraire que les multinationales ne sont pas apatrides. Leur capital est contrôlé par un pays déterminé d'où sont issus la plupart de leurs dirigeants et où est installé l'état-major de la firme. Aussi après avoir étudié les différents types d'internationalisation mis en œuvre dans l'audiovisuel et avoir examiné leur impact culturel, il convient d'examiner les rapports de force internationaux induits par la nationalité effective des F.M.N.

L'hégémonie japonaise sur les matériels grand public

Dans le matériel électronique grand public, secteur qui est devenu l'apanage presque exclusif des multinationales, les firmes japonaises ont acquis depuis le milieu des années soixante-dix une position hégémonique. En 1976, le Japon produisait un tiers des téléviseurs fabriqués dans le monde. Si l'on ajoute à ce chiffre la production des filiales des F.M.N. japonaises, en Asie du Sud-Est mais également aux États-Unis et en Europe, on arrive à un total qui est certainement supérieur à la moitié de la production mondiale. Aux États-Unis, les fabricants nippons couvraient en 1978 40 % du marché (20 % par exportation, 20 % par production sur place). La domination japonaise sur les autres matériels est souvent plus forte encore. Le Japon produit un tiers de la production mondiale de chaînes électro-acoustiques, deux tiers de celle des magnétophones et la presque totalité des magnétoscopes [56]. « Pourquoi vous fatiguer à produire téléviseurs, radios, magnétoscopes, chaînes hi-fi et autres calculatrices. Notre industrie électronique a vocation à produire pour le monde entier.» Cette boutade adressée par un industriel japonais à un journaliste français [57] illustre bien la stratégie des F.M.N. japonaises dans ce domaine. L'industrie électronique est en effet l'un des créneaux que le Japon a choisi en 1975 pour équilibrer ses importations pétrolières. Face à cette offensive nipponne, beaucoup de constructeurs occidentaux ont soit baissé les bras, soit, comme General Electric ou Rank, se sont alliés aux constructeurs japonais. Aux États-Unis, il ne reste plus que deux grands constructeurs à capitaux nationaux, R.C.A. et Zenith, qui est dans une situation financière difficile. En Europe, seul Philips, qui est le premier groupe mondial d'électronique audiovisuelle, est capable, en dépit de ses échecs dans le magnétoscope, de faire face. Les autres groupes ont dû modifier leur stratégie. Nous avons vu que Grundig était passé dans l'orbite de Philips. Thomson, qui était jusqu'au début des années soixante-dix une firme nationale [58], a dû

---

56. La situation de la radio est un peu différente. Si 61 % de la production est réalisée en Asie du Sud-Est, une bonne partie est assurée en dehors des F.M.N.

La radio est en effet l'appareil dont la technologie est la moins sophistiquée, ce qui a permis à des entreprises locales de s'implanter sur ce marché.

57. *Le Monde,* 16 février 1978.

58. Jusqu'en 1975 le seul secteur réellement multinational de Thomson était l'électronique médicale. 60 % des ventes étaient réalisées à l'étranger. Le groupe possédait des usines dans neuf pays. Une partie du potentiel industriel

franchir le cap de l'internationalisation. Fin 1974, la société française créait une filiale de production de téléviseurs en Espagne par rachat d'une usine appartenant à la General Electric. Cette filiale qui représente environ 15 % du marché espagnol, alimente également le marché français en téléviseurs noir et blanc. Thomson s'est également implanté à Singapour, avec une petite usine spécialisée dans les produits audio puis dans le montage des téléviseurs noir et blanc. En 1977, le quatrième constructeur allemand de téléviseur — Nordmende — était racheté par le groupe français. Une harmonisation des productions est actuellement en cours. Dans le domaine du tube couleur, nous avons vu (chapitre 7) les alliances successives que Thomson a passées avec R.C.A. et A.E.G. Telefunken. Ce renforcement du groupe français par rachat d'entreprises à l'étranger est bien dans la ligne de sa constitution en France dans les années soixante par fusions successives (voir chapitre 6). Il n'est pas certain que Thomson acquière pour autant une position forte dans l'électronique audiovisuelle grand public. En effet, il n'a jamais joué un rôle innovateur dans ce secteur et s'est contenté d'une place de suiveur, attendant qu'un produit soit lancé par ses concurrents pour s'y mettre à son tour en utilisant au maximum sa force commerciale. Les hésitations actuelles de Thomson dans le vidéodisque ne semblent pas indiquer un changement radical de stratégie. L'existence du duopole Thomson/ Philips protégé par les normes françaises (S.E.C.A.M. et 819 lignes) et l'accord franco-japonais assez restrictif sur l'importation de téléviseurs expliquent en bonne partie le fait qu'en France les importations japonaises soient plus faibles qu'en Angleterre ou en Allemagne. Une autre raison doit également être recherchée du côté des structures de la distribution française. Celle-ci est en effet très peu concentrée et passe pour plus des trois quarts [59] par de petits détaillants, le reste étant assuré par des chaînes de grands magasins ou de magasins populaires. Dans la mesure où il existe très peu de grossistes, il est très difficile pour un fabricant étranger

---

de la Compagnie générale de Radiologie (C.G.R.), filiale du groupe responsable de ce secteur, vient du rachat des activités médicales de Westinghouse aux États-Unis et de General Electric en Europe. La C.G.R. se situe au troisième rang mondial.

59. Selon un article d'avril 1976 de *Coopération, distribution, consommation,* la part des indépendants non associés dans la distribution était en 1973 de 33 % pour la photo et le cinéma, de 67 % pour les électrophones et les magnétophones, de 70 % pour la hi-fi, de 77 % pour la télévision noir et blanc, de 78 % pour la radio et de 87 % pour la télévision couleur.

(et notamment pour les japonais) de s'implanter sur le marché français puisqu'il faut y monter un réseau commercial très important à la hauteur des vingt-cinq mille points de vente existants. En Allemagne et en Angleterre, la distribution étant beaucoup plus concentrée (moins de dix mille points de vente), les investissements commerciaux nécessaires pour lancer un nouveau réseau sont donc moindres [60].

La supériorité américaine dans l'électronique professionnelle

L'hégémonie japonaise dans l'audiovisuel grand public n'est pas seulement celle du constructeur : elle commence également à être effective dans le domaine de la technologie. Alors que la télévision couleur est assez largement basée sur des technologies R.C.A., qui ont souvent été reprises par les firmes japonaises, le dernier-né des matériels grand public (le magnétoscope) fut au contraire mis au point au Japon. Et R.C.A. décida même d'acheter la licence de l'un des deux systèmes (le V.H.S.). Néanmoins, dès que l'on quitte le secteur grand public pour examiner l'électronique professionnelle, la domination japonaise diminue au profit du leadership américain. Dans le matériel de télévision professionnelle, les japonais ont mis au point certaines technologies (notamment les magnétoscopes trois quarts et un pouce), les firmes américaines, notamment R.C.A., gardent toutefois dans ce domaine des positions très fortes. En amont, dans l'industrie des composants qui est à la base des transformations technologiques de l'industrie électronique, la domination américaine est totale. Les F.M.N. des États-Unis ont fabriqué en 1976 71 % des circuits intégrés mondiaux (contre 21 % pour le Japon et 8 % pour l'Europe). Les cinq plus grandes firmes américaines, qui réalisent 80 % de la production de ce pays, ont toutes dans ce domaine un chiffre d'affaires supérieur à celui des entreprises japonaises ou européennes à l'exception de Philips. Les États-Unis dominent enfin très largement les systèmes internationaux de télécommunication. Que cela soit au niveau de la fabrication et du lancement des satellites ou de la gestion des systèmes existants, le poids américain dans ce domaine est considérable. Si les États-Unis

---

60. Le développement moins rapide du marché de la télévision couleur en France par rapport à l'Allemagne ou à l'Angleterre a favorisé les constructeurs implantés industriellement sur le marché national. Ils ont en effet pu développer progressivement leur capacité de production sans à-coups.

n'ont plus la majorité des voix dans le consortium international de communication par satellite Intelsat, ils sont encore le pays qui en possède de loin la part la plus importante (25 %). La gestion du système est assurée par la société Comsat qui est contrôlée par A.T.T., I.T.T., G.T.E. et R.C.A. Par ailleurs, la construction des satellites et des fusées est réalisée par des firmes américaines. Face à ces trois pôles (matériels professionnels, composants et satellites) de la domination américaine sur l'électronique, les réactions de l'Europe et du Japon sont diverses. La position des firmes européennes dans le matériel professionnel de télévision n'est pas négligeable. La part du marché mondial de Thomson-C.S.F. par exemple est d'environ 8 % [61]. Dans les composants, la situation de l'Europe est beaucoup moins bonne. Alors que les industriels japonais, à la suite d'une aide importante de l'État, fournissent intégralement le marché national, en Europe 60 % de la consommation est d'origine étrangère. Pour essayer de réduire cette dépendance vis-à-vis des États-Unis, les gouvernements européens ont mis au point des programmes de recherches. Mais seuls Philips (après le rachat du constructeur américain Signetics) et Siemens ont atteint la taille critique dans ce domaine ; les autres firmes européennes se sont souvent alliées aux grandes sociétés américaines du secteur (Thomson-C.S.F. à Motorola, Saint-Gobain à National Semi Conductor, et Matra à Harris). Enfin, dans le domaine des satellites, le succès récent de la fusée Ariane permet à l'Agence spatiale européenne de pénétrer dans un marché où l'Europe était jusqu'à maintenant complètement absente. La supériorité américaine dans ce domaine reste néanmoins considérable.

Où se situe la domination américaine sur les media ?

Avec 5 à 6 % des longs-métrages produits dans le monde, pays socialistes exclus, les films américains fournissent 32 % des films importés [62] et récoltent la moitié des recettes mondiales [63]. Les États-Unis assuraient en 1971 environ les trois quarts des exportations mondiales de programmes de télévision [64]. Aujourd'hui

---

61. Estimation G.M. 2. En Europe la part de Thomson est de 15 à 20 %, aux U.S.A. de 1 %, dans le reste du monde (à l'exclusion du Japon) de 30 à 40 %.

62. Source : Annuaire statistique, Unesco, 1977.

63. T. Guback, *op. cit.*

64. K. Nordenstreng et T. Varis, *op. cit.*

les multinationales américaines du disque fournissent 40 à 45 % de la production mondiale... Ces chiffres illustrent le poids considérable de la domination américaine sur les media. Hollywood a longtemps constitué l'archétype de l'impérialisme américain dans ce domaine. T. Guback a bien analysé dans son livre *The International film industry* les mécanismes de cette domination. Alors que depuis la loi anti-trust, la législation américaine interdit la formation de cartels sur le marché intérieur, ceux-ci sont autorisés à l'exportation. Le cinéma est une des industries qui a le mieux utilisé cette possibilité en créant la Motion Picture Export Association (M.P.E.A.). Par ailleurs Hollywood a bénéficié de différentes mesures fiscales favorisant les entreprises américaines fortement exportatrices. Les majors ont également pu compter sur l'appui du département d'État qui a fait de la « libre circulation de l'information » un des maîtres-mots de sa politique. Déjà en 1946, John Foster Dulles pouvait dire : « Si on ne devait me laisser édicter qu'un seul principe de politique étrangère, je choisirais la libre circulation de l'information.» Herbert Schiller a bien montré que cette notion « permet à ceux qui détiennent les ressources et disposent donc de l'accès aux circuits de communication de saturer ceux-ci avec leurs propres messages... Dans les échanges entre nations, (ce principe) sert à perpétuer les relations de domination et de dépendances » [65]. L'ensemble de ces mesures a donné une puissance non seulement économique mais également politique au M.P.E.A., au point que, selon T. Guback, on la surnomme le « petit département d'État ». J. Valenti, président de ce cartel, précise d'ailleurs dans un article que « le cinéma est la seule industrie américaine à pouvoir négocier directement avec les gouvernements ». A la fin des années soixante, dans un contexte de crise d'Hollywood et d'internationalisation croissante d'une télévision en pleine expansion, le petit écran semble avoir pris le relais du cinéma dans l'hégémonie américaine sur les media. Pour certains auteurs, le rôle de la télévision paraît d'autant plus grand qu'à l'exportation des programmes, il faut ajouter l'électronique audiovisuelle et la publicité. Ces analyses qui attribuent aux États-Unis une domination à la fois industrielle et culturelle sur chaque nouveau système de communication, correspondent parfaitement à la situation de l'informatique (80 à 90 % du parc mondial d'ordinateurs a été fourni par les F.M.N. américaines, 70 % des banques et bases de données informatiques

---

65. Herbert Shiller, « Les Mécanismes de la domination internationale » in *Le Monde diplomatique,* décembre 1974.

mondiales sont situées aux États-Unis) mais par contre elles surévaluent l'impact économique de la télévision américaine. En comparaison avec les recettes des exportations de films, celles des émissions de télévision sont en effet faibles. Selon les sources utilisées, on peut évaluer le chiffre d'affaires extérieur du cinéma américain en 1976 entre 470 [66] et 550 [67] millions de dollars, tandis que les recettes venant des télévisions étrangères étaient à la même époque de 230 millions de dollars. Si l'on tient compte du fait que ce dernier chiffre comprend également la diffusion de films américains sur le petit écran, on peut estimer que le montant des exportations de films se situe entre 550 et 650 millions de dollars, alors que celui d'émissions de télévision est autour de 100 à 150 millions de dollars. Dans le domaine de l'électronique, nous avons vu qu'en dehors de la domination technologique dans le tube couleur, les États-Unis n'avaient pas joué de rôle hégémonique sur le marché mondial et qu'au contraire cette place était occupée depuis quelques années par le Japon. La situation est différente dans la publicité où il apparaît qu'incontestablement l'expansion du modèle de télévision commerciale nord-américain a bénéficié aux agences multinationales dont les dix plus importantes sont américaines. Dans le cadre de l'expansion internationale des produits culturels américains, il y a un troisième medium audiovisuel dont on parle moins : le disque. Pourtant le chiffre d'affaires extérieur (exportation et production à l'étranger) des F.M.N. américaines de l'édition phonographique est, avec un montant de 600 à 700 millions, supérieur à celui du cinéma. Cette activité a aussi l'avantage d'avoir une croissance plus régulière que le film qui doit faire face régulièrement à des crises cycliques. Si le disque a été peu étudié par les analystes de l'impérialisme américain, c'est que son internationalisation est plus diffuse puisqu'elle s'effectue en bonne partie par l'intermédiaire de filiales-relais. Les F.M.N. américaines en devenant des producteurs culturels locaux cessent d'apparaître comme des agents de l'impérialisme des États-Unis. Par ailleurs l'influence idéologique de la musique apparaît probablement moindre que celle du cinéma et de la télévision. En définitive, il semble y avoir un rapport inversé dans l'impérialisme culturel américain entre l'aspect économique et l'aspect idéologique. Plus les recettes extérieures d'un medium sont élevées, plus son impact idéologique est secondaire. Au contraire, plus il assure une hégémonie idéologique aux États-Unis, plus ses

---

66. Déclaration de J. Valenti au Sénat américain.
67. Source : M.P.E.A.

recettes sont faibles. Cette liaison n'est pas une simple constatation statistique, elle correspond bien à la nature de la domination américaine. La stabilité économique des multinationales du disque est d'autant plus forte qu'on s'oppose moins à elles par des mesures de soutien à la culture nationale, puisqu'elles ont une activité locale de production. Le cinéma se situe en quelque sorte dans une situation moyenne quant à la domination économique et idéologique. Cette dernière atteint le maximum d'ampleur avec la télévision. L'impact du petit écran sur le public ayant toujours été considéré comme bien supérieur à celui du cinéma, la télévision est apparue, bien plus que les films des années cinquante, et malgré une internationalisation quantitativement moindre, comme la meilleure vitrine de « l'American Way of Life », le meilleur propagandiste des États-Unis. A l'inverse nous avons vu que les recettes des exportations des émissions de télévision étaient globalement faibles. Quand on examine [68] les prix proposés par les exportateurs américains, ceux-ci apparaissent extrêmement bas. Pour vingt-quatre pays, ils sont inférieurs à cent dollars pour un épisode de série d'une demi-heure. Parmi ces vingt-quatre pays, la plupart sont faiblement peuplés, mais on trouve également le Chili, la Bulgarie, l'Algérie et la Syrie. Il est évident qu'avec une telle politique de prix, l'intérêt économique de telles exportations est quasi nul. On peut faire une constatation analogue à propos des agences d'images qui ont un impact idéologique important mais ne semblent pratiquement pas faire de bénéfice sur leurs activités d'exportation.

Si les États-Unis sont dans une position largement dominante dans les courants d'internationalisation des media, il existe néanmoins d'autres pays qui occupent de façon plus secondaire une place analogue. C'est notamment le cas de l'Europe qui se situe au deuxième rang dans ce domaine. Après les États-Unis, la Grande-Bretagne, la France et l'Allemagne sont respectivement les deuxième, troisième et quatrième exportateurs de programmes de télévision. Les cinémas italiens et français sont également bien placés dans l'exportation de films [69]. Enfin trois grandes multinationales

---

68. Source : *Variety,* 18 avril 1979.

69. En dehors des États-Unis, de l'Italie et de la France dont les films sont exportés dans le monde entier, d'autres pays ont réussi dans certaines régions à avoir une activité exportatrice importante. Ainsi en Europe de l'Est, 24 % des films importés viennent d'U.R.S.S. ; en Asie du Sud-Est (Japon exclu) le cinéma de Hong-Kong représente 19 % des importations, celui de l'Inde 16 % (Source : statistique UNESCO, 1975).

du disque sont d'origine européenne. La place occupée aujourd'hui par l'Europe est malgré tout beaucoup moins importante que celle que cette région du monde avait avant la dernière guerre mondiale, époque où la domination culturelle de la Grande-Bretagne, de la France et de l'Allemagne, s'exerçait à plein. Mais ce déclin de l'Europe ne se présente pas de la même façon dans tous les media. Il apparaît en effet que plus les technologies sont récentes, plus la place du vieux continent parmi les grandes firmes multinationales est faible. Ainsi la France possède une des cinq grandes agences de presse mondiales mais est absente du secteur des agences d'images et encore plus de celui des banques de données informatiques. Cette faiblesse de l'Europe dans les nouveaux systèmes de communication est évidemment inquiétante pour l'avenir. Alors que la plupart des nouveaux systèmes audiovisuels grand public qui sortent aujourd'hui sur le marché européen correspondent à des technologies importées (la plupart du temps du Japon), il risque d'en être de même pour les programmes. L'édition vidéo démarre aujourd'hui avec des produits américains. En apprenant sur son propre marché à éditer des programmes audiovisuels, Hollywood acquiert une solide position pour s'implanter par la suite sur le marché mondial avec l'arrivée du vidéodisque. Cette domination américaine paraît d'autant plus probable qu'au démarrage le marché de l'édition vidéo restera étroit ; un produit sera donc meilleur marché s'il peut être amorti sur l'ensemble du globe. Face à cette internationalisation totale de l'audiovisuel, toute politique nationaliste paraît bien vaine. On a souvent pensé, notamment en France, à l'époque de la création de la télévision, que l'existence d'un hardware national était une garantie pour le développement de programmes nationaux. Avec l'arrivée des nouveaux media qui se développent d'emblée sur un marché mondial, ce type de raisonnement se révèlera probablement faux. Si Thomson ou Philips réussissent à commercialiser leurs vidéodisques, ils risquent plus de renforcer l'hégémonie américaine en matière de programmes que d'imposer au niveau international des produits européens. Ainsi, même dans des techniques où les firmes japonaises (ou européennes) ont une avance technologique et où elles ont su imposer leurs produits sur le marché mondial, s'affirme une nécessité objective : la constitution d'alliances avec le capital américain qui reste globalement dominant.

conclusion

L'échec de la vidéo conviviale, telle qu'elle avait pu être imaginée au début de la décennie soixante-dix, apporte un cruel démenti à tous ceux qui pensent que l'évolution des technologies de communication est un facteur déterminant de progrès social. Finalement, l'idée que des nouveaux systèmes audiovisuels auraient pu faire naître de nouveaux rapports sociaux reste dans la droite ligne de cette vision instrumentale des media qui a longtemps été le paradigme central de la sociologie de la communication. S'interroger sur les effets de la télévision en matière de violence ou imaginer qu'avec le câble on va recréer la vie communautaire relève de la même perspective avec en plus dans le second cas une certaine nostalgie passéiste (les contre-media devraient permettre d'annuler le caractère passif des media de masse et recréer la communication d'avant l'ère de l'électronique !) Aujourd'hui l'idée que le développement de la technique est un facteur de progrès social est de plus en plus contestée. Dans ce contexte, il n'apparaît pas très étonnant que la télédistribution ou la vidéo n'aient pas été l'amorce d'une communication active et n'aient fait qu'augmenter la diffusion des media de masse.

Si l'on rapproche la dernière partie de ce livre, qui fait apparaître la formidable puissance des grands trusts de l'audiovisuel à la fois multinationaux et multimedia, de notre interrogation initiale sur la formation des usages sociaux, la conclusion paraît simple : les grandes firmes de l'audiovisuel préfèrent renforcer les media de masse. Dans le champ des rapports de force industriels, la vidéo communautaire apparaît simplement comme une illusion. Cette explication revient à doter les industries de l'audiovisuel d'un projet cohérent de développement de la communication, de leur

239

assigner une logique politique alors que la leur est essentiellement économique. Ce n'est pas parce qu'ils préfèrent la communication centralisée et unidirectionnelle au nom de leur propre système de valeurs que les industriels ont mis sur le marché des systèmes de communication de ce type, mais parce que les caractéristiques du capitalisme contemporain leur imposent de développer des marchés de masse et que les modes de vie actuels sont plus réceptifs à ce type d'usage.

Nous avons montré que dans la phase de développement des nouvelles technologies, les industriels étaient très incertains quant à l'usage de ces systèmes. Certains ont même expérimenté des utilisations interactives mais ils se sont vite aperçu que ce n'est pas la voie la plus courte pour atteindre un marché de masse. Par ailleurs, dans des sociétés largement centralisées où le financement public de la radio-télévision est en baisse par rapport aux recettes publicitaires, il n'y avait pas de place pour des systèmes qui nécessitaient un financement collectif. En définitive, il y a une interaction constante entre la technologie et les rapports sociaux. Les industriels fixent l'usage de leurs innovations en fonction des modes de vie dans une société donnée, et des impératifs de la reproduction du capital, mais les systèmes qu'ils mettent sur le marché modifient les rapports sociaux et par là-même déterminent partiellement les usages des technologies suivantes.

L'audiovisuel est à la fois système et programmes. Si le hardware paraît pouvoir relever d'une analyse économique, il n'en est pas toujours de même pour le software. Dans le domaine de la culture, la question économique est encore trop souvent posée en termes de contrainte financière. Le cliché de l'artiste, constamment brimé par le producteur, laisse croire que le créateur est à l'extérieur des industries de la culture alors qu'il est un des éléments du procès de production. S'enfermer dans l'opposition création/commerce, c'est en rester à un discours idéaliste, en dehors de l'histoire, et se refuser à voir la façon dont le mode de production capitaliste a envahi l'ensemble de l'activité culturelle. Si l'activité des artistes donne sa spécificité à chaque produit culturel, la division du travail s'est néanmoins également imposée dans ce domaine et la création devient de plus en plus collective. La concentration économique qui est une des caractéristiques du capitalisme contemporain est forte dans le domaine culturel. Les grandes firmes ont également tendance à devenir des groupes multimedia et multinationaux.

On peut alors se demander si l'on ne s'oriente pas vers une

culture redondante et homogène. La même œuvre est reprise d'un media à l'autre et diffusée sur l'ensemble du globe. Au centre de ce système se trouve la télévision, parce qu'elle est le medium le plus consommé (65 % du budget temps culturel [1]), celui qui utilise le plus les autres media (diffusion de films, de disques...) et qui fixe la notoriété des différentes marchandises culturelles. Cette tendance à l'unification culturelle paraît si puissante que certains auteurs ont donné une valeur universelle à certaines images de génocide culturel, comme celle de l'eskimo qui reçoit par satellite les programmes de télévision américains et passe chaque jour des heures devant son récepteur. Si cette vision quasi apocalyptique se dégage de certains écrits récents sur les media, c'est que leurs auteurs ne tiennent pas compte de forces non moins réelles qui favorisent une certaine dispersion culturelle. D'abord la télévision semble avoir achevé son âge d'or. Depuis quelques années, aux États-Unis, on a assisté à une baisse très nette de l'audience. Cette tendance semble avoir atteint récemment la France. En 1979, la diminution de l'audience a été de 8 % [2] par rapport à l'année précédente. Cette baisse qui ne semble pas conjoncturelle est incontestablement un signe que la place de la télévision dans le champ de la culture est en train de changer, au bénéfice probablement de nouvelles technologies. Face aux puissants mouvements d'internationalisation de la culture, de nombreuses cultures nationales offrent des résistances très fortes. Plusieurs pays asiatiques ont développé d'importants cinémas nationaux qui leur assurent parfois une large autonomie par rapport aux importations occidentales. De même, certaines télévisions du Tiers monde, comme la télévision algérienne [3], essaient de diminuer leur dépendance vis-à-vis de l'étranger. A un niveau plus général, les récents débats de l'UNESCO sur un nouvel ordre international de la communication témoignent du refus par un certain nombre de pays d'une situation de dépendance culturelle trop accentuée. Enfin, le développement de la concentration n'a pas empêché les producteurs indépendants de garder dans les différents secteurs de la marchandise culturelle, une place non négligeable. Ils jouent un rôle innovateur important qui leur est souvent reconnu par l'ensemble de la profession. Ainsi deux

---

1. Enquête I.N.S.E.E. 1967 sur les budget-temps. Ce pourcentage a été calculé sur l'écoute primaire.
2. Comparaison entre le premier semestre 1978 et le premier semestre 1979, source C.E.O.
3. Voir I. Ramonet, « L'Algérie, une télévision offensive », *Le Monde diplomatique,* juillet 1979.

tendances s'opposent : d'une part on assiste à une similitude croissante des media entre eux et dans les différents pays du monde, d'autre part une certaine différenciation des moyens de communication et des productions nationales se dessinent. Cette contradiction est source de crises et de conflits auxquels les grandes firmes multinationales savent souvent s'adapter. En définitive l'évolution de la communication repose sur le jeu entre ces mouvements contradictoires, centripètes et centrifuges.

La recherche classique sur la communication s'est souvent enfermée dans une conception médiacentrique de la société, la plupart des activités sociales devenant en quelque sorte périphériques par rapport aux moyens de communication. Cette approche trouve son apogée avec Mc Luhan, pour qui ce sont finalement les media qui déterminent le social. Nous pensons au contraire que les systèmes de communication sont largement dépendants du mode de production dans lequel ils se situent. En définitive, il fallait imaginer Mc Luhan descendant de sa galaxie et marchant dans Wall Street...

*données sur les grandes firmes
de l'audiovisuel*

1. données statistiques globales

Tableau 1
L'audiovisuel en France
(données en quantité)

Année 1978

UNITÉS	Production	Importation/consommation	Exportation/production	Consommation intérieure	Parc au 31.12	Taux d'équipement des ménages
		%	%			
Programmes						
Cinéma	327 films	51	–		555 films	
Édition phonographique { disques	149,5 millions	13			139 millions	
{ cassettes	19,5 millions	10			19,5 millions	

UNITÉS	milliers d'appareils	%	%	milliers d'appareils	millions	%
Matériel électronique grand public						
Ensemble télévision	1 907	–	–	2 297	17,6	89
Télévision couleur	1 354	18	7	1 532	6,1	34
Télévision N & B	553	33	7	765	11,5	62
Radio	1 070	89	39	6 050	32,9	99
dont F.M.					11,8	
Auto radio	2 280	31	43	1 890	8,3	54[1]
dont F.M.					2,0	
Électrophone	903	50	44	1 005	10,6	57
Magnétophone	2	100	–	1 571	9,9	53
dont à cassettes				1 516		
Chaîne hi-fi	94	98	–	795	3,5	19
Magnétoscope	–	100	–	34	–	–
Jeu vidéo	189	66	–	550	1,1	6
Matériel photo-cinéma						
Appareils photo.				2 100	17,1	60
dont à dév. instantané				580	2,1	11
Caméras super 8				186 [2]	1,9	10

Source : Syndicats professionnels, C.N.C. et informations personnelles.

1. par rapport au parc automobile
2. données 1977

245

Tableau 2
L'audiovisuel en France
(données en valeur)

Année 1978

UNITÉS	Production Importation / C.A. H.T. consommation	Exportation / production		Consommation intérieure	
				Prix sortie usine H.T.	Prix public H.T.
	millions F	%	%	millions F	millions F
Programmes					
Ensemble					9 059
Télévision				2 440	3 120 [1]
Radio [2]					1 456 [1]
Cinéma	327 [3]	54	20	757 [4]	1 783 [5]
Disques et cassettes	2 016	8	11,5	1 940 [6]	2 700 [7]
Matériel électronique grand public					
Ensemble	5 562	35	11	9 997	13 500 [7]
Télévision couleur	3 920	21	6	4 650	
Télévision N & B	498	34	8	699	
Radio	177	92	31	1 406	
Autoradio	561	44	45	550	
Électrophone	217	41	35	236	
Magnétophone	—	100	—	566	
Chaîne hi-fi	163	87	17	1 647	
Magnétoscope	—	100	—	171	
Jeu vidéo	26	64	—	72	
Matériel photo-cinéma					
Ensemble	2 253	75	61	3 543	4 700 [6]
Appareils photo.	129	97	78	890	
Matériel cinématographique substandard (8 mm, super 8, 16 mm)	123	90	76	301	
Surfaces sensibles	2 001	65	59	2 352	

Source : Syndicats professionnels, C.N.C. et informations personnelles.

1. Redevance et publicité.
2. Y compris les stations périphériques.
3. Non compris les revenus de la taxe additionnelle sur le prix des places.
4. Recettes au stade de la distribution.
5. Recettes au stade de l'exploitation.
6. Recettes au stade de la vente en gros.
7. Évaluation.

Tableau 3
L'audiovisuel aux États-Unis
(données en valeur)

En millions de dollars   Année 1977

	Consommation intérieure		Importation	Exportation
	Prix sortie usine	Prix détail		
Programmes				
Ensemble	16 408			
Télévision	5 890			
Radio	2 250			
Télédistribution	1 040			
Télévision à péage	200 [1]			
Édition vidéo	38 [1]			
Cinéma	3 490			
Disque	3 500			

Matériel électronique grand public				
Ensemble	8 119	11 000 [2]	2 850	147
Télévision couleur	3 269		501	65
Télévision N & B	542		294	16
Radio	509		579	7
Autoradio	534		176	28
Électrophone	602		} 280	} 31
Chaîne hi-fi	1 275			
Magnétophone }	1 388		861	—
Magnétoscope }			159	—

Source : Television Factbook, Variety, Videopublisher.

1. Données 1978.
2. Évaluation.

Tableau 4
L'audiovisuel dans le monde

	Production mondiale	Principaux pays producteurs et part dans la production mondiale		Consommation intérieure Prix sortie usine		
ANNÉE	1976	1976		1978		
UNITÉS	Millions d'unités	%		Millions de dollars		
				USA	JAPON	Europe de l'Ouest
Programmes						
Télévision		USA				
Cinéma		USA	50 % [1]			
Disques		USA	40 %			
Matériel électronique grand public						
Ensemble				8 646	5 568	10 787
Télévision couleur ⎫		⎰ Japon	33 %	3 906	2 388	5 563
Télévision N & B ⎬	60	⎱ Extrême Orient	50 %	560	129	768
Radio et autoradio	131	Hong-Kong	30 %	907	224	1 135
		Extrême Orient	61 %			
Électrophone		⎰ Japon	33 %	342	157	472
Chaîne hi-fi		⎱		1 573	889	1 416
Magnétophone	55	Japon	66 %	1 057	1 173	1 270
Magnétoscope		Japon		301	608	163
Matériel électronique professionnel						
Ensemble		USA		337	287	413
Radio TV				156	87	194
Télédistribution				108	94	43
Télévision en circuit fermé				36	76	176
Magnétoscope (grand public exclus)				37	30	

Source : Electronics, Agefi et informations personnelles.

1. Les films américains représentent la moitié des recettes cinématographiques mondiales.

2. données sur les grandes firmes

Les principales firmes mondiales de l'audiovisuel — Année 1978

Rang	Nom	Pays	Chiffre d'affaires audio-visuel millions $	Part de l'audio-visuel dans l'activité globale	Part de l'exportation et de la production internationale dans le CA total	Activités audiovisuelles	Activité principale autre	Chiffre d'affaires global millions $	Filiales importantes dans l'audiovisuel
1	Eastman-Kodak	U.S.	5 700	81 %	37 %	Photo-cinéma professionnel (48 %) amateur (33 %)		7 013	
2	Philips	P.B.	5 600	37 %	90 %	Électronique grand public (30 %) professionnel (4 %), disques (3 %)		15 121	Phonogram
3	Matsushita	Jap.	4 500	45 %	27 %	Électronique grand public (43 %) et professionnel		10 021	J.V.C.
4	R.C.A.	U.S.	2 970	45 %	15 %	Télévision (18 %), Électronique grand public et professionnel, disque		6 601	N.B.C.
5	C.B.S.	U.S.	2 450	75 %		Télévision (40 %), disque (28 %), club de disques		3 242	
6	Sony	Jap.	2 150	90 %	61 %	Téléviseur (31 %), audio (29 %), vidéo (17 %), bandes magnétiques, électronique professionnelle		2 395	
7	A.B.C.	U.S.	1 740	94 %		Télévision (88 %), disques (6 %)		1 851	
8	Sanyo	Jap.	1 480	49 %	46 %	Électronique grand public		3 023	

#		Pays					Électricité et électronique professionnelle		
9	Toshiba	Jap.	1 380	24 %	20 %	Électronique grand public	Électricité et électronique professionnelle	5 756	
10	Polaroïd	U.S.	1 377	100 %	25 %	Photographie		1 377	
11	Hitachi	Jap.	1 300	14 %		Électronique grand public	Électricité et électronique professionnelle	9 153	
12	Fuji Photo Film	Jap.	1 240	90 %		Photographie (surface sensible et appareil)		1 379	
13	N.H.K.	Jap.	1 197	100 %		Radio-télévision		1 197	
14	Grundig	R.F.A.	1 170	95 %	49 %	Électronique grand public (92 %) et professionnelle (3 %)		1 236	
15	Warner	U.S.	1 075	82 %		Disques (47 %), cinéma TV (30 %), télédistribution (4 %)		1 310	
16	E.M.I.	G.B.	1 050	66 %	60 %	Disques (50 %), télévision (7 %), cinéma		1 595	Pathé Marconi Capitol
17	General Electric	U.S.	1 000	env. 5 %	18 %	Électronique grand public (4 %), radio-télévision	Électricité	19 654	
18	Zenith	U.S.	980	100 %		Téléviseurs (83 %), audio et vidéo grand public (11 %)		980	
19	Pioneer	Jap.	936	100 %	66 %	Électro-acoustique grand public		936	
20	Agfa-Gevaert	R.F.A. /BEL	920	56 %	69 %	Photo amateur (51 %), cinéma professionnel (5 %)		1 641	

21	3. M.	U.S.	885	19 %	38 %	Surface sensible (10 %), bandes magnétiques sonores (9 %)	Chimie	4 662	
22	GTE Sylvania	U.S.	870	10 %		Téléviseurs, tubes de téléviseur	Télécommunications	8 723	Saba
23	M.C.A.	U.S.	860	77 %	37 %	Cinéma - TV (65 %), disques (12 %)		1 121	Universal
24	Thomson-Brandt	Fr.	840	16,5 %		Électronique grand public (13 %) et professionnel	Électronique	5 076	Nordmende
25	R. Bosch	R.F.A.	720	15 %		Électronique grand public (11 %), électronique professionnelle, super 8	Équipement automobile	4 809	Blaupunkt Fernseh Bauer
26	A.E.G. Telefunken	R.F.A.	700	12 %	46 %	Électronique grand public	Électronique	5 998	
27	Gulf-Western	U.S.	690	16 %		Cinéma-télévision, salles de cinéma	Conglomérat	4 312	Paramount
28	Thorn	G.B.	650	33 %	20 %	Électronique grand public et location de téléviseurs		1 964	
29	Canon	Jap.	590	55 %	69 %	Appareils photographiques et caméra		1 073	
30	B.B.C.	G.B.	571	100 %		Radio-télévision		571	
31	Siemens	R.F.A.	550	4 %	50 %	Disque, électronique grand public	Électricité, télécommunications	13 865	
32	20th Century Fox	U.S.	525	86 %		Cinéma TV (67 %), salles de cinéma (13 %), stations TV (5 %), labo-films, disque		611	Polydor
33	Z.D.F.	R.F.A.	521	100 %		Radio-télévision		521	

34	Columbia	U.S.	520	91 %		Cinéma-télévision (76 %), disques (13 %), stations télévision (2 %)		575	United Artists
35	Rank Organisation	G.B.	510	56 %	27 %	Électronique grand public (39 %), cinéma (17 %)		907	
36	Radio-Canada	Can.	496	100 %		Radio-télévision		496	
37	Trans-America	U.S.	490	14 %		Cinéma TV (11 %), disques (3 %)	Conglomérat	3 527	
38	Sharp	Jap.	460	35 %	53 %	Téléviseurs (19 %), matériel son (16 %)		1 312	
39	Tokyo Broadcasting System	Jap.	425	100 %		Radio-télévision		425	lié au groupe de presse Mainichi
40	Nippon Television Network	Jap.	410	100 %		Radio-télévision		410	lié au groupe de presse Yomiuri
41	I.T.T.	U.S.	400	2,5 %	60 %	Électronique grand public	Télécommunications		Oceanic Schaub-Lorenz
42	ANB TV	Jap.	390	100 %		Radio-télévision		390	lié au groupe de presse Asahi
43	R.A.I.	It.	374	100 %		Radio-télévision		374	

44	Granada	G.B.	360	77 %		Location de téléviseurs (48 %), télévision (26 %), cinéma (3 %)		470	
45	Rockwell	U.S.	350	6 %		Électronique grand public	Aéronautique	5 833	
46	British Electric Corporation	G.B.	330	37 %	27 %	Production et location téléviseurs (27 %), télévision (8 %), cinéma (2 %)	Transport	898	Rediffusion
47	Minolta	Jap.	290	74 %	81 %	Appareils photographiques et accessoires		392	
48	General Cinema	U.S.	280	47 %		Exploitation cinéma (45 %), stations radio-TV (2 %)		595	
49	Nippon Kogaku	Jap.	278	67 %	47 %	Appareils photographiques		415	
50	Nippon Electric	Jap.	270	10 %	28 %	Électronique grand public et professionnelle	Télécommunications	2 731	
51	Akaï	Jap.	265	100 %	91 %	Magnétophone et magnétoscope (59 %), autres matériels son (41 %)		265	
52	Bell-Howell	U.S.	255	45 %	31 %	Équipement pédagogique (25 %), matériel photo cinéma (20 %)		568	
53	Ciba-Geigy	Suisse	250	5 %		Surfaces sensibles	Chimie	5 030	Ilford Lumière
54	FR 3	Fr.	250	100 %		Télévision		250	
55	TF 1	Fr.	228	100 %		Télévision		228	
56	B.A.S.F.	R.F.A.	220	2 %	51 %	Bandes magnétiques	Chimie	10 732	
57	Antenne 2	Fr.	215	100 %		Télévision		215	

58	T.O.E.I.	Jap.	215	81 %	1 %	Films (35 %), salle de cinéma (27 %), programme TV (19 %)		266
59	T.D.F.	Fr.	206	100 %		Radio-télévision		206
60	Olympus Optical	Jap.	204	56 %	64 %	Appareils photographiques (50 %), matériel son (6 %)		364
61	Westing-house	U.S.	200	3 %		Télévision, enseignement AV	Électricité	6 663

Source, *Fortune*, Japan Company Handbook et rapport d'activités des sociétés.

Les principales firmes françaises de l'audiovisuel — Année 1978

Rang	NOM	Chiffres d'affaires AV en millions de F.	Part de l'AV dans l'activité globale en %	Activités audiovisuelles	Chiffres d'affaires global en millions de F.	Groupe
1	Thomson-Brandt	3 770	16,5	Électronique grand public (13 %) et professionnel	22 848	
2	Kodak-Pathé	1 950	env. 80	Surfaces sensibles	2 434	Eastman-Kodak (U.S.)
3	Radiotechnique	1 542	46	Électronique grand public	3 319	Philips (P.B.)
4	FR 3	1 123	100	Chaîne de télévision	1 123	
5	TF 1	1 028	100	Chaîne de télévision	1 028	
6	TDF	976	100	Diffusion de la radio-télévision	976	
7	Antenne 2	968	100	Chaîne de télévision	968	
8	Radio France	709	100	Chaîne de radio	709	
9	ITT Océanic	655	100	Électronique grand public	655	ITT (U.S.)
10	S.F.P.	507	100	Production de programmes de télévision	507	
11	C.L.T.	495	100	Station de radio : RTL (75 %) Télévision (20 %), disques		
12	Europe 1 Images et son	452	100	Station de radio (70 %), disques	499 452	
13	Havas	430	10	Régie radiophonique (10 %)	4 140	

14	Publicis	328	14	Régie radiophonique (14 %)	2 371	
15	Polydor	298	100	Disques	298	Siemens (RFA)
16	Pathé Marconi	289	100	Disques	289	E.M.I. (G.B.)
17	Phonogram	285	100	Disques	285	Philips
18	Gaumont	267	100	Cinéma (production, distribution, exploitation)	267	
19	Locatel	263	100	Location de téléviseurs	263	
20	Lumière	231	100	Surfaces sensibles	231	Ciba-Geigy (Suisse)
21	Radio Monte-Carlo	224	100	Station de radio	224	
22	Pathé Cinéma	193	100	Cinéma (exploitation)	193	
23	C.B.S.	192	100	Disques	192	C.B.S. (U.S.)
24	I.N.A.	159	100	Services dans le domaine de la radio-télévision	159	
25	Vogue	115	100	Disques	115	

Source, rapport d'activités des sociétés et le Nouvel Économiste

Autres grandes firmes ayant des intérêts dans l'audiovisuel

NOM	Pays	Chiffre d'affaires audiovisuel en millions $	Part de l'audiovisuel dans l'activité globale	Activités audiovisuelles	Activité principale	Chiffre d'affaires global	Filiales importantes dans l'audiovisuel
C.G.E.	Fr.			Télédistribution	Électro-mécanique Télécommunications	7 004	
Rhône-Poulenc	Fr.	140	3 %	Bandes magnétiques	Chimie	5 655	Pyral
General Electric Company	G.B.			Électronique grand public et professionnel	Électricité	4 214	Marconi
A.V.C.O.	U.S.			Cinéma	Finances et assurances	1 728	A.V.C.O. Embassy
Time	U.S.	135	8 %	Télédistribution, télévision à péage, films	Édition	1 698	H.B.O. American television communications
Hachette	Fr.		2 %	Émissions TV, prestations vidéo, diffusion cassettes enregistrées	Édition	1 286	Chanel 80 Télé-Hachette

G. 3.S. (Sat, Sagem Cie des Signaux)	Fr.			Télédistribution	Télécommunications	1 055	
Havas	Fr.	193	21 %	Régie radiophonique	Publicité	920	
Harris	U.S.	155	21 %	Matériel professionnel télévision	Électronique professionnel	872	
W. Disney	U.S.	285	52 %	Cinéma-télévision	Parcs d'attractions	741	
Konishiroku	Jap.			Appareils photographiques et surfaces sensibles		545	
Fairchild	U.S.	74	14 %	Matériel de cinéma	semi-conducteur	534	
Publicis	Fr.	85	17 %	Régie radiophonique	Publicité	527	
General Instrument	U.S.	185	46 %	Matériel de télédistribution	composants	503	Jerrold
M.G.M.	U.S.	185	46 %	Cinéma (35 %), programmes TV (11 %)	Hôtel casino	401	
Decca	G.B.	150	43 %	Disques et audiovisuel électronique		348	
Ampex	U.S.	158	50 %	Matériel d'enregistrement magnétique (38 %), bandes (12 %)		316	

bibliographie

W. Andreff, *Profits et structures du capitalisme mondial*, Calmann-Lévy, Paris 1976.

J. Attali, *Bruits*, PUF, Paris 1978.

J. Attali, Y. Stourdzé, « The Slow Death of Monologue in French Society » in *The Social Impact of the Telephone*, MIT press, Cambridge (U.S.A.) 1977.

J.F. Barbier-Bouvet, P. Beaud, P. Flichy, *Communication et pouvoir, media de masse et media communautaires au Québec*, Anthropos, Paris 1979.

J.C. Batz, *La Vidéo-cassette*, conseil de l'Europe, Strasbourg, 1972.

J. Baudrillard, *Pour une Critique de l'économie politique du signe*, Gallimard, Paris 1972.

P. Beaud, G. Milliard, A. Willener, *Télévision locale et animation urbaine*, Delta, Vevey 1976.

P. Bleton, *Le Capitalisme en pratique*, Éditions ouvrières, Paris 1962.

R. Bonnel, *Le Cinéma exploité*, Le Seuil, Paris 1978.

Asa Briggs, *The Birth of broadcasting*, Oxford university press, London 1961.

R. Chaniac, P. Flichy, M. Sauvage, *Radios locales en Europe*, Documentation française, Paris 1978.

J.L. Couron, « Fonctionnement et mutations des appareils d'information et de communication », doctorat d'État, Université de Paris VII, 1977.

259

Michel de Coster, *Le Disque : art ou affaires ?* Presses universitaires de Grenoble, 1976.

R. Debray, *Le Pouvoir intellectuel en France,* Éditions Ramsay, Paris 1979.

Cl. Degand, *Le Cinéma... cette industrie,* Éditions techniques et économiques, Paris 1972.

Cl. Degand, « Essai de radiographie de l'industrie américaine du film 1967-1977 » in *Film échange* n° 2, 1978.

M. Delapierre, C.A. Michalet, *Les Implantations étrangères en France : stratégie et structures,* Calmann-Lévy, Paris 1976.

R.S. Denisoff, *Solid gold : the popular record industry,* Transaction books, New Jersey 1975.

A. Giraud, J.L. Missika, D. Wolton (sous la direction de), *Les Réseaux pensants : télécommunications et société,* Masson, Paris 1978.

J.P. Gourevitch, *Clefs pour l'audiovisuel,* Seghers, Paris 1974.

A. Granou, *Capitalisme et mode de vie,* Cerf, Paris 1972.

R. Grandi, G. Richeri, *La televisioni in Europa,* Feltrinelli, Milan 1976.

T. Guback, *The International film industry,* Indiana university press, 1969.

T. Guback, « Le Cinéma U.S., un business international » in *Écran 1974,* n° 24.

T. Guback, « Les relations cinéma-T.V. aux États-Unis aujourd'hui » in *Film échange* n° 2, 1978.

S.W. Head, *Broadcasting in America. A Survey of television and radio-Houghton Mifflin Co.,* Boston 1972.

P. Hemardinquer, *Le Phonographe et ses merveilleux progrès,* Masson et Cie, Paris 1930.

A. Hennion, *Le Hit parade. La production d'un « art pour le public »,* Éditions A.M. Métaille, Paris 1980.

A. Hennion, J.P. Vignolle, *L'Économie du disque en France,* Documentation française, Paris 1978.

A. Huet, J. Ion, A. Lefebvre, B. Miège, R. Peron, *Capitalisme et industries culturelles,* Presses universitaires de Grenoble, 1978.

J. Ion, B. Miège, A.N. Roux, *L'Appareil d'action culturelle*, Éditions universitaires, Paris 1974.

F. Jenny, A.P. Weber, « Concentration économique et fonctionnement des marchés », *Économie et statistique* nº 65, mars 1975.

M. Jokela, « Book, Film, Television. An International Comparison of National Self-sufficiency in Three Media », University of Tampere, Finlande 1975.

J. Jublin, J.M. Quatrepoint, *French Ordinateurs*, Éditions Alain Moreau, Paris 1976.

B. Lefèvre, *Audiovisuel et télématique dans la cité*, Documentation française, Paris 1979.

J.L. Lepigeon, D. Wolton, *L'Information demain, de la presse écrite aux nouveaux media*, Documentation française, Paris 1979.

J. Lorenzi, E. Le Boucher, *Mémoires volées*, Éditions Ramsay, Paris 1979.

A. Mattelart, *Multinationales et systèmes de communications. Les appareils idéologiques de l'impérialisme*, Éditions Anthropos, Paris 1976.

A. et M. Mattelart, *De l'Usage des media en temps de crise*, Alain Moreau, Paris 1979.

A. Mattelart, S. Siegelaub (sous la direction de), *Communication and class struggle*, tome I : « Capitalism, imperialism », I.M.M.R.C., Bagnolet 1979.

H. Mercillon, *Cinéma et monopoles*, Armand Colin, Paris 1953.

C.A. Michalet, « Les firmes multinationales et le système économique mondial » in *Économie internationale, automatismes et structures*, Mouton, Paris 1975.

C.A. Michalet, *Le Capitalisme mondial*, P.U.F., Paris 1976.

E. Morin, *Les Stars*, Le Seuil, Paris 1957.

F. Morin, *La Structure financière du capitalisme français*, Calmann-Lévy, Paris 1974.

G. Murdock, P. Golding, « Capitalism, Communication and Class Relation » in *Mass Communication and Society*, E. Arnold, Londres 1977.

S. Nora, A. Minc, *L'Informatisation de la société*, Documentation française, Paris 1978.

K. Nordenstreng, T. Varis, « La Télévision circule-t-elle à sens unique ? » *Études et documents d'information* n⁰ 70, Unesco 1974.

B.M. Owen, J.H. Beebe, W.G. Manning, *Television Économics*, Heath, Lexington Massachussetts (U.S.A.) 1974.

C. Palloix, *Les Firmes multinationales et le procès d'internationalisation*, Maspero, Paris 1973.

J.M. Piemme, *La Propagande inavouée*, U.G.E., Paris 1975.

D. Prokop, *Faszination und langeweile. Die populären Medien*, F.E. Verlag, Stuttgart 1979.

G. Sadoul, *Histoire générale du cinéma*, six tomes, Denoël, Paris 1973.

J.M. Salaün, « A qui appartient le cinéma ? », thèse de 3e cycle, université de Grenoble III, 1977.

H.I. Schiller, *Mass Communications and American Empire*, Kelley, New-York 1969.

H.I. Schiller, *Communication and Cultural Domination*, M.E. Sharpe, White plains 1976.

F. Siliato, *L'Antenna dei padroni. Radio televisione e sistena della informazione*, Mazzota, Milan 1977.

D. Smythe, « Communications : blindspot of Western marxism » in *Canadian Journal of Political and Social Theory*, automne 1977.

M. Soramaki, « The International Music Industry », Finnish Broadcasting company, ronéo, Helsinki 1978.

P. Sorlin, *Sociologie du cinéma*, Aubier-Montaigne, Paris 1977.

M. Souchon, *La Télévision et son public 1974-1977*, Documentation française, Paris 1978.

M. Souchon, *Petit écran et grand public*, Documentation française, Paris 1980.

Y. Stourdzé, « La Transmission instantanée : un révélateur social et culturel », ronéo, I.R.I.S., université de Paris-Dauphine 1978.

Y. Stourdzé, « Généalogie de l'innovation en matière de commutation », ronéo, I.R.I.S., université de Paris Dauphine, 1978.

J. Thibau, *La Télévision, le pouvoir et l'argent*, Calmann-Lévy, Paris 1973.

BIBLIOGRAPHIE

M. Toussaint, *L'Économie de l'information*, P.U.F., Collection « Que sais-je ? », Paris 1978.

J. Tunstall, *The Media are American*, Constable, Londres 1977.

T. Varis, « The Impact of Transnational Corporations on Communication », *Tampere Peace Research Institute Report* n° 10, Finlande 1975.

R. Wangermee, H. Lhoest, *L'Après-télévision, une anti-mythologie de l'audiovisuel*, Hachette, Paris 1973.

R. Williams, *Television Technology and Cultural Form*, Fontana/ Collins, Londres 1974.

L'Argent de la télévision, commission d'enquête du sénat, Flammarion, Paris 1979.

Commission internationale d'étude des problèmes de la communication, rapport intermédiaire Unesco, Paris 1978.

Dictionnaire des groupes industriels et financiers en France, Le Seuil, Paris 1978.

« Les Industries culturelles », *Notes et études documentaires*, Documentation française, Paris 1980.

I.R.I.S., « Communications et société », deux tomes, ronéo, université Paris-Dauphine, 1977-1978.

Pratiques culturelles des français, service des études et de la recherche, ministère de la Culture, deux tomes, Paris 1975.

Rapport du groupe de travail sur le financement du cinéma, présidé par Y. Malecot, C.N.C., 1977.

index

1. Index thématique

ARTISTES ET CRÉATEURS 26, 31, 39-40, 50, 82, 215-216, 219.

AUDIOVISUEL INSTITUTIONNEL 20, 32, 73, 96 à 98, 113, 123, 129, 183, 191-192, *193-194*, 195, 201.

CINÉMA
– *Généralités* 23 à 27, 31 à 40, *45-46, 51 à 54*, 116, 119, *151 à 153, 186 à 188*, 195, 213 à 217, 225 à 229.
– *Asie S.E.* 216.
– *Canada* 52, 213, 227.
– *France 23 à 27*, 34-35, 45-46, *50-51*, 52-53, 82, *155 à 157, 173, 175*, 186, 188, 191, *213 à 217, 224 à 228*, 236.
– *Grande-Bretagne* 45, 157, 184, 188, 213-214, 225, 228-229.
– *Italie* 45, 52, 213 à 217, 226, 228.
– *U.S.A. 23 à 27, 47 à 49*, 54, 74, 76, 110-111, 116, 122-123, 125, *150 à 153*, 157, 183, 186-187, *213 à 217*, 225, 233 à 237.
– *Rapports Cinéma TV 48 à 51*, 68, 77, 111, 224.

COMPOSANTS 65, *87-88*, 130-131, 146-147, 162, 168, 205, 210, *232-233*.

DISQUE
– *Généralités 20 à 23*, 31 à 40, *40 à 45*, 76-77, 81-82, 107, 116-117, *149 à 154*, 186-187, 202, *218 à 220*, 225 à 229, 235 à 237.
– *France* 22, *40 à 45*, 82, 142, *149 à 154, 162-*163, 171, 175-177, *186-187*, 190, 218-219.
– *Grande-Bretagne* 22, 150, 184.
– *R.F.A.* 22, 150, 187, 219.
– *U.S.A. 20 à 23*, 40, *45*, 77, *153*, 186-187, 195, 219, 235.

ÉLECTROMÉNAGER 85 à 87, 142-143, 167.

ÉLECTRONIQUE
– *Ensemble de l'industrie 81 à 89*, 142 à 146, 161 à 169, 183-184, 186, 189, 193-194.
– *El. audiovisuelle grand public* 40-41, *85 à 90*, 117-118, 162-163, *203 à 209, 230 à 232*, 237.
– *El. audiovisuelle professionnelle* 57 à 60, *63 à 67*, 86, 113, 140-141, 147 à 149, 167 à 169, *210, 232-233*.

ÉTAT (interventions de l') 52, *56-57, 61 à 63*, 69 à 74, 102, 111-112, 158-159, 183, 191, 203, 221-222, 227-228, 234.

267

2. Index des principales sociétés

271

table des matières

273

275

ACHEVÉ D'IMPRIMERIE EN AVRIL 1980 SUR
LES PRESSES DE L'IMPRIMERIE CORLET
22-26, RUE DE VIRE, 14110 CONDÉ-S-NOIREAU
PREMIER TIRAGE : 2 500 EXEMPLAIRES

N° d'Imprimeur : 5230
Dépôt légal : 2e trimestre 1980